UN HOMME D'HONNEUR

De la Résistance au Milieu

Du même auteur

La Conjuration, Olivier Orban, 1976.
Mais qui a tué Markovic ?, éditions Pierre-Marcel Favre, 1985.

François Marcantoni

avec la collaboration de Frédéric Abadie

UN HOMME D'HONNEUR

De la Résistance au Milieu

Éditions Balland

33, rue Saint-André-des-Arts
75006 Paris

Mon cher François,

Lorsque vous m'avez parlé de votre autobiographie, il y a maintenant quelques mois, je vous avais proposé de préfacer celle-ci. Je ne pensais pas que vous en auriez terminé si vite et me voici retenu loin de Paris, alors même que vous mettez la dernière main à votre manuscrit. Je ne sais donc rien ou presque, de ce que vous avez écrit, si ce n'est les quelques confidences que vous avez pu me livrer lors de nos dernières rencontres.

Je ne sais presque rien et c'est finalement beaucoup mieux. Car plutôt que de paraphraser ce que vous avez pu dévoiler de votre vie, je préfère parler de vous. Je crois avoir quelques raisons pour cela.

Sans remonter à l'époque où nous nous étions croisés, à Toulon, dans le bar de votre frère Charlie, avant que je ne parte pour l'Indochine, je préfère me rappeler du véritable début de notre amitié à Paris, quand vous êtes venu me voir au théâtre, où je jouais avec Romy *Dommage qu'elle soit une P....*

Cela fait exactement quarante ans ! Quarante ans d'une amitié dans l'insouciance d'une époque où tout était permis, et qui fut soumise parfois à rude épreuve. Mais, contrairement à d'autres amitiés, même si parfois nos routes se sont écartées, la nôtre ne s'est jamais démentie et a toujours rimé avec fidélité. Serait-ce la seule raison, elle suffirait pour justifier cette lettre.

Et puis, ce ne peut être une simple coïncidence, je vous écris alors que je suis en plein tournage d'une série policière à Marseille, où je joue – évidemment ! – un commissaire. Durant toute ma carrière, j'ai souvent tenu ce rôle, même si dans *Borsalino*, que j'ai tourné ici même, j'étais passé de l'autre côté de la barrière.

Vous, votre vie n'a pas été un rôle de composition. Aujourd'hui vous êtes bien entendu un « retraité » du Milieu. Ce livre en est la preuve. Vous ne reniez pas votre passé, celui d'un homme souvent dans l'illégalité mais qui peut s'enorgueillir de n'avoir jamais eu de sang sur les mains.

Qui est donc François Marcantoni ? Voici en tout cas le portrait que je peux brosser de vous.

Vous êtes un homme d'honneur et votre honneur à vous s'appelle, lui aussi, fidélité. La fidélité, c'est le point d'orgue de votre personnalité et de votre caractère. Vous l'avez dédié à votre parole, à vos amis et à la mémoire de certains de ceux que nous avons connus ensemble, aujourd'hui disparus.

C'est cette même fidélité qui incarne le choix de vie qui fut le vôtre et qui demeure le support de votre morale.

Vous êtes encore, et cela se sait moins, un homme de cœur dont la pudeur commande qu'il ne livre jamais le spectacle de ses sentiments.

Je partage encore avec vous la passion des chiens, eux aussi si fidèles, mais par innocence.

Autant de singularités et de spécificités qui nous ont fait cultiver, au fil de quarante ans de vie, l'un et l'autre, une mentalité identique.

Enfin, si je vous écris aujourd'hui, c'est qu'il s'agit d'un jour symbolique que je n'ai pas oublié. Bon anniversaire, François !

Marseille, le 28 mai 2001.
Alain Delon

Mon enfance passa

Nouée comme une racine de vigne, la vieille sorcière se hâtait lentement, courbée vers le sol, agrippée à un bâton sans forme. Tout en cheminant, elle psalmodiait d'étranges prières. Elle progressait vers le charmant village d'Alzi, sur la terre de Corse, trébuchant à intervalles réguliers sur la rocaille de la sente qu'elle avait empruntée à Saint-André de Bozio. Toute de noir vêtue, la tête enfouie dans un épais fichu qui ne laissait entrevoir que l'iris de ses yeux, qu'elle avait d'un bleu profond, la poitrine battue par un lourd crucifix suspendu à une longue chaîne d'or, elle se dirigeait droit vers une imposante maison de pierre, but de son trajet. À l'intérieur de la bâtisse, régnait une activité inhabituelle. Silhouettes sombres, les femmes du voisinage allaient et venaient, de la grande cheminée du rez-de-chaussée à la chambre du premier étage. Elles se croisaient dans le large escalier qui fleurait bon la cire d'abeille. Elles portaient en silence d'énormes baquets d'eau chaude ainsi que du linge d'un blanc immaculé. Tout respirait un fin parfum d'herbes du maquis. Dans son lit, une femme était dans les douleurs. Pierre-Louis, son mari, avait abandonné les lieux aux femmes. Installé avec deux amis à la terrasse du café « Le Corsica », il attendait, en sirotant une flasque de vin d'Aléria, que l'heureux événement lui fût annoncé.

La vieille sorcière avisa les trois hommes, s'approcha de la table.

« Peux-tu me servir un gobelet de ce breuvage ? »

Elle désignait à Pierre-Louis la flasque, tout en prononçant ces paroles. Il s'exécuta de bonne grâce, tant il avait l'humeur joyeuse.

« Sois la bienvenue, la vieille. C'est aujourd'hui jour de fête. Un enfant va naître. Mon enfant. »

La vilaine vida d'un trait son gobelet.

« Si ton fils, car ce sera un fils, naît » à midi, quand le soleil est à son zénith, il sera bien astré et deviendra un personnage d'importance...

– Ah oui, reprit Pierre-Louis dans un éclat de rire. Vous avez entendu, les amis ! Et comment... »

La question resta en suspens. Déjà la frêle silhouette de la gueuse n'était plus qu'un minuscule point dans le lointain.

Le trio se reversa une rasade. Retentirent soudain les premiers coups d'airain de la cloche de l'église d'Alzi. Un à un, ils s'égrainèrent.

Dix... Onze...

Au douzième, dans la grande maison où s'affairaient depuis le début de la matinée les femmes, un long râle s'échappa de la femme allongée. Aussitôt suivi des vagissements et des pleurs de celui qui venait de voir le jour. Le fils de Marie-Anne Bernardi et de Pierre-Louis Marcantoni quittait brusquement l'univers douillettement ouaté du ventre de sa mère pour entrer dans le monde autrement plus terrible des humains. Mes semblables, mes frères, comme l'a chanté le poète.

Nous étions le vendredi 28 mai 1920, veille des longues fêtes de la Pentecôte et jour où l'on célébrait saint Germain, patron des vignerons. Est-ce en raison de cet auguste jour que je dois d'avouer ici même un goût certain pour les grands crus ? Qui sait !

Mes parents étaient des gens simples, de souche paysanne. Ils perpétuaient avec courage la vie dure de la campagne. Au village, on les appelait par leur patronyme, les Marcantoni. Ce qui les honorait. Le prénom de François me fut attribué. J'arrivais en deuxième position dans la lignée de mes frères et sœur : Xavier, Marie, Lucien et Charles.

J'avais huit ans lorsque mon père nous quitta pour le long voyage, celui du non-retour. Sur son lit de moribond, il eut encore la force, le courage de nous sourire. Un sourire aux trois-quarts figé par la mort toute proche. De ses lèvres à peine ouvertes s'échappa une phrase que jamais je n'oublierai :

« C'est le bon moment pour partir... J'ai trente-trois ans, l'âge du Christ... »

Puis ses yeux se fermèrent. À tout jamais. Gazé à Verdun durant la Grande Guerre, grande assurément par le nombre de victimes, ses poumons ne s'en étaient jamais remis.

L'année 1928 fut marquée sur le plan politique par les élections législatives qui portèrent les candidats de Raymond Poincaré à la Chambre en majorité. Le « franc Poincaré » fut créé, assurant du coup une « stabilisation de droit », après la « stabilisation de fait » opérée dès 1926. Malgré une augmentation des impôts, l'arrivée de Poincaré, qui succédait à Briand, emporté par une crise financière sans précédent, fut saluée comme celle d'un Messie. Alors que la spéculation contre le franc avait atteint un sommet en 1926, tandis que la livre britannique était montée jusqu'à deux cent cinquante francs, un record historique, et qu'Édouard Herriot se faisait conspuer aux alentours du Palais-Bourbon aux cris de « Herriot voleur » ou « Herriot à la Seine », Poincaré, le sauveur, rétablissait la fameuse « confiance » sans laquelle aucun gouvernement ne peut perdurer. Une saine gestion rééquilibra un budget en déliquescence. Et le franc, à un moment attaqué de toute part, fut sauvé, sans que la moindre aide extérieure eût été sollicitée.

Pour ma part, en cette année 1928, je devais lutter contre l'adversité, la mort de mon père. Celui-ci, bien que buveur, chasseur, capable de gestes violents, pourvoyait à une éducation sévère, soucieux que ses enfants travaillent bien à l'école pour, plus tard, avoir un bon métier entre les mains. De fait, non seulement les études ne m'ont jamais rebuté, mais j'y réussissais fort bien. Seulement voilà, ma mère, devenue veuve de guerre, et moi, tout comme mes frères et sœur, pupille de la nation, nous avions vu, avec la disparition du père, notre niveau de vie changer. Ce n'est pas la modique pension qu'elle percevait qui pouvait aider la brave femme à survivre avec ses cinq rejetons. Nous sommes restés deux ans encore à Alzi. Mais, exténuée par les ménages qu'elle devait faire dans le voisinage pour nous assurer une vie décente à défaut de confortable, ce qui devait bien se produire un jour ou l'autre se produisit en juillet 1930. Sa décision avait été prise, nous allions quitter le village pour être expédiés chez une tante qui tenait un bar à Toulon et regrettait de ne jamais avoir eu d'enfants. Adieu Alzi, adieu ma Corse tant chérie. Le cœur gros, je laissais derrière moi mes rires, mes joies d'enfant, le tout lié aux escapades dans le maquis, à la chasse aux cochons sauvages, avec mes copains chenapans. Une page se tournait. Sans en avoir clairement conscience, je sentais bien, au fond de moi, que rien, désormais, ne serait jamais plus comme avant.

J'ai donc grandi à l'ombre de l'Arsenal, et c'est dans le « chaud » quartier du « petit Chicago » que j'ai continué à fréquenter l'école communale, jusqu'au certificat d'études, que j'obtins brillamment. Oh ! certes, pour la jeune génération, ce modeste diplôme ne signifie plus grand-chose. Mais en ce temps, bon sang, ça n'était pas rien. Bon élève, je l'avais toujours été, je n'en retirais aucune gloire. Pendant cinq ans, sans discontinuer, je fus premier de ma classe. Suite au certif conquis de haute lutte, je passai le concours d'entrée à l'Arsenal maritime. Un rêve *caressé*, celui d'entrer à l'Arsenal, qui vous ouvrait les portes d'une situation enviable. J'ai réussi les épreuves d'admission, ce qui m'autorisa à suivre l'école des artificiers.

À seize ans, je me suis retrouvé dans les ateliers où se fabriquait tout ce qui servait de munitions dans la marine. Que ce soit pour les navires, les avions de l'aéronavale ou les sous-marins. Les études m'étaient devenues dures, car si jusqu'alors ma scolarité ne m'avait posé aucun problème, je me trouvais confronté à des disciplines inconnues, que je maîtrisais mal, comme l'algèbre ou plus encore la trigonométrie. Conscient de mon retard sur mes petits camarades, je mettais les bouchées doubles, ce qui me valut de sauver l'essentiel, la moyenne. Avec une réelle performance à mes yeux d'adolescent, celle d'être gratifié d'un 19/20 en chimie, matière qui dominait tout dans ma spécialité. Encore l'examinateur du brevet dut-il m'arrêter de parler, tant le sujet me rendait intarissable ! Parallèlement à ces études studieuses, j'étais un mordu de la « petite reine ». Inscrit à « La pédale du Las », présidée par M. Ribois, je faisais honneur au maillot rouge et noir du club. C'est d'ailleurs sous ses couleurs que j'ai remporté plusieurs courses de quartier. Je m'entraînais au Mont-Farron et, à quinze ans, je l'escaladais déjà sans poser pied à terre. Ce qui, compte tenu du poids des vélos d'alors, n'en constituait pas moins une véritable promesse ! J'ai bien failli courir le « Premier pas Dunlop », une course prestigieuse à l'époque, réservée aux amateurs.

La guerre a ruiné ma vie

Puis la guerre est arrivée. Mes camarades de classe et moi fûmes versés dans les chantiers de jeunesse. Nous étions en mars 1941. J'allais découvrir une nouvelle vie, une nouvelle ville aussi, Cavaillon, où nous avions été plusieurs à y être affectés. Nous dormions dans des baraquements sordides. En octobre de la même année, j'ai quitté les chantiers pour réintégrer l'Arsenal.

Un soir, dans un bar à matelots de la darse de Castigneau où nous étions allés faire, quelques copains et moi, une petite virée, nous fûmes pris à partie par plusieurs miliciens éméchés. La baston qui s'ensuivit n'était pas pour nous déplaire. Habitués à nous bagarrer avec des marins venus de tous les coins du monde, nous prîmes rapidement le dessus sur les malheureux poivrots, que nous balançâmes sans ménagement aucun dans les eaux boueuses du bassin. À la gare de triage, où était installé notre QG, des

« Savoyards » vinrent nous contacter. Ces résistants de la première heure, mis au courant de notre hostilité à l'égard des Ritals et des Boches, tenaient à nous faire entrer dans leurs rangs, à nous embrigader. Au tout début, je fus mis à l'épreuve avec des missions simples. Je dus ainsi sortir, au nez et à la barbe de braves pandores maritimes, des détonateurs et des munitions qu'il nous fallait faire parvenir à des amis corses déjà engagés dans la clandestinité, comme Jean Dionisi, Jeannot Orsini, Louis Sabielli ou encore Jacques Bruschini. Fussé-je resté à terminer mes études à l'Arsenal, pour sûr, ma vie eût pris un autre tournant, eût suivi une autre route. Souvent, quand la mémoire m'a reconduit à cette période de ma vie, je me suis dit que, sans la guerre, peut-être aurais-je fini comme mon camarade de promotion Auguste Capra, devenu plus tard, avec ses cinq galons, le grand manitou de l'Arsenal. Peut-être...

Mon activité dans la Résistance, j'ai bien cru qu'elle allait s'arrêter net en mai 1942. Au moment où je m'apprêtais en effet à sortir de l'Arsenal, un gendarme maritime, que surveillait un Allemand, m'ordonna de passer au contrôle. Avec quatre détonateurs sur moi, inutile de préciser que je n'en menais pas large. Je connus alors la peur, celle qui vous prend au ventre, pour ne plus vous lâcher. Pris, je risquais gros, très gros. Déjà, je voyais se profiler le peloton d'exécution. L'homme entreprit de me palper méthodiquement, après m'avoir fait tourner face au mur, cependant que l'Allemand était occupé à une autre fouille.

« C'est dangereux ce que vous faites là... »

Les mots avaient été prononcés à voix basse, quasiment susurrés. Je le savais pourtant, il ne pouvait pas ne pas avoir deviné le contenu de mes poches.

« Oui, pour tout le monde. »

Ma réponse avait été faite sur le même ton, mezza voce. La réplique du brave militaire ne se fit pas attendre.

« Vous jouez avec le feu. Allez, passez. »

Je l'avais échappé belle. À l'occasion, je me faisais fort d'apprendre au moins la prudence.

Le 27 novembre 1942 à l'aube, une division SS envahit Toulon. Nous nous étions préparés déjà depuis quelque temps à cette éventualité. Sous les ordres de l'amiral Laborde, le réseau de résistants au sein de l'Arsenal avait entrepris de miner toutes les installations portuaires, ainsi que les navires de la flotte française. J'avais été chargé de m'occuper des bâtiments amarrés aux appontements de Milhaud et de toutes les installations électriques.

L'opération fut un succès total.

Le 27 novembre au soir, il n'y avait plus d'infrastructures capables d'accueillir la flotte française à Toulon. Et pour cause, il n'y avait plus de flotte française du tout !

Dans la Résistance, j'étais placé sous les ordres du chef des Forces françaises de l'intérieur pour le département du Var, le colonel Salvatori. L'abbé Deschamps, dont le nom évoque aujourd'hui, pour tous les amateurs du ballon rond, le stade de l'AJ Auxerre, figurait également dans notre groupe.

Ma tâche consistait notamment à fournir des voitures munies de leurs indispensables laissez-passer, afin de mener à bien nos actions contre l'ennemi. Trouver des véhicules n'était pas chose aisée. Aussi arrivait-il que nous en « empruntions ». Non sans danger parfois. Comme ce jour où, dans mon inconscience, j'ai détourné un camion bourré de munitions... Ah, l'inconscience de la jeunesse... et du danger ! Fier de mon exploit, je le contai à mon supérieur. À ma grande surprise, sa sentence, aigre-douce, tomba :

« C'est très bien, mais est-ce que ça valait la peine de risquer le peloton d'exécution pour ça ?... »

Durant cette période, nous avons abattu un commissaire de police, Carrère, qui s'était vendu aux Allemands. Nous avons mis à sa place Michel Hacq, qui deviendra, bien des années plus tard, l'un des grands patrons de réseaux clandestins sous l'Occupation. Cet ancien résistant déporté au sinistre camp de Mathausen, grand officier de la Légion d'honneur, terminera sa carrière comme directeur central de la police judiciaire. Je lui dois d'avoir reconnu, à un moment où ma vie avait basculé dans le monde des voyous, que je figurais parmi ceux qui, dans le maquis des Maures, avaient protégé les opérations clandestines de débarquement des sous-marins *Marsouin* et *Casablanca*, à la Roche Escudier à Ramatuelle, le 7 mai et le 30 juin 1943.

Quelques semaines s'étaient écoulées. Je fis quelques incursions dans la capitale... où je connus le baptême du feu en matière de hold-up. Un coup d'essai qui devait s'avérer un coup de maître, tout dans la dentelle et la douceur ! Ceux qui ont vécu l'Occupation se souviennent de ces longues files d'attente devant des vitrines désespérément vides. Les files d'attente s'allongeaient sur les trottoirs, qui avec sa carte, qui avec ses tickets d'alimentation à la main. Nous avions reçu un tuyau nous signalant une livraison de sucre, d'autres denrées rationnées et de cartes d'alimentation, du côté du canal Saint-Martin, à deux pas du célèbre Hôtel du Nord. Nous nous sommes postés, à l'affût. Après une courte attente, nous avons vu arriver une charrette avec deux cochers. Ils avaient fière allure, dans leur habit de velours noir, du pantalon à la veste, avec une casquette semblable à celle que porte Reggiani dans *Casque d'or*. Les cochers, après avoir accroché une mangeoire en toile au cou de chacun des chevaux, sont entrés dans un café de la rue de Crimée pour s'y restaurer. Notre boulot était enfantin. Il nous a suffi d'arriver le plus tranquillement du monde, de prendre les chevaux sans précipitation et de partir en toute discrétion. Cette affaire, ma première, avait une finalité, manger dans une période où il n'y avait plus rien. Mes camarades résistants ont bien sûr profité, eux aussi, des tickets de rationnement ainsi dérobés aux deux trop naïfs « convoyeurs ». Le plus cocasse, dans ce hold-up, c'est que jamais l'objet du délit ne fut retrouvé. Pas plus la charrette que les équidés. Je ne m'avance pas, sans aucun doute, en affirmant qu'ils n'ont pas dû faire de vieux os ! Je n'en sais rien, certes, puisque je n'ai pas participé à cet épisode-là du braquage, une première donc réussie, sans armes et sans violence...

En 1943, la Résistance avait su s'organiser. Il paraissait loin le temps où les « combattants de l'ombre » n'étaient qu'une poignée. Dès 1941, l'engagement des communistes dans la guerre aux côtés des Alliés avait fait accroître considérablement leur nombre. L'année suivante, une véritable armée souterraine, mais fort entraînée et efficace, avait été constituée. C'est cette armée-là qui, en 1943, allait opérer au grand jour pour former, avec les anciens de l'armée de Vichy et les réfractaires du STO, les grands « maquis nationaux ». L'acte même de résister, de s'opposer à l'ennemi par tous les moyens, d'individuel au départ, était devenu collectif, touchant toutes les couches de la population, sans distinction d'âge, de classe sociale ni de sexe ; de conviction politique non plus.

À cette époque, je fus recherché par le STO, qui m'avait convoqué au lycée de garçons le 9 septembre 1943. Pour moi qui, une nuit, étais entré clandestinement à l'Arsenal pour y subtiliser des munitions et des explosifs, et m'étais fait coincer par les Fritz, ne devant mon salut qu'au cimetière, un comble, après que j'eus escaladé avec mon fardeau le mur et me fus retrouvé sur une tombe, il n'était pas question d'être enrôlé dans ce service. Au demeurant, l'air de Toulon devenait pour moi de plus en plus malsain, traqué à la fois par ce STO auquel je voulais échapper et les Frisés entre les pattes desquels je n'avais nulle intention de tomber. Salvatori, en chef avisé, prit la résolution de m'expédier sur la capitale des Gaules, qui était une plaque tournante de la Résistance. Le jour de mon départ, la Gestapo opérait une descente à mon domicile toulonnais. Depuis la mort de ma mère, en 1942, Marie occupait avec ma tante et mon petit frère Charlie un modeste logement, au-dessus du café que toutes deux tenaient. Mon frère aîné s'était engagé dans l'armée française en Afrique du Nord, tout comme Lucien qui avait rejoint, lui, la 2ᵉ DB. La perquisition ne fut que pour la forme puisque l'oiseau recherché avait quitté le nid.

À Lyon, je retrouvai le contact que m'avait indiqué Salvatori, un certain Suchard, en fait le « commandant Mohler-Duvernois », qui formait et dirigeait les groupes francs, assisté de son adjoint Robert Vitton. À peine arrivé, celui-ci me convoqua à son bureau.

« Marcantoni, je sais que vous êtes un garçon costaud, courageux, porté par l'amour de votre patrie. La mission que je vais vous confier n'est pas sans risques, il faut que vous le sachiez. Au sein de notre lutte clandestine, et en raison de votre formation d'artificier, je vous charge d'être notre courtier en explosifs. À vous la tâche délicate de nous en fabriquer, puis de les utiliser. Des questions ? »

Flatté d'avoir été choisi pour mes compétences, j'ai dû bredouiller quelques mots de remerciement. Pendant six mois, j'ai ainsi assumé ces fonctions officielles... dans la clandestinité. Aux côtés de camarades intellectuels, artisans, ouvriers, et aussi de casseurs débutants ou aguerris, j'ai participé à des actions expéditives, où la brutalité le disputait à la rouerie, pour une seule cause, l'intérêt supérieur de la mère patrie. Une solidarité sans faille nous unissait tous, de quelque horizon que nous venions. De cette époque remontent en moi des odeurs de gare, de poudre, des contrôles inopinés, des traques infernales, des claquements de bottes et des crépitements de mitraillettes. Un goût de sang encore, celui de l'adversaire terrassé, parfois de camarades tombés sous les balles de l'ennemi. Et au-delà de tout ça un sentiment mêlé de pétoche terrible et de griserie phénoménale, engendré par une seule fin : l'idéal qui, tous, nous habitait.

Afin de ne pas courir le risque de nous faire repérer, les missions que nous remplissions, mes camarades et moi, nous imposaient de fréquents déplacements. J'eus ainsi, à différentes reprises, l'occasion de monter à Paris, une ville qui ne m'a jamais vraiment porté chance. Pourtant, j'étais certain, en mon for intérieur, d'y rencontrer le bonheur. Un bonheur qui passait d'abord pour moi par les « petites femmes ». Sur ce plan, je ne déchantai pas ! Pas forcément en règle avec la loi, des amis sûrs m'ayant fourni des fafs, autrement dit des faux papiers, et des planques nécessairement provisoires, au cœur de Pigalle, j'ai le souvenir de quelques nuits volées à l'inquiétude de l'arrestation, auprès d'une belle qui, luxe suprême, m'offrait, après un bon bain chaud, et son corps et le costume de son époux absent. Un costume, hélas, souvent trop petit pour moi ! Paname, c'était encore les boîtes où toute notion du danger s'efface, le temps d'un verre, puis de deux, de trois... Un soir, alors que je partageais avec quelques camarades un de ces chaleureux moments de convivialité dans un cabaret de l'avenue de Wagram, le « Martel », nous fûmes détroussés par de gais lurons déguisés avec des uniformes de la LVF.

Mais Paris. c'était aussi les contrôles d'identité incessants. À quatre reprises, je fus arrêté. La première fois, je comparus devant un policier français, le commissaire Lelièvre. Dans mes petits souliers, je m'attendais au pire, m'imaginant déjà croupir dans un cachot nauséabond et sombre.

« Que faites-vous à Paris ? »

Lui avouer la vérité ? Pas question. Mes cellules grises n'avaient jamais fonctionné aussi vite.

« Je suis réfractaire au STO, monsieur le commissaire.

– Ah! dans ce cas, vous êtes libre. »

Lelièvre n'était pas un collabo. Quand un flic est bien, cela mérite d'être salué, c'est plutôt rare.

La deuxième fois, je dois d'avoir échappé au pire grâce à la dénonciation de copains résistants... pour faits de collaboration. Une pratique courante, à seule fin de gagner du temps. Le temps pour les Fritz d'effectuer des recherches et de vérifier si les allégations étaient vraies ou fausses, et le gars se retrouvait dehors. Je me souviens encore des propos du militaire qui me relâchait :

« Vous, bon Français. »

La troisième fois, j'étais tranquillement installé au zinc d'un bistrot, en compagnie de deux Corses rencontrés peu de temps auparavant. Relations de hasard et de comptoir, certes, mais compatriotes avant tout. Soudain, le bar est envahi de policiers français et allemands.

« Police. Contrôle d'identité. »

Je vis alors l'un de mes compagnons, haut comme trois pommes, jeter le plus discrètement possible son pardessus sur mes jambes. Les flics se concertent, l'un des leurs le ramasse. Au moment où il le soulève, patatras ! deux calibres tombent lourdement sur le sol, dans un silence de mort. L'affaire se... corse ! J'ai beau protester, rien n'y fait. Me voilà emmené au poste le plus proche. Je suis aussitôt conduit dans le bureau du commissaire, un certain Massu. Qui m'en assène un sacré coup ! Démontrer au fonctionnaire de police que ce pardessus ne peut m'appartenir me semble un jeu d'enfant. Les manches ne m'arrivent-elles pas au coude et les pans à la moitié de mon auguste postérieur ? Marcantoni revisité par Zavatta ! Eh bien, pourtant, le brave homme n'est pas convaincu par ce que mon habillage a de comique.

« Ce pardessus, mais il vous va comme un gant ! »

Je lève les bras au ciel, hébété.

« Comme un gant, c'est possible, monsieur le commissaire, mais sûrement pas comme un pardessus. »

Que n'avais-je pas dit là !

« Conduisez-le en cellule. Monsieur réfléchira. »

Je fus placé dans une pièce minuscule, sordide, avec l'inconnu qui m'avait si bien joué.

Le lendemain, un type assez grand, vêtu du parfait habit de SS, se présenta à la porte de notre cellule. Plutôt bel homme, courtois, il s'approcha :

« François Marcantoni ? »

J'acquiesçai.

Les six syllabes avaient été articulées sans le moindre accent.

Mon compagnon d'arrestation me glissa à l'oreille :

« C'est Henri Laffont, mon patron. Il vient me tirer de là. »

Henri Laffont, de sinistre mémoire, était le chef de la Gestapo française, dont le siège était installé au 93 de la rue Lauriston, dans le 16e.

Je restai bouche bée. Mais ma surprise ne devait pas

s'arrêter là. Non seulement, l'intervention providentielle de cet individu me permettait de retrouver l'air libre, mais mon nabot de voisin se vit remettre, par le commissaire Massu en personne, le pardessus objet du litige... et son contenu, à savoir les deux revolvers.

Dans un premier temps chargé par les Allemands d'être à la tête d'un bureau d'achat, Laffont avait vite compris tout le bien qu'il pouvait tirer de sa nouvelle situation, lui l'ancien petit voyou sans grande envergure, un peu en marge du Milieu. Ses affaires devinrent rapidement florissantes, les plus jolies femmes succombant à son charme naturel, mais aussi à sa puissance, qu'elle soit liée à sa fonction ou à ses finances. Faire libérer des individus en délicatesse avec la justice assit son aura dans la voyoucratie. Bien sûr, le marché était simple : « Contre votre libération, vous travaillez avec moi. » Une seule obligation, l'appeler « patron ». Ainsi recrutée, dès l'année 1940, la Gestapo française ne cessa de s'illustrer par ses méthodes cruelles, voire sadiques. En 1943, le 93 de la rue Lauriston devint le centre de torture envers les Juifs, les résistants et d'une manière générale contre toute personne suspectée de conduire des menées activistes contre l'occupant allemand. Laffont était passé maître dans l'art de l'entregent. Il cultivait des relations très haut placées. Par ailleurs, ses spadassins avaient mission d'infiltrer les milieux de la finance, de l'industrie et du commerce. Ils se faisaient fort de pouvoir transférer, en toute illégalité s'entend, des fonds. Lesquels fonds, aussitôt sortis de là où ils étaient cachés, étaient saisis au nom de la police allemande. Un jour que son bras droit, l'ancien inspecteur Henri Bony, lui faisait part de son inquiétude pour l'avenir, de ce qui se passerait si le vent tournait, Laffont partit d'un grand éclat de rire :

« Mais voyons, la vie est belle ! Ce qui est pris est pris.

Tant que notre puissance durera, sachons en profiter au maximum. Après... »

Après, ce sera, par une sombre journée de 1944, Bony toujours à ses côtés, quelques fidèles qui n'ont pas gagné l'Allemagne, comme tant d'autres collabos. Une ferme en Seine-et-Marne. Et l'arrestation, sur dénonciation, puis le peloton d'exécution. Qu'il affrontera en homme. Au contraire de son adjoint qui, lui, devra être traîné, la frousse au ventre. Plus facile de voir la mort des autres que la sienne propre !

Chargé de mission... et torturé par la Gestapo

Avant d'être arrêté pour la quatrième fois, nous avions multiplié les opérations commando, les interventions à haut risque. Un soir, c'était le 28 février 1944, nous revenions, deux camarades du groupe franc de Lyon et moi, d'une mission contre le fort de Rosny, tout près de Paris, quand un véhicule de l'armée allemande nous prit en chasse. Échange de coups de feu. Finalement, après une course poursuite endiablée, nous finîmes par lâcher nos poursuivants. Las, il était dit que ce jour-là n'était pas le bon pour nous. Roulant à vive allure, pour regagner la capitale au plus vite, notre véhicule dérapa, fit une embardée et finit sa course contre la pile d'un pont sur une voie de chemin de fer. Grièvement blessé à la tête et à un bras, je fus conduit par mes deux compagnons chez le docteur Amestoï, un homme courageux qui me soigna puis prit le risque de me garder chez lui, rue de Longchamp, tout le temps que dura ma convalescence. Malgré la qualité de ses soins, je devais rester mutilé, ce qui me vaut encore aujourd'hui de toucher une pension de grand invalide de guerre, à 100 %.

Quand, vers la fin mars, les douleurs se furent en partie estompées, rester chez le brave toubib fût devenu trop dangereux, tant pour moi que pour lui. Je repris donc le chemin de Lyon. Mais il était dit que j'allais retrouver la capitale plus rapidement que prévu. Pas plus tôt arrivé, en effet, me fut confiée par le lieutenant Vitton la mission de surveiller, puis de supprimer un agent français de la Gestapo, Henri Couchoud, qui travaillait sous les ordres d'un certain... Klaus Barbie. Cette opération « homo » – c'est ainsi qu'on qualifie ce type d'exécution dans les services secrets – devait se dérouler... à Paris. Le visage de ce traître ne m'était pas vraiment inconnu. Je l'avais croisé deux fois à Lyon.

À toutes les époques de ma vie, les vendus et autres balances ont toujours engendré chez moi des crises aiguës d'urticaire. Je n'y peux rien, c'est dans ma nature. La Résistance a conforté encore davantage mon allergie. Quand la félonie dépasse certaines limites déjà difficilement supportables, l'homme d'action régulier, comme je pense l'avoir été tout au long de ma singulière et agitée carrière, ne comprend pas le recours à la dialectique, cet art du bien parler censé convaincre les esprits les plus retors. À chacun sa méthode. La mienne, je le confesse, pour moins théâtrale quelle soit, n'en demeure pas moins d'une efficacité étonnante. Or le dénommé Couchoud était l'ancien chef du PPF au Maroc, à présent délégué départemental du Rhône LVF. Il avait fait fusiller quinze patriotes à Paris. Plutôt donc que de prêcher la bonne parole à cette ordure, âgée d'une trentaine d'années, et dont je possédais le signalement précis, taille 177 centimètres, allure sportive, assez chevelu, et de m'efforcer de le convaincre des vertus de résister, donc de quitter le camp qu'il s'était choisi, je m'employai à le neutraliser au plus tôt. J'avais noté scrupuleusement ses points d'ancrage. Je savais par ailleurs qu'il recevait son courrier au 17, rue de l'Hôtel-de-Ville, Je savais également ne pas avoir droit à l'erreur. Une seule balle bien placée, en plein front donc, devait envoyer mon homme rejoindre le Guide suprême.

Le 19 mai, confortablement installé au volant d'une voiture volée, en compagnie de trois autres compagnons, Quinquin, Ange Chiasoni et « le facteur », je ne cessais de porter toute mon attention vers le hall d'un hôtel où notre « client » venait d'entrer avec une femme. J'avais coupé le contact. Soudain, deux hommes que je n'avais pas vu venir me hélèrent :

« Police, vos papiers. »

Aïe ! J'avais tout prévu, sauf ce cas de figure. Il ne me restait rien d'autre à tenter que de les amadouer. En pure perte. À l'évidence, nous ne faisions pas la guerre du même côté ! L'un d'eux me souffla sur le visage :

« Alors, comme ça, vous êtes patriote ? Eh bien, les patriotes, moi, j'm'en fous ! »

J'appris par la suite qu'il s'agissait de l'inspecteur Gélot, de la brigade criminelle, qui fut condamné à vingt ans de prison à la Libération, pour faits de collaboration avec l'occupant allemand, peine finalement ramenée à cinq ans. Radié de la police, il s'est ensuite reconverti comme chauffeur de taxi. Le souvenir de cette crapule me fit dire, bien des années plus tard, à un policier qui m'insultait, me disant que des individus comme moi, la société n'en avait pas besoin :

« Pendant la guerre, heureusement qu'il y avait des individus comme moi, car c'est pas chez les policiers qu'on trouvait ceux qui avaient des couilles. »

Les pandores appelèrent la Feldgendarmerie. Ils arrivèrent, deux gars à moto et une voiture. Mes complices avaient réussi, alors que toute l'attention était portée sur ma personne, à leur fausser discrètement compagnie. Nous avons traversé Pigalle, direction l'immeuble de la Gestapo, square Montholon.

Que le lecteur m'autorise ici une brève parenthèse. Dans l'ouvrage qu'il a fait paraître en 2000 chez Flammarion, *Les Mystères Delon*, le plumitif Bernard Violet se garde bien de présenter les choses dans leur exactitude. S'appuyant sur des rapports de police déposés à la brigade criminelle de la préfecture de police, à Paris, rapports qui ont déjà paru en leur temps dans l'ouvrage de James Sarrazin, *M, comme Milieu*, aux éditions Alain Moreau, et que lui a vraisemblablement remis l'ancien patron des RG, Claude Bardon, aujourd'hui à la retraite, après une reconversion dans la sécurité privée, peut-être à la suite d'une mise en examen pour le camouflage d'interceptions téléphoniques illégales au moment de la mort du pasteur Doucé, le bon pasteur homosexuel retrouvé assassiné dans les années 1990, Violet écrit donc :

« Marcantoni a été arrêté le 19 mai 1944 devant le 27, rue Élysées-des-Beaux-Arts, Paris XVIIIe, alors qu'il se trouvait au volant d'une voiture volée... »

Vu sous cet angle, en effet, le véhicule était bel et bien volé. Mais ma version, la seule vérité qui soit, s'appuie, elle, sur d'authentiques documents que le sieur Violet est totalement incapable de produire. J'étais en mission pour la Résistance, à une époque où beaucoup de Français, non des moindres, semblaient trouver plus judicieux de se rapprocher des Allemands... Que le lecteur me pardonne, il n'était pas dans mes intentions de jouer les héros, mais puisque le livre de Bernard Violet ne semble retenir de François Marcantoni que l'homme au passé de voyou, le truand dans le sillage duquel traînent quelques cadavres dont, à le lire, on peut penser que j'en suis l'assassin, voici quelques témoignages, dûment authentifiés au ministère de la Guerre, délivrés sur mes états de service pendant les années 1942-1944, et tout particulièrement sur cette arrestation du 19 mai 1944, au volant d'une voiture volée.

De M. François Salvatori, dit Savary, ancien chef des Forces françaises de l'intérieur du département du Var, ex-commandant du régiment des Maures, officier de la Légion d'honneur, croix de guerre avec palme, médaille de la Résistance :

« En ma qualité d'ancien responsable des Forces françaises de l'intérieur du département du Var, j'ai l'honneur de proposer François Marcantoni pour l'attribution de la Médaille militaire avec une citation à l'Ordre de l'Armée, pour le motif ci-après :

– Toujours volontaire pour les missions les plus délicates et les plus dangereuses, il a, en ma compagnie et celle des capitaines Tramoni et Sebeille, fait sauter un train blindé à Saint-Jean-du-Var, près de Toulon, à la mi-novembre 1943 ;

– Grièvement blessé le 28 février 1944 à la suite d'un coup de main contre le Fort de Rosny, près de Paris, en compagnie d'autres résistants ;

Son rôle était de fournir à la Résistance des véhicules de transport, des explosifs, des armes destinées à différents groupes de résistance, de couvrir ou d'effectuer directement certains sabotages ; il s'est attaché à réaliser efficacement ces missions au péril de sa vie.

Arrêté par la Gestapo, en service commandé, le 19 mai 1944, longuement interrogé et torturé, il n'a pas parlé. »

De Charles Mohler-Duvernois, ex-responsable du 5e Bureau AS et Groupes Francs de la région Rhône-Alpes :

« Je soussigné Mohler-Duvernois Charles... Légion d'honneur, croix de guerre, déclare et certifie sur l'honneur que Marcantoni François, pseudo Alzin, envoyé en mission à Paris par ses responsables AS de la 9e Région (GF-Toulon) était, lors de son arrestation à Paris le 19 mai 1944, en mission de surveillance envers Couchoud, important agent de la Gestapo de Lyon, qui se rendait fréquemment à Paris.

Cette mission était commandée par les chefs de groupe, CF de Lyon, Vitton et Lorient, agissant eux-mêmes d'après mes ordres.

Couchoud, venant de Lyon, était depuis longtemps signalé par nos services et Marcantoni avait pour mission (entre autres) de surveiller le plus possible ses contacts avec les agents de la Gestapo parisienne.

C'est au cours de cette mission, alors qu'il était au volant d'une voiture, que Marcantoni a été arrêté.

Je confirme et certifie sur l'honneur exacts les faits cités ci-dessus. »

De Louis Sialelli, chevalier de la Légion d'honneur, ex-chef du 1er Bureau départemental du Var, officier homologué n° 41.852 *J.O.* du 31.3.53 :

« Je soussigné Sialelli Louis certifie sur l'honneur que :

Monsieur Marcantoni François a appartenu à l'A.S. M.U.R. du Var, de novembre 1942 au 16 mai 1944.

Durant son activité dans le Var, il fit preuve d'une abnégation totale du danger et des plus belles qualités de patriote.

Belle âme de combattant. »

Je ne voudrais pas lasser le lecteur et lui donner à penser que j'ai, à moi seul, sauvé la patrie de la chienlit et de la défaite. Beaucoup de mes anciens compagnons ou chefs sont morts, victimes de leur devoir de patriotes. Ainsi mon supérieur, l'adjudant Jean Bianchero, Lorient dans la Résistance, responsable des liaisons départementales, directement sous les ordres de Vitton-Cueille. Arrêté le 9 mars 1944, déporté à Buchenwald, il devait mourir à Harzugen le 11 mars 1945, soit un an jour pour jour après son arrestation. Une plaque commémorative fut posée à son domicile, 232, rue Garibaldi, à Lyon. Je pense qu'elle y figure toujours.

Au moment où ces souvenirs douloureux refont surface, et tandis que, à travers des livres, mon nom se trouve une fois encore en butte aux calomnies, je voudrais avoir une pensée émue pour ces trois grands résistants que furent Michel Hacq, le général de Jussieu-Pontcarral, sous les ordres duquel j'ai servi dans la clandestinité et qui, par estime et amitié, m'a reçu chez lui jusqu'à ses derniers jours, et enfin l'abbé Deschamps, qui ont, en leur temps, pris ma défense en termes si émouvants pour moi.

L'abbé Deschamps, chef du bataillon clandestin de l'AS, chef de la Résistance pour la région La Crau-Hyères, écrivait à mon endroit :

« Il était à l'époque de notoriété indiscutée dans le réseau que l'intéressé avait été arrêté le 19 mai 1944 au cours d'une opération de vol de voiture réalisée dans le cadre d'une des missions qu'il avait à remplir dans Paris.

Monsieur Marcantoni ravitaillait des maquis et son réseau en véhicules volés dans les régions les plus éloignées de l'endroit d'utilisation et pour des raisons de sécurité évidentes...

Monsieur Marcantoni, arrêté le 19 mai 1944, aurait dû être relaxé dès la Libération, et je ne sais les raisons pour lesquelles il n'a pas fait appel à moi : peut-être a-t-il été choqué de n'être pas soutenu comme il le méritait et de ne pas être aussitôt libéré. Arrêté, il n'a jamais parlé. »

À relire ces lignes, que je n'avais plus parcourues depuis tant d'années, l'émotion m'étreint. Eh oui, n'en déplaise à M. Violet, la vie de François Marcantoni ne se résume pas au Milieu, aux truands, aux cadavres à la mort non élucidée. C'est tellement facile, quand on écrit un livre, de travestir les faits, de procéder par omission et d'asséner des « vérités » que le lecteur, c'est l'évidence, ne peut que recevoir argent comptant. L'homme n'en est d'ailleurs pas à cette seule contrevérité flagrante. Dans d'autres « affaires » où il me taille des croupières, les citations vont bon train, certes. Mais pour toutes celles citées, quelles preuves ? Le bon M. Violet, au risque de faire pâlir son aura journalistique, devrait savoir, ce qui me semble le b.a.ba de la profession, que lorsqu'une personne a bénéficié d'un non-lieu, c'est qu'elle a été reconnue innocente par la justice. La condamner devant l'opinion, malgré cette absolution, porte un nom en droit français, la diffamation. Mais bon, ce serait faire trop d'honneur à ce journaliste qui pratique l'investigation comme d'autres la peinture, en amateur, que de lui accorder plus de place qu'il n'en mérite. Sans doute en eût-il été autrement si, dans le synopsis remis en son temps aux Éditions Grasset, où il portait mention de ma coculpabilité, avec Delon, dans l'assassinat de Stephan Markovic, il avait persisté et signé dans son ouvrage définitif. Ce dont il s'est bien gardé. La sagesse est mère de sûreté, à en croire le dicton. Peut-être a-t-il manqué à cet « écrivain reporter » (*sic*) ce quelque chose qui s'appelle en français, si ma mémoire est encore bonne, le courage.

Fin de cette parenthèse.

Les instants qui suivirent mon arrestation et ma remise par Gélot, le collabo, à la Feldgendarmerie qui, elle-même, me conduisit sous escorte au siège de la Gestapo, demeurent inscrits de manière indélébile dans le grand livre de ma vie. Là, sans ménagement, on me fit monter au premier étage. Jamais je n'oublierai le visage de ceux que ma destinée m'a conduit à croiser la leur ce jour-là. À commencer par cette femme, blême, le visage défait, couverte de bleus, pliée en deux par la douleur, traînée par deux SS. Ou encore ces trois hommes enchaînés, l'air hagard, dont le regard lointain croisa, un bref instant, le mien. Une lueur de compassion sembla passer dans ces yeux. Une poigne vigoureuse m'invita à pénétrer dans un bureau. L'interrogatoire allait se mettre en marche.

« Voiture volée, beaucoup essence dans réservoir, mossieu. Ja. ja. »

Je tentai de nier.

« Vous faire partie organisation terroriste. Vous être contre Allémands, n'est-ce pas ?

– Mais pas du tout. »

Bien que n'étant pas dans la bonne ville de Cannes, j'eus droit à un festival somptueux. Deux agents de la Gestapo, pas des Allemands mais des Français, se portèrent à ma hauteur, puis me tordirent soudain violemment les bras derrière le dossier d'une chaise. Ils me passèrent les menottes, puis me tirèrent les cheveux, pour me renverser la tête en arrière. La peur, la vraie peur, celle qui vous prend aux tripes et ne vous lâche plus, s'empara de moi.

« Alors, on ne veut pas avouer toi être terroriste. »

Je n'avais pas encore répondu qu'un violent coup de poing décoché en plein estomac me coupa net la respiration. Je me suis toujours méfié des « nouveaux convertis », souvent plus royalistes que le roi. Ceux-ci n'ont pas dérogé à la norme. Pour mettre du cœur à l'ouvrage, les bougres, ils en ont mis. Après le coup de poing assassin, ce ne fut qu'un enchaînement de gifles, de coups de pied, pire encore de coups de règle en fer sur le visage, les membres. Le tout entrecoupé de la sempiternelle question :

« À quelle organisation terroriste tu appartiens ? »

Je sentais un épais liquide chaud couler dans ma bouche. Du peu de force qu'il me restait, je niais tout. Il y eut un intermède, une sorte d'entracte, où je fus conduit dans une pièce adjacente. Diable, il fallait bien que mes bourreaux reprennent un peu de force, ils devaient être épuisés. D'une salle voisine, quoique étouffés, j'entendais des cris, des gémissements. Ma porte s'ouvrit. On me ramena devant l'officier allemand qui, dans son français maladroit, m'avait interrogé. Ses deux sbires avaient repris leur place à mes côtés, visage imperturbable.

« Alors, cher mossieu, vous avez bien réfléchi ? Dites-moi que vous êtes un terroriste. »

La dactylo tirait paisiblement sur sa cigarette. Encore à moitié groggy, j'esquissai une grimace.

« Je ne suis pas un terroriste. »

Le coup partit, qui m'atteignit en plein visage. Lequel pissa le sang. Mes mains furent démenottées, puis posées sur le bureau, maintenues à plat par l'un des bourreaux. Son acolyte cingla à plusieurs reprises mes doigts, avec sa règle en fer, écrasant quasiment mes phalanges. La douleur, atroce, me vrilla le corps tout entier. Un brouillard m'environna. Un nouveau coup s'abattit. Je me mis à vomir. Puis m'écroulai, inconscient.

Quand j'eus repris connaissance, dans un flou cotonneux, j'entendis une voix, celle de l'officier, me murmurer :

« À demain. La nuit porte conseil. »

Le lendemain, en effet, je fus ramené sur le lieu de ma torture. Les gestapistes m'infligèrent le même traitement.

Mon bras, insuffisamment cicatrisé, me faisait souffrir le martyre. Ils s'acharnèrent à le frapper. Tout comme ils prirent un malin plaisir à assener leur règle de fer sur mes plaies coagulées, les rouvrant, mettant les chairs à vif, sous l'œil amusé de l'officier SS qui m'encourageait à parler de sa voix suave et gutturale !

« Faites un pétit' effort. Aidez-nous. C'est pour votre bien. »

Après des heures de ce traitement, qui me donnèrent l'impression de durer des jours, entrecoupées de pauses, mes bourreaux désarçonnés par ma détermination à rester coi, je fus livré à la police française. Je devenais donc un simple voleur de voiture. Un droit commun. Le plus banal qui puisse m'arriver.

Me voilà donc embastillé à la Santé. Mieux vaut taire les conditions de ma détention, dans une cellule conçue pour trois maximum, et où nous nous retrouvions sept. Je venais d'échapper au pire. Je me trouvais somme toute bien heureux de m'en tirer à si bon compte. En cette année 1944, la Santé s'enorgueillissait de quelque quatre mille prisonniers politiques, trois mille droits communs, auxquels s'ajoutaient les J3. Au nombre des détenus, j'eus la surprise de revoir le commissaire Lelièvre, qui m'avait arrêté puis relâché avec une gentillesse rare chez un poulaga. Il avait été arrêté avec toute son équipe pour faits de résistance. La prison et les épreuves, en ces temps difficiles, nous rapprochaient tous, flics et truands, bien-pensants et mécréants, politiques et droits communs. Nous nous sentions unis par un profond sentiment de fraternité. Privés de liberté, certes, nous l'étions. Mais nous étions vivants, la seule chose vraiment qui importât. Pions égarés sur le vaste échiquier de la guerre, nous n'avions hâte que de la voir prendre fin pour retrouver l'extérieur avec, pour tout bagage, la liberté d'être et d'agir. Dès qu'il me vit, Lelièvre me lança :

« Marcantoni, ça alors, qu'est-ce que tu fous là ?

– C'est Gélot qui m'a arrêté puis livré aux Allemands.

– L'ordure ! quand tout ça sera terminé, tu peux me croire, il va payer. »

De fait, et ce n'est que justice, le policier félon devait payer, au moment de rendre compte de ses actes au profit de la Collaboration, au lendemain de la Libération.

Quant à moi, j'ai mené le combat, pour la sauvegarde de mon pays, dès le début de la guerre. Un combat où moi et mes camarades risquions à chaque instant notre peau, pendant cette période sombre oubliée aujourd'hui par beaucoup de Français.

Oui, messieurs les journalistes, vous qui, pendant les sept années qu'a duré « l'affaire Markovic », n'avez eu de cesse de me qualifier de gangster corse, j'avais aussi un autre passé, que vous avez toujours ignoré, ou feint d'ignorer. Et de ce passé-là, j'en suis fier, parce qu'il m'honorait.

Les derniers soubresauts de la guerre et la Libération

La dernière horreur de cette putain de guerre, je devais la vivre le 14 juillet 1944. Nous avions eu connaissance du débarquement des Alliés. Nous savions qu'ils progressaient vers Paris. Avec l'emportement de la jeunesse, les J3 se mutinèrent. S'étant emparés des clés du gardien-chef par surprise, ils défoncèrent les portes des cellules, libérèrent leurs camarades, neutralisant les matons qui tentaient de s'interposer. Ils ne poursuivaient qu'un but, fuir par les caves ou par les toits, poussés par l'élan que vous procure une liberté sentie toute proche. Mais c'était sans compter sur les Allemands, et plus encore sur la Milice, avertis du soulèvement. Ils débarquèrent rapidement. Là, j'assistai à une horrible boucherie, impuissant. Ils tiraient sur les silhouettes qui avaient pris position sur les toits, comme sur des pipes à la foire. Pantins désarticulés qui s'écrasaient lourdement sur le sol ou, en cas de souffle encore de vie, ils étaient achevés d'une rafale de mitraillette. Ceux qui avaient tenté une sortie par le greffe étaient cueillis, à leur tour, par le plomb des mitraillettes. Les miliciens mettaient un zèle et un savoir-faire indéniables dans leur aide aux Fritz. L'insurrection maîtrisée, je vis une multitude de corps enchevêtrés. Combien pouvaient-ils être, passés de vie à trépas ? Difficile à évaluer. Quelques-uns avaient réussi à échapper à la mort. Ils furent reconduits manu militari dans les cellules qui avaient été épargnées, sous les quolibets des « bons Français », visiblement satisfaits d'avoir fait le ménage pour l'ennemi. L'un des J3 que l'on raccompagnait à une cellule marchait-il d'un pas trop lent ? Une détonation claqua. Il s'effondra, une balle en pleine tête. Un tribunal fut constitué par les bourreaux. Les sentences tombèrent, expéditives. Les meneurs, du moins ceux qui avaient réussi à échapper aux balles ou à l'étouffement, aux piétinements, furent passés sans autre forme de procès par les armes. Cela dura un long mois. Jamais je ne parviendrai à oublier le silence des geôles, tandis qu'à l'extérieur résonnait le bruit des salves, les coups de grâce. Une plaque, apposée dans la cour d'honneur de la Santé, commémore toujours ce massacre. L'un de mes compagnons de captivité était un policier, le brigadier Morlevat, arrêté en possession d'armes. Après ce massacre, je me souviens qu'il était traumatisé par ce qu'il avait vu : « Je n'enverrai jamais plus personne en prison », lâcha-t-il un jour.

Paris enfin libéré, je crus que mon tour de respirer l'air pur du dehors avait aussi sonné. Il n'en fut, hélas, rien. Emprisonné comme droit commun, il me fallut m'armer, de patience cette fois, pour faire valoir mes authentiques qualités de résistant. Tâche plus ardue qu'il n'y paraît, d'autant que nombre de mes anciens compagnons me croyaient mort. Moi-même j'avais perdu leur trace. Comment à nouveau les joindre ou les faire approcher ? Les gardiens auprès desquels je m'adressais restaient muets et me refusaient toute aide. Il en allait de même avec la hiérarchie. Après l'absurdité de la guerre, j'étais confronté à une autre absurdité, celle des institutions. La flamme du combat éteinte, je ressentais dans mon âme et dans mon cœur blessés l'amertume de l'isolement et de l'abandon. Habité par une profonde solitude intérieure, par un sentiment de révolte très fort aussi à l'égard des collabos qui se « gobergeaient », je finis par avoir ce que les jeunes des cités d'aujourd'hui, celles des Minguettes, des quartiers nord de Marseille ou d'ailleurs, appellent la haine.

Quand enfin la lourde porte de la Santé s'ouvrit devant moi, j'étais certes soulagé, gonflé d'espoir. Je pensais : à nous deux, Paris. Je laissais derrière moi l'horreur, la crainte du lendemain. La vraie vie allait pouvoir reprendre ses droits. Cette vie nouvelle, je voulais la respirer par tous les pores, l'aimer du plus profond de mon être. Je me sentais fort. Fort de toutes mes épreuves surmontées. Fort d'une jeunesse pas encore derrière moi. Mon visage, à ce qu'on disait, n'était pas détestable. Mes muscles saillaient sous le tricot de peau. J'étais comme le coureur sur la ligne de départ, qui piaffe d'impatience d'en découdre.

À vos marques !

Parlons-en ! Marqué, je l'étais. J'ignorais alors que mon destin ne faisait juste que commencer.

L’engrenage

Libre. Enfin libre. Presque oubliée, la lutte que j’avais menée contre les Allemands et leurs dévoués auxiliaires français. Presque oubliée, la souffrance du cœur, de l’âme et du corps. Presque oubliée, la peur du risque. Je découvrais le Paris de l’après-guerre, animé par l’intense désir de me réaliser. Mais comment ? Beaucoup de mes compatriotes corses, au sortir de la Résistance, entrèrent dans l’administration, qui aux douanes, qui dans la police. Très peu pour moi ! Certes, il n’y a pas de sot métier, seulement des vocations contrariées... Même si la résistance m’avait appris à obéir à une hiérarchie, à travailler en équipe, toute cette existence avait un je ne sais quoi qui ne convenait guère à mon tempérament plus aventureux. Individualiste farouche, je n’étais pas taillé pour la routine, pour l’embrigadement, pour la vie morne et crépusculaire, pourquoi ne pas le dire, médiocre, de ceux qui entrent dans le rang, souvent par impuissance à s’épanouir d’une autre manière.

Que voulez-vous, quand on a goûté au champagne, pas évident de revenir à la limonade. En outre, je ressentais un besoin tenace de prendre une revanche sociale, en marginal, pour fuir définitivement mes souvenirs d'enfance, leur tourner le dos à jamais. Tous me renvoyaient à la pauvreté, que ce soit les années passées à Alzi, ou celles poursuivies à Toulon. Dans ce Paris qui retrouvait peu à peu son faste, ses vitrines gorgées de marchandises, je ruminais ma rancune. Une rancune d'autant plus grande que les profiteurs de la guerre, les enrichis du marché noir et des trafics divers exhibaient ostensiblement leur fortune de fraîche date, après avoir réussi à échapper à la charrette de l'épuration. Pour moi qui avais connu l'humidité des cachots, la torture, c'en était trop. Une âme de justicier naissait en moi, qui ne demandait qu'à se manifester ouvertement.

Ce fut une femme qui donna l'impulsion. Elle s'appelait Sonia. Si elle était du pays des tulipes, elle figurait assurément la plus belle rose de Paris. Sans elle, qui sait, j'aurais peut-être eu la malchance de bien tourner.

Le « gai Paris » d'après guerre était pratiquement entre les mains des Méridionaux et des Corses. Je ne parle évidemment pas du négoce des fruits et légumes, de la philatélie ou de l'épiscopat. À Pigalle, à Montmartre ou aux Champs-Élysées, pas un bar, pas une boîte qui ne fussent leur propriété. Aussi, je me sentais chez eux chez moi. Dans les endroits à la mode, j'avais mes entrées, je retrouvais des compatriotes, souvent d'anciens compagnons de réseaux. Ils connaissaient mon passé, ma situation présente. Personne ne me présentait l'addition. Une situation que j'avais du mal à gérer. Si j'étais heureux de partager leur table, ne jamais pouvoir payer me gênait. Je me promettais de leur renvoyer un jour l'ascenseur. Mais pour y parvenir, il fallait que l'état de mes finances s'améliore.

Un soir, j'ai fait la connaissance de Pierre Cuccari. Il avait assuré dans la clandestinité la protection de Jacques Chaban-Delmas, l'ancien Premier ministre de Georges Pompidou et qui resta plusieurs décennies l'inamovible maire de Bordeaux, avant qu'Alain Juppé ne lui succède. Nous avons immédiatement sympathisé. C'est lui qui me présenta Jean, le patron d'un restaurant chic situé à quelques centaines de mètres des Folies-Bergère. Alors que les restrictions se faisaient encore sentir, on trouvait sur la table de Jean les mets les plus fins, les plus délicats, les plus goûteux. À condition toutefois d'y mettre le prix. Sauf pour moi, une fois de plus. La clientèle était un étonnant cocktail de courtiers en Bourse, d'industriels, d'hommes d'affaires et de truands chevronnés. Au sous-sol, se déroulaient d'importantes parties de passe anglaise. En quelques minutes, des liasses de billets passaient d'une main à une autre. Je fus tenté. J'avais une certaine habileté aux dés. Plus encore, un besoin impérieux d'argent. Je descendis au sous-sol, sûr de ma bonne étoile, bien décidé à remonter les poches gonflées de billets et à sabler le champagne, non seulement avec mes amis, mais encore avec les superbes créatures féminines qui circulaient, lascives et sensuelles, d'une table à l'autre. Jamais les filles de mon pays ne m'avaient paru aussi belles.

Tout bascula un soir. Elle est entrée, ravissante beauté blonde à peine effleurée par la trentaine. À son bras, un homme qu'on eût volontiers pris pour son père. Je hélai Jean, désignant discrètement le couple.

« Laisse tomber, François. Déjà prise. »

Un large sourire éclairait le visage de mon ami. J'insistai pour en savoir davantage.

« Elle travaille aux Folies. Le vieux la cornaque. Un riche industriel. J'te l'dis, t'as aucune chance. Laisse tomber ! Les jolies filles, ça manque pas, ici ! »

Certes. Seulement moi, je ne la quittais pas du regard, je n'avais d'yeux que pour elle. Sans la connaître, je l'avais, comme on dit, dans la peau.

Plusieurs soirs, je revins. Plusieurs soirs, je la revis, escortée de son « mari ». Un homme richissime, oui, mais dont j'avais appris que la fortune n'avait cessé de croître pendant la guerre. En somme, trop riche pour être parfait honnête homme.

La belle apprit à répondre à mes regards appuyés. Les œillades qu'elle m'adressait parlaient la langue du cœur, ou peut-être du corps. Cette complicité, en tout cas, avivait le désir que j'avais d'elle. Moi qui n'étais jamais tombé amoureux jusqu'alors, je me sentais dévoré d'une passion irraisonnée. Trois longues semaines s'écoulèrent, qui me parurent interminables. Un soir, la porte s'ouvrit. Mon sang ne fit qu'un tour. Dans l'encadrement, je la vis, escortée de deux copines. Je me tournai vers Jean.

« Écoute, je te demande ce service, présente-moi.

– Ah, toi alors, quand t'as une idée en tête ! »

Les présentations furent faites. Elle s'appelait Sonia. Son français maladroit et sa pointe d'accent ajoutaient à sa séduction. Aux Folies-Bergère, elle était la vedette de la revue. Le fait qu'elle ait refusé de s'offrir tout de suite à moi contribuait certainement à décupler mes sentiments à son endroit. Nous avons ainsi vécu plusieurs semaines sans que rien se passe. Un soir, n'y tenant plus, je sollicitai une nuit, rien qu'une nuit. Elle consentit.

Il nous fallut aller à l'hôtel. Je n'avais en effet pas d'appartement et elle ne voulait absolument pas me recevoir dans le sien. Au fil des jours, des semaines, nos escales amoureuses dans les chambres se multiplièrent. Plus qu'une aventure, ma liaison avec Sonia s'apparentait déjà à une histoire d'amour. Je baignais en plein bonheur. Un soir, elle me demanda de l'accompagner à son domicile. Elle habitait un luxueux appartement dans le 16e, meublé pour une reine. Trop somptueux, à l'évidence, pour les cachets qu'elle touchait aux Folies. Sans que je lui pose la moindre question, la meilleure méthode pour qui veut savoir, elle me confia que l'homme que j'avais vu à son bras le premier soir – un certain Georges Saval – pourvoyait à ses dépenses et l'avait installée là. La Libération lui avait inspiré quelques inquiétudes pour sa fortune, il projetait d'ailleurs de la transférer en Suisse où il comptait s'installer avec sa famille. Je devins curieux.

« Il conserve chez lui, dans un coffre, une très importante somme d'argent liquide. »

Discrètement, à un moment où Sonia s'était éclipsée dans la salle de bains, je relevai l'adresse du bonhomme dans le carnet resté sur un des chevets. Mon idée faisait son chemin. Il n'était pas dit que j'aurais été torturé, embastillé pour rien. Pendant que d'autres, dont cet individu, avaient fortune acquis grâce au commerce avec les Fritz. Moi qui avais appartenu, dès ses débuts, à la Résistance, j'étais dans la dèche, contraint de raser les murs. Et lui qui avait collaboré étalait son luxe et se payait du plaisir avec cette fille, au fait seul qu'il suintait le fric par tous les pores... Après tout, s'occuper de M. Saval relevait de la simple récupération.

Je quittai Sonia dans la matinée. Le soir, j'étais à Montmartre, chez quelques amis. Je les mis dans la confidence de mon projet. Tous l'approuvèrent. Nos convictions aboutissaient à la même conclusion, donner une leçon au sieur Saval. Je voulais en revanche que, pour Sonia, tout se passe en douceur. Il fut décidé que nous nous livrerions à un petit jeu qui faisait fureur dans le Paris de l'après-guerre. Nous nous ferions passer pour des policiers. L'un de mes amis avait justement un beau-frère flic. Il se fit fort de nous procurer les uniformes.

Soucieux de respecter la procédure pénale, nous nous présentâmes à six heures du matin au domicile de notre homme, avenue Foch. Nous laissâmes la Traction avant en stationnement, un complice au volant, prêt à démarrer en trombe à la moindre alerte. Le concierge souleva son rideau d'un air méfiant. Il nous dévisagea. Dans pareil quartier, à pareille heure, il ne devait guère avoir l'habitude de ce genre de visite.

« Police.

– C'est pour quoi, messieurs ? »

Le simple mot avait métamorphosé sa face. Il est vrai que nous étions plus authentiques que nature.

« Conduisez-nous à l'appartement de M. Saval, je vous prie !, ordonna celui d'entre nous, un Parisien, qui avait pour mission de parler. Nous autres, avec notre accent corse, nous avions trop peur que celui-ci ne nous trahisse.

Le concierge ne se le fit pas répéter.

« Si vous voulez bien me suivre, messieurs.

– Pour la régularité de la procédure, nous vous demanderons d'assister à l'opération. »

Nous avons sonné à la porte de Georges Saval. Un domestique très stylé vint nous ouvrir.

« Police. Nous voulons voir M. Saval. »

Nous sommes entrés. Dans les deux minutes qui suivirent, nous avons vu apparaître notre client, visiblement soupçonneux. Cependant, la vue des uniformes semblait le rassurer.

« Que puis-je pour vous ? »

Le domestique, sur un geste de notre part, se retira dans une pièce que l'un de mes comparses s'empressa de fermer à clé. Puis, avec une insigne courtoisie, nous invitâmes notre hôte à nous conduire à son coffre, pour nous l'ouvrir. Il marqua un temps d'hésitation. Nous renouvelâmes, tout aussi courtoisement, mais avec une fermeté dans le ton qui ne laissait place à aucune autre alternative, notre invitation. Sans enthousiasme, il nous conduisit jusqu'à son bureau. Un coffre d'une taille imposante trônait, majestueux.

Ouvert, il ne livra que quelques paperasses sans intérêt pour nous. Sans doute l'individu nous avait-il pris pour des policiers naïfs, comme il en existe parfois. Le Parisien se planta droit devant lui.

« Monsieur Saval, vous cherchez à nous mettre en colère ! Nous sommes venus ici avec des renseignements précis. Allez ! Dans votre intérêt, conduisez-nous à l'autre coffre. »

Le ton n'admettait pas la réplique. Notre « collaborateur » poussa un long soupir. Il semblait avoir vieilli prématurément. Comme à regret, il nous désigna une autre pièce. Nous lui demandâmes de nous précéder. Là, il souleva un tableau derrière lequel apparut une porte blindée, enchâssée dans le mur. Dans cette planque de pacotille, qui n'aurait pu tromper qu'un demi-sel, se trouvaient entassés lingots, billets, pièces d'or.

« Pouvez-vous nous présenter les factures, les justificatifs ?

– Euh, Euh...

– Bon, allez ! Embarquez-moi tout ça dans une valise. Prenez aussi un nécessaire de toilette et veuillez nous suivre au commissariat.

– Vous n'allez pas me garder ? »

La peur se lisait dans ses yeux.

« Je n'en sais rien. C'est le patron qui décidera. »

Avec précaution, Saval a mis lui-même sa fortune dans la valise. Puis il nous a demandé l'autorisation d'embrasser sa femme. C'est vrai que sa bourgeoise, nous ne l'avions pas vue ! Autorisation accordée. Il nous aurait presque attendris, tant il pleurait, en serrant sa légitime contre lui. Comme pour rehausser le pathétique de cette scène d'adieu, son chien, un vulgaire roquet, y alla de quelques grognements. Pendant toute la scène, le concierge n'avait pipé mot. Tout au plus, quand nous prîmes congé, nous gratifia-t-il d'un sourire complice. Peut-être avait-il, lui aussi, une revanche à prendre.

Nous nous sommes engouffrés dans la Traction et avons quitté en trombe l'avenue Foch, direction le commissariat. Évidemment, nous l'avons dépassé et avons stoppé la voiture une cinquantaine de mètres plus loin. Sans précipitation, nous sommes descendus du véhicule, deux des nôtres encadrant Saval. Il fallait voir comment il tenait contre son cœur la valise aux billets. Même sa femme, il ne l'aurait probablement pas serrée aussi fort. Une urgence maintenant pressait, mettre fin à notre petit scénario, nous éclipser en douceur, non sans avoir bien sûr opéré une transaction entre la fameuse valise et nous. Curieusement, au fur et à mesure que nos pas nous rapprochaient du commissariat, notre « prisonnier » verdissait, telle de la vigne vierge au printemps. Sans doute notre comportement, le fait que la voiture ait largement dépassé les limites du commissariat contribuaient-ils à cet état de fait. Son attitude craintive nous renforçait encore davantage dans notre détermination.

Soudain, d'un clin d'œil, nous nous concertâmes... et la valise changea de propriétaire. Plantant sur le trottoir notre homme interloqué, nous fonçâmes vers la voiture.

Dominique, resté au volant, lança le moteur. Dans un crissement de pneus digne des meilleurs polars de cinéma, nous nous arrachâmes du secteur...

Voilà comment j'ai conquis mes premiers galons dans le Milieu. C'était du boulot propre, sans bavure, sans effusion de sang. Par ailleurs, j'avais presque le sentiment d'avoir fait œuvre de salubrité publique. Pas le moindre regret, donc, au contraire. Me rembourser sur le dos d'une fripouille de guerre ne m'a jamais donné d'urticaire. Au moment du partage, la part de chacun s'élevait à la coquette somme de quelque quatre millions de francs de l'époque. Un petit trésor. Avec ce pactole tombé du ciel, j'envisageais sereinement les jours à venir. Par ailleurs, j'amorçais ma revanche sur une société qui, jusqu'à ce jour, ne m'avait pas fait crédit. Après avoir remboursé quelques dettes auprès d'amis pour qui je devenais d'un seul coup un personnage important, je m'offris un appartement et une garde-robe de ministre. Après m'être mis au vert quelque temps par prudence, j'ai retrouvé mes compatriotes de Montmartre, de la rue Fromentin, de la rue Duperré, de la rue Notre-Dame-de-Lorette. Bien sûr, le champagne coula souvent à flots. J'étais fier de régaler à mon tour et de dépanner les copains, quand c'était à eux d'être momentanément dans le besoin. Sapé comme un milord, je mordais dans la vie qui, enfin, se montrait douce avec moi, Quant à la délicieuse Sonia, je faisais en sorte d'espacer nos rencontres, prétextant telles ou telles affaires lointaines. Je ne pouvais pas, en effet, décemment emprunter le chemin des hors-la-loi et m'encombrer d'un amour, si intense et passionnel fût-il. Les femmes, je les chevauche, à l'occasion, et les respecte. Mais j'ai une grande méfiance à leur encontre. Du reste, dès qu'un meurtre est commis, le premier credo policier n'est-il pas « cherchez la femme » ? Combien, dans la suite de ma carrière de truand mouvementée, n'ai-je pas vu d'authentiques caïds tomber à cause d'une femme, qu'elle soit épouse, maîtresse ou sœur ! Un truand, permettez cette comparaison qui fera hurler les bien-pensants, c'est comme un prêtre, il est de chair, et peut donc succomber à la tentation. Pour surmonter les embûches qui ne manquent pas de se trouver sur sa route, il ne doit pas mettre de femme dans ses bagages. Avec la blonde Hollandaise élue de mon cœur, je ne m'accordai aucune dérogation...

Lors de notre dernière rencontre, ou l'une de nos toutes dernières, elle m'a conté la suite de l'aventure avec son protecteur, sans jamais se douter qu'elle en avait été à l'origine. Saval lui avait fait part de ce qui lui était arrivé. Il lui avait dit que la police, depuis la Libération, ne valait plus rien, qu'elle se laissait aller à des méthodes de gangsters. Qu'elle l'avait dépouillé d'une valise bourrée d'argent. Devant de tels procédés, à quoi bon porter plainte ? Il s'était donc abstenu de donner suite à son affaire. Au demeurant, il s'en foutait. Ce n'était pas une somme, si rondelette eût-elle été, qui avait déstabilisé sa fortune, encore immense.

J'écoutais le récit de Sonia amusé. Et totalement rassuré. Je pouvais désormais dormir sur mes deux oreilles, la conscience tranquille. Une nouvelle vie venait de s'ouvrir à moi. J'étais à des années-lumière de penser, alors, qu'elle me conduirait aussi loin, puisque, à ce jour encore, à quatre-vingts ans sonnés, je n'en ai pas terminé avec la justice de notre beau pays.

Sonia, donc, si le destin qui a fait de moi l'homme que je suis devenu m'avait souri différemment, aurait pu devenir la femme de ma vie. Et puisque j'aborde ce thème de l'idéal féminin, alors que ma nature, si pudique, répugne à se livrer sur ce chapitre, je crois pouvoir dire que si les maîtresses ne m'ont pas manqué, issues de tous les milieux, souvent qui plus est d'une immense beauté, seules trois auraient pu, en d'autres circonstances, porter mon nom.

Frivole, volage, je l'étais, histoire de tempérament ou de gènes, appelons ça comme on veut. La guerre, il est vrai, m'a volé ma jeunesse. J'ai pris ma revanche, c'est vrai... mais à quel prix, comme ce livre en porte témoignage ! Et s'il est bien des domaines où j'ai tout réussi, il en est en effet un où j'ai tout échoué, le domaine de ma vie privée. Sans doute le résultat de ce qu'ayant goûté au champagne et au caviar j'ai préféré continuer dans cette voie-là.

Les trois femmes auxquelles je faisais allusion n'ont pas voulu courir le risque de s'appeler Marcantoni. Ont-elles eu tort ? Raison ? Ce n'est pas à mon âge que je vais récrire ma vie sentimentale ! Sans doute me considéraient-elles comme quelqu'un de trop dangereux, de par les activités qui étaient les miennes. Je sais que les trois femmes qui ont compté pour moi, après les avoir revues après leur divorce et avoir discuté avec elles, ont regretté le choix, plus conventionnel, pour lequel elles avaient opté.

Comme les abeilles, j'ai donc butiné de-ci, de-là. Me reste le souvenir de quelque parfum... et d'une piquante anecdote.

Lorsque j'ai écopé de cinq ans de travaux forcés, dans le hold-up de la rue d'Anjou, mon défenseur était Me de Mauro Giafferi. Un soir, à son cabinet, après avoir congédié un de ses clients et s'être enfermé un instant pour peaufiner quelques notes, il pousse la porte de la salle d'attente.

« Quelqu'un pour François Marcantoni ? »

À ce moment, cinq femmes, pas une de plus pas une de moins, se sont levées ! Tous mes amis peuvent en attester. Mais parmi ces cinq représentantes du beau sexe, aucune ne se connaissait. Elles étaient venues me témoigner de leur gentille affection, et voir de quoi je pouvais éventuellement avoir besoin. Une seule, parmi les cinq, m'était chère. Que ne m'a-t-elle pas fait faire pour payer le prix fort, pour ma trahison envers elle ! C'était une Auvergnate. Teigneuse comme pas deux, elle n'a eu de cesse de me poursuivre de sa vindicte et de sa jalousie. Un véritable harcèlement. Elle me rappelait une autre femme, très belle, comtesse de son état, qui habitait avenue Foch, à Paris, non loin du domicile du baron Empain, et avec qui j'avais eu quelques rapports qui n'avaient rien de vraiment textuels ! Il faut bien que la chair vive ! Un soir où son envie de faire l'amour devait la titiller fort, elle m'appelle :

« François, viens, j'ai envie de toi. »

Puis, de plus en plus câline :

« Tu n'auras pas à le regretter ! » S'ensuivit un long soupir, qui en disait long sur les intentions de la belle.

« Impossible ce soir, je dois m'occuper de mon chien. Demain. »

Je ne pus en dire davantage.

« Salaud, puisque c'est comme ça, choisis entre ton clébard et moi ! »

Et elle raccrocha. Fin d'une liaison éphémère.

Quand je suis sorti de cabane, j'ai voulu quand même, pour compenser un peu du mal que j'avais occasionné à ma tigresse auvergnate, m'occuper d'elle... Je me suis renseigné pour retrouver sa trace... et j'ai appris, hélas, qu'elle avait atterri à Sainte-Geneviève-des-Bois ! Il était trop tard, et pour elle et pour moi.

Je vis aujourd'hui avec une amie, qui est entrée dans ma vie voilà onze ans, et qui la partage depuis. Infirmière, elle est ma panseuse, de mon corps et de mon âme, l'amour de ma vie. Et je lui suis reconnaissant d'avoir su m'attendre quand j'ai fait un long détour de dix-huit mois par la Santé et Fresnes, après avoir été arrêté en 1994. Je la remercie pour sa patience et sa compréhension !

Par boutade, alors qu'un de mes amis proches me demandait un jour la femme que je considérais comme idéale, je répondis sans la moindre hésitation :

« Hillary Clinton. »

Elle, au moins, elle sait pardonner les aventures ! Mais accepterait-elle de partager sa vie avec un type comme moi, qui ai en commun avec son mari ex-Président un goût prononcé pour les cigares ? À la différence non négligeable que, moi, je me les met... à la bouche !

Les deux pieds dans le Milieu : la guerre des gangs

Quelques mois après ce haut fait d'armes qu'avait été le coffre de Saval, couru sans risque majeur, mais qui m'avait valu un joli succès d'estime au sein du Milieu, l'argent facilement dépensé, il me fallut songer à réapprovisionner ma cagnotte. Nous étions fin 1945. Et je suis « tombé » pour une stupide histoire de voiture volée. Affaire à laquelle j'étais pourtant étranger. Mais, pour des raisons qui s'expliquent facilement, j'étais entré dans l'œil de la police. C'est fou comme, tout au long de ma « carrière », les pandores n'auront eu de cesse de me couvrir de leur sollicitude. Une tendresse qui a fini par me devenir suspecte, avec les années et l'expérience... J'avais remporté une première manche. La police se devait d'égaliser.

Le 3 janvier 1946, devant la 10ᵉ chambre du tribunal correctionnel de la Seine, j'écopais de treize mois d'emprisonnement, pour vol, complicité, recel et tentative de corruption de fonctionnaire. Pas moins ! Quelle générosité dans les chefs d'inculpation. Je revois comme si c'était hier mon juge d'instruction, un homme à particule, monsieur de R., impitoyable et froid commc un cadavre, m'expliquer la situation dans son jargon de magistrat. Je compris surtout sa conclusion :

« Je ne puis, en fonction des éléments à charge qui pèsent contre vous, procéder à votre remise en liberté. Gardes, veuillez vous saisir de l'inculpé... »

Le hasard me fit tomber, quelques années plus tard, sur une coupure de presse. Le nom du fils de cet homme distingué et zélé était mentionné, à la page des faits divers : « Le fils d'un haut magistrat tue sa mère à coup de marteau pour la voler. » En dépit de son outrancière sévérité à mon égard, j'eus une pensée de compassion pour celui qui avait voué sa vie à ce que le droit soit en toutes circonstances respecté, dût-on lui donner, au besoin, un petit coup de pouce pour le rendre plus crédible, donc plus applicable.

Le fait de me retrouver en prison, mais cette fois condamné par la justice française de l'après-guerre, provoqua en moi une révolte sourde et vengeresse. Ah, la société se payait ma tête ! Je fis le vœu de ne rien lui concéder. Elle venait d'avoir le tort de me faire comprendre, trop lourdement, que j'étais irrécupérable et qu'il lui fallait me mater. Pour le coup, elle me procura toutes les bonnes raisons de vivre en marge de ses droits et devoirs. Je serais donc définitivement un truand.

Cet hiver 1946 fut particulièrement vigoureux. L'eau gelait dans mon broc et je sautillais sur place pour me réchauffer quelque peu. Un petit matin, j'ai vu emmener, mort, un pauvre bougre qui, n'y tenant plus, s'était jeté de toutes ses forces la tête la première contre le mur de sa cellule. Ce qu'on peut accumuler de rancœur contre la société, dans ces moments-là, est impossible à imaginer. Pour se remonter le moral, entre détenus, on se racontait mutuellement des histoires tragico-comiques, qui nous soulageaient de tout ce poids de haine accumulé en nous. De nombreux casseurs étaient incarcérés. Ils devaient la longue peine qu'ils purgeaient à l'initiative d'un magistrat, M. Patouillard, connu de tous pour son extrême sévérité envers eux. Pourquoi eux plus particulièrement ? Au seul motif qu'un jour, le sévère juge avait été cambriolé. Les bijoux de valeur avaient disparu. Mais pire, ultime outrage, avant que de s'enfuir, les voyous avaient souillé les draps du lit conjugal de leurs matières fécales, ce dont l'homme de loi ne s'était jamais remis.

Pour tenter d'atténuer la sanction, les avocats conseillaient à leurs clients de faire appel. Ils savaient qu'un homme bon et compréhensif, peut-être au courant de la mésaventure arrivée à son collègue, atténuerait vraisemblablement la peine. Ce magistrat humain, je n'ai pas oublié son nom, était le président Albert. Aussi n'était-il pas rare qu'il trouvât, de manière anonyme, chocolats ou bouquets de fleurs sur le siège de sa voiture, dont il ne fermait jamais les portes à clé... par crainte que d'éventuels voleurs ne cassent la vitre ou ne fracturent la serrure !

La prison, c'est comme la guerre ou la franc-maçonnerie, ça favorise les relations ! Un de mes camarades codétenus, un médecin avorteur, m'avait parlé de son beau-père, un marchand de pierres précieuses, et surtout receleur. Pendant la guerre, cette ordure avait balancé des Juifs aux Frisés. Dès que je fus libéré, je n'eus plus qu'une seule idée en tête, rendre ma propre justice. Par un bien joli matin, avec un copain, nous avons refait le coup des faux policiers. Le truc marchait toujours à merveille. Nous nous retrouvâmes à la tête d'une nouvelle fortune, facilement acquise, des petits sacs de pierres précieuses et d'or, pour plus de dix millions de l'époque. Mon copain toubib de détention, à l'origine du tuyau, ne manqua de rien durant sa période d'enfermement. Quant à moi, une nouvelle fois, mon portefeuille respirait la santé. Au champagne qui coulait à flots dans les boîtes de Montmartre se succédaient les jolies filles. N'étais-je pas devenu, aux yeux de mes camarades du Milieu, de mes compatriotes encore plus sûrement, un seigneur ?

Un seigneur aux pieds d'argile tant, à vouloir forcer le destin en sa faveur, on risque gros.

Connu à présent pour mes exploits de faux-vrai flic justicier, les propositions ne manquent guère. Pas forcément honnêtes, direz-vous ? Qu'on ne perde pas de vue le contexte : des types comme moi, qui ont été torturés, confrontés à la misère, qui ont combattu au péril de leur vie, et de l'autre des vaches grasses qui, par leur lâcheté, leur appât du gain, ont fricoté avec les Boches et s'en sont mis plein les fouilles.

Toute époque a été propice au proxénétisme. Or, au lendemain de la Libération, alors qu'anciens résistants et anciens gestapistes, business oblige, s'étaient retrouvés unis pour monter des coups, certains, dans le Milieu, voyaient d'un mauvais œil le comportement de tel ou tel barbeau. Il est vrai que les abus étaient légion : cadences infernales, horaires démentiels... et salaire pour les « gagneuses » quasiment nul. Une déréglementation intolérable.

Un soir, tranquillement attablé dans un bar du Faubourg-Montmartre, avec un groupe d'amis, nous sommes informés par une de nos relations qu'un maquereau, connu sous le pseudo de « Léon le Chien », patron de bordel notoire, maltraite son personnel féminin, dont il tire pourtant exclusivement ses revenus. L'une d'elles, qui tapine sur un trottoir humide d'Amiens, s'en est ouverte à notre ami. Léon avait pour habitude, pendant que ses protégées arpentaient des trottoirs brumeux, de s'accorder du repos dans une propriété qu'il avait acquise sous des cieux plus cléments, à Saint-Paul-de-Vence. Qu'à cela ne tienne, nous décidons d'aller lui rendre une petite visite de courtoisie, histoire de le faire revenir à des sentiments plus humains. Il ne nous a guère été difficile de mettre la main sur lui, encore moins de l'inviter à monter dans notre voiture pour une petite promenade tranquille, à l'ombre d'une pinède discrète. Là, il nous a avoué, le charmant homme, qu'il souffrait de troubles cardiaques. Il nous suppliait surtout de ne rien faire contre lui, et encore moins d'attenter à ses jours. Comme si nous avions une attitude agressive ! Il nous connaissait vraiment bien mal. Dans son courage, sa témérité plutôt, devrais-je écrire, il nous informa que sa femme était associée à son commerce et que la faute lui incombait à elle totalement, si les filles étaient exploitées. Ah, cette perfidie des femmes entre elles ! Bref, à l'entendre, madame portait la culotte. Il fallait donc nous en remettre à elle.

À un moment, nous avons pensé qu'il allait défaillir. Il nous prévint au demeurant qu'il risquait un malaise à tout moment. Je ne pus retenir mon propos :

« Ici, tu risques rien, l'air est pur, à sept cents mètres d'altitude ! »

Nous l'avons mis à l'amende, pour sa punition. Soit vingt millions de centimes.

Tout heureux de s'en tirer à si bon compte, il nous jura qu'il allait en parler à sa femme, mais que ça ne posait pas de problème, nous aurions l'argent. Et d'ajouter, sans malignité :

« Je savais pas que la racket (*sic*) existait ! »

La racket, pas le racket, vous avez bien lu. Après tout, pourquoi pas ce féminin ?

Nous l'avons donc libéré, et il a tenu parole. Mais juste avant, nous l'avons quand même confronté au tribunal du Milieu avec sa femme. Ah, la bordée d'insultes qu'il a prise en pleine figure, notre maquereau ! « Salaud, fils de pute, c'est donc toi qui m'as dénoncée ! Emmanché, c'est comme pendant la Gestapo, quand tu donnais les youpins ! » Bonjour l'ambiance !

Un collabo – c'est fou ce qu'il y en eut – tel est l'individu que la personne venue me proposer une autre affaire, peu de temps après celle que je viens de conter, aimerait bien voir délester d'un peu de sa fortune frauduleusement acquise. Pas de problème, une nouvelle fois, je suis partant. Je monte mon équipe, et hop, en route pour le domicile du bonhomme. Nous arrivons à quatre chez lui, passons devant la loge du concierge, qui nous salue. Diantre, cet immeuble hausmannien ne manque pas d'élégance. Un tapis rouge recouvre les marches de l'escalier monumental. Mazette, plus bourge que là, tu meurs ! Si, si, la vérité si je mens !

« C'est pourquoi, messieurs ? »

Le majordome, qui a la tête de l'emploi, nous dévisage de la tête aux pieds. Je me sens fière allure, dans mon uniforme impeccable de capitaine.

« Nous voudrions parler à M. Larose. Capitaine Antonini...

– Bien messieurs. Je vais voir si monsieur peut vous recevoir. »

Il n'y a pas deux minutes que notre homme s'est éclipsé

que, très digne dans un strict complet gris, M. Larose fait irruption dans le hall où il nous a été demandé de patienter.

« Monsieur Larose ?

– Messieurs.

– Un renseignement nous a été fourni sur votre compte, que nous aimerions vérifier. Voici un mandat de perquisition... »

L'homme encaisse le coup. Il a blêmi. Pour sûr, il n'a pas la conscience tranquille.

Tout en remuant les tiroirs des commodes de style, nous le tançons pour sa conduite pendant l'Occupation. Il se défend.

« Mais messieurs, je vous assure... tenez, là, par cette fenêtre, je tirais sur des Allemands... »

À d'autres !

Quand nous en sommes arrivés aux choses sérieuses, il a craqué. Nous en avons évidemment profité pour lui faire ouvrir son coffre. Une assez maigre récolte, à vrai dire, une dizaine de millions anciens de francs. Nous avons mis l'argent récupéré dans une valise. Puis nous lui avons conseillé de prendre dans une autre valise ses effets personnels, au cas où nous devrions le garder une nuit à l'hôtel de police. J'ajoutai :

« Nous vous attendons en bas. »

La démarche mal assurée, il nous tourna le dos. L'esprit ailleurs, il ne protesta nullement. Même la valise que j'avais à la main, pleine de l'argent que nous venions de transférer de son coffre, lui semblait étrangère.

Nous descendîmes, repassâmes devant la loge du concierge. Ce dernier nous gratifia d'un nouveau salut.

Dès que nous nous sommes retrouvés dans la rue, nous nous sommes engouffrés dans la voiture et sommes partis sans même faire crisser les pneus ! Nous riions comme des fous, en pensant à la tête qu'il ferait quand il verrait qu'en bas, personne ne l'attendait !

Ce que je ne pouvais savoir, en revanche, c'est que le loustic allait déposer plainte.

J'occupais une chambre dans un hôtel situé Porte Champerret, qui existe encore aujourd'hui, ce qui ne manque pas d'éveiller de nostalgiques souvenirs quand je passe devant.

Un matin, de bonne heure, on frappe à la porte.

Je me lève, de mauvais poil.

« C'est quoi ?

– Police. »

Police ? Je me sens quelque peu désorienté.

J'ouvre.

« Bonjour, messieurs. »

Ils étaient deux.

« Alors, mon capitaine, comment ça va ? »

Oh, bon Dieu ! J'avais compris.

Heureusement que le flic a commis cette gaffe, sans quoi...

« Suivez-nous, on va s'expliquer au poste. »

Et, parole... tous trois, nous avons pris l'autobus ! Oui, vous lisez bien, l'autobus. En ce temps, le budget de la police ne permettait pas à ses fonctionnaires de venir chercher les mandrins de mon espèce en voiture officielle !

Nous avons pris la direction de la brigade criminelle, pour une confrontation avec le plaignant.

Heureusement, parmi les policiers chargés de procéder à la confrontation avec M. Larose, qu'accompagnait le concierge, se trouvait un certain Alibertini, corse comme moi.

On m'a placé au milieu d'une brochette de policiers.

J'avais, détail d'une importance capitale, les cheveux ras.

On m'a affublé d'un affreux béret basque. Puis on a fait entrer les deux compères.

M. Larose, très vite, s'est planté en face de moi.

« Et celui-là, le reconnaissez-vous comme étant le capitaine ?

Il hésitait.

Un chorus s'éleva.

« Regardez-le bien. C'est lui ou pas lui ? »

Il avait les cheveux un peu bouclés.

« Alors là, lui, il est loin d'être frisé ! »

C'était Alibertini qui avait pris en quelque sorte ma défense. Et, comme pour signifier au plaignant que la comédie avait assez duré, il a eu ces derniers mots :

« Allez, c'est fini. »

J'ai retrouvé le trottoir de Paris, gai comme un pinson. La vie n'était-elle pas belle ?

Une période dorée s'ouvrait à moi. Au hasard d'une conversation, j'appris que Sonia avait quitté les Folies-Bergère, et qu'elle était partie pour l'étranger. Je l'avoue, je ressentis un pincement au cœur. Si je n'avais pas emprunté la vie par un chemin de traverse, qui sait, peut-être seraitelle devenue ma femme. Oui, certes, mais à y réfléchir de plus près, en ma qualité d'ouvrier artificier à l'Arsenal de Toulon, jamais je n'aurais eu la chance de la rencontrer. Encore moins de la séduire. Finalement, mieux vaut qu'il en ait été ainsi. Comme l'a écrit Aragon, « il n'y a pas d'amour heureux ».

Une ère nouvelle se profilait donc. Grâce à cet argent gagné illicitement, mais dont je n'avais pas honte, je m'associai avec Toto Rossi, le frère de l'inoubliable interprète de *Marinella, Méditerranée* et de tant d'autres succès planétaires, mon compatriote Tino. Nous ouvrîmes un bar dans le quartier le plus chic de Paris, le 8e arrondissement, rue Quentin-Bauchart, près de l'Étoile, au nom qui sonnait bien la Provence, « Les Calanques ». Aux Champs-Élysées, je fis la connaissance d'une fille superbe, Simone Brault, qui accepta de s'occuper du bar. Avant que notre amitié ne se transforme en véritable roman d'amour.

Toto Rossi, plus que son frère que la carrière que l'on sait rendait difficilement accessible, occupe une place privilégiée dans la foule de souvenirs qui cognent à ma mémoire. Doté d'une gentillesse naturelle, d'une serviabilité de tous les instants, ce qui la rend encore davantage précieuse, je lui dois de m'avoir présenté à ce que le Tout-Paris d'alors a pu compter de célébrités en tous genres : vedettes de cinéma, mais aussi hauts fonctionnaires, truands de belle envergure, et poulets de plumages divers, dont les locaux se situaient à deux pas, au 93 de la rue Lauriston. Vous vous souvenez ? Le lieu même où la sinistre Gestapo avait établi ses bases. Édifiante coïncidence, non ? Tout ce monde se côtoyait, se croisait... Un jour, un jeune inspecteur se trouvait au zinc. Il s'appelait Borniche. Roger Borniche. Lui et moi, nous ne nous trouvions pas du même côté de la barrière, c'est vrai. Mais on ne se détestait pas, loin s'en faut. S'il avait quelque chose d'atypique, eu égard à l'image qu'on se fait communément du policier type, il ne fallait pas pour autant sous-estimer ses qualités. Fiancé, les cheveux lisses, il ressemblait à un inoffensif étudiant, sauf quand il se mettait à parler.

À cette époque, tous les limiers de la police traquaient le redoutable et redouté Émile Buisson, désigné comme l'ennemi public n° 1. Ce nom n'évoque sans doute rien aux plus jeunes. Pourtant « Mimile », à la disparition de Pierre Loutrel, dit « Pierrot le Fou », était devenu, à la fin des années 1940, l'homme le plus recherché de France.

Difficile pourtant d'imaginer que ce petit personnage d'un mètre cinquante-neuf, de corpulence moyenne, ait mis en émoi tout ce que le pays comptait de policiers et de gendarmes. Il est vrai qu'il portait toujours une arme, un Colt 45, quand ce n'était pas une grenade, et qu'il n'hésitait pas à faire feu pour se défendre ou pour se faire justice lui-même, en tirant sur des complices indélicats. Un individu dangereux donc, qui fréquentait des Corses. C'est ainsi que j'avais fait sa connaissance. Mais attention, s'il m'arrivait d'échanger avec lui quelques propos, il n'appartenait nullement au cercle de mes amis. Le 3 septembre 1947, il était parvenu à prendre la poudre d'escampette de l'hôpital psychiatrique de Villejuif, en compagnie d'un certain René Girier, plus connu depuis sous le nom de « René la Canne ». Émile fréquentait « Les Calanques » avec un Corse. Je me serais volontiers passé de leur présence, tant leur compagnie n'était pas de celles que je pouvais apprécier. Mais si les lois du commerce ne se devaient d'obéir qu'aux seuls critères de l'amitié, je connais peu de commerçants qui échapperaient à la faillite. Borniche, ce jour-là, offrait un visage grave, soucieux.

« Quelque chose qui ne va pas, inspecteur ?

– Ah Buisson, toujours Buisson, l'insaisissable Buisson... »

Et de pousser un long soupir. qui en disait long sur l'impuissance de la police à localiser le gangster. Si Borniche avait su... Mimile, en effet, discutait tranquillement dans l'arrière-salle avec mon compatriote Orsetti !

Et voilà que, soudain, tous deux apparaissent dans l'encadrement de la porte, se dirigent vers la sortie. Le moment précis où Borniche, involontairement, s'apprête, lui aussi, à quitter le bar, Il les bouscule, involontairement. S'excuse. Mimile avait déjà la main crispée dans la poche de son veston sur son calibre. Voyant qu'il n'avait pas été reconnu, il se détendit, s'inclina et poussa la porte. Il s'en est fallu de peu que ce jour-là Roger Borniche ne referme à jamais son ombrelle, ce qui aurait privé le public d'un authentique best-seller, *Flic Story*. C'est finalement le 10 juin 1950 que les deux hommes se sont retrouvés. Quand Borniche a arrêté l'ennemi public n° 1. Buisson ne sauva pas sa tête. Au moment où le bourreau lui indiqua qu'il était temps d'accomplir une ultime prière, il eut ces paroles, restées célèbres :

« Je suis à vous, monsieur, faites votre métier. La société sera contente de vous. »

Quelques instants avant, il était passé devant ma cellule, ou je séjournais pour une autre affaire – j'y reviendrai –, qui m'avait valu une nouvelle peine. J'entends encore ses cris dans le couloir qui le conduisait à la guillotine :

« Moi, j'y vais courageusement. Mais j'en connais beaucoup, il faudrait les porter. »

Une allusion on ne peut plus claire à ses complices, qui l'avaient lourdement chargé durant le procès, dans l'espoir de sauver eux-mêmes leur peau.

Un enterrement... pas de tout repos !

Si la mort de Buisson ne me peina guère, en revanche celle de Mathieu Costa laissa en moi un profond sentiment de tristesse. Car Mathieu, c'était mon ami. Dans le Milieu, il occupait les fonctions de juge de paix. Au sens où, connu du Tout-Paris, il s'efforçait d'arranger au mieux les problèmes qui pouvaient toujours surgir, entre telle ou telle équipe. C'est une quasi-tradition du Milieu que ces juges de paix soient corses. Moi-même, j'ai été longtemps affublé de cette étiquette. À tort. Peut-être parce que je suis d'un tempérament pacifique. Plus sûrement parce qu'on ne prête qu'aux riches...

En tout cas, le rôle de ce « magistrat » du Milieu consiste à tout faire pour que le sang ne soit pas répandu... Si, aux États-Unis, le fameux parrain immortalisé par Marlon Brando dans le film de Francis Ford Coppola est un juge de paix, en France il en va différemment. Parce que le terme même de parrain est chez nous impropre, quand bien même la presse abuse de ce vocable pour tel ou tel individu. Il y a des clans, ce qui n'est pas la même chose. Prenons Marseille, où les règlements de comptes... ne se comptent plus, depuis plusieurs années, et encore aujourd'hui. Dans les années 1970, une guerre a opposé Gaétan Zampa, retrouvé pendu dans sa cellule en 1984, à Francis Vanverberghe, dit Francis le Belge, abattu à Paris en septembre 2000, de plusieurs balles de 11.43, alors qu'au PMU de « l'Artois » il regardait sur un écran une course de chevaux. Un crime imputable selon la presse à une bande de Montreuil, Maghrébins, Portugais et Manouches. De jeunes pousses de violence, sans foi ni loi, des individus extrêmement dangereux qui laissent la police désemparée...

Au départ, les deux hommes étaient amis intimes. Ils se sont fâchés ensuite pour des raisons qui ne regardent qu'eux et ils en sont arrivés à une véritable guerre. J'ignore si certains, qui connaissaient les deux parties, ont essayé de trouver une solution pour éviter le carnage. Peut-être. Mais, si c'est le cas, ce fut sans réussite aucune, puisque les cadavres se sont allongés les uns après les autres, sous les balles de 11.43.

Mathieu Costa, avec son visage viril, ses cheveux bien plaqués et la raie sur le côté, à la mode de l'époque, avec sa classe naturelle et son élégance, jamais prise en défaut, était un grand seigneur. Dans le Milieu, on le respectait. Il a réussi à arranger de nombreuses affaires, qui auraient pu se terminer dans un bain de sang. Nous allions souvent ensemble au « Shéhérazade » vider des caisses de Dom Pérignon en compagnie de très jolies demoiselles, avant de finir la nuit chez lui, à « L'Autobus 22 ». J'ai appartenu à son équipe. Ensemble, nous avons monté quelques coups qui nous ont permis de vivre, de longs mois durant, la dolce vita. À ce sujet, un souvenir cocasse revient à ma mémoire. Nous avions repéré un fourgon qui, chaque jour, boulevard Pereire, à Paris, venait ramasser des fonds, entre une brasserie aujourd'hui disparue et la place. C'était en plein hiver et la neige était tombée à gros flocons, ce qui nous avait permis de masquer les plaques d'immatriculation. En planque dans notre voiture, une anglaise, pour ne pas nous faire remarquer, nous voyons le véhicule arriver. Les deux convoyeurs descendent. Nous guettons leur retour. À un moment, je me précipite, arrache la sacoche, fonce vers notre voiture et... je glisse ! J'ai l'air fin, le nez par terre ! Nous avions tout prévu, sauf que la neige qui avait trempé le sol se révélait fatale. Ayant repris ses esprits, l'un des deux convoyeurs s'aplatit sur moi. Ouille. Son quintal m'enlève toute velléité de riposte. Heureusement, un complice qui a assisté à la scène et à ma piteuse prestation, digne d'un Pied Nickelé, intervient énergiquement. Mon homme de poids se trouve en butte à la crosse de l'arme de notre ami venu en renfort. Sans demander notre reste, nous filons... au nez et à la barbe de flics qui circulaient dans le quartier. Vu la précipitation que Mathieu avait mise à démarrer, mes jambes dépassaient de l'Austin. Avec le recul des années, j'en ris encore. Mais quand vous êtes au cœur de l'action, c'est une autre histoire !

Pauvre Mathieu, il a fini d'une manière peu digne de son rang. Le 30 juillet 1949, un minable petit racketteur, Jean Frederrici, connu de tous sous le sobriquet de « Jeannot le Dingue », l'a poignardé pour un motif futile. Grièvement touché, Mathieu eut la satisfaction avant d'expirer d'apprendre que son agresseur s'était fait descendre, dans la plus pure tradition corse, alors qu'il sirotait tranquillement un pastis à Marseille, ville qu'il avait aussitôt gagnée. Déjà bruissait dans le Milieu une rumeur...

Le 2 août, tout ce que ce Milieu comptait de pointures, en habits de deuil, conduisit Mathieu Costa à sa dernière demeure. Au cœur du cortège funèbre, Ange Salicetti, l'empereur de Pigalle, avait consenti à sortir de sa retraite pour l'ultime adieu à son fidèle ami.

Une sacrée figure, Ange, appelé encore « le Saint », non tant à cause de son prénom que de son comportement volontiers obséquieux. En fait, il ressemblait facilement, pour qui ne le connaissait pas, à un notaire de province, avec son chapeau melon. Tout en lui présentait les apparences de la plus parfaite honorabilité. Seul son regard fulgurant et déterminé trahissait l'homme à qui on n'en compte pas. Son calibre ne le quittait jamais. Non plus que deux ou trois solides gaillards, attachés à lui emboîter le pas sitôt qu'il se déplaçait à pied. Selon ses proches, il avait sérieusement envisagé, dans son jeune âge, d'embrasser la prêtrise. Lorsqu'on faisait état de cette vocation manquée devant son aréopage de paroissiens pas très catholiques, il levait les yeux au ciel, haussait les épaules, comme pour dire : tout ça, c'est le passé, et les voies – les voix – du seigneur sont impénétrables.

L'Ange avait été apprenti à l'Arsenal de Toulon, comme moi, mais lui en qualité d'ajusteur. À dix-huit ans, parce qu'il n'avait pas supporté une remarque d'un adulte de l'établissement, il lui avait abîmé le portrait. Ce qui lui avait valu son renvoi. Et ce qui en disait déjà long sur l'individu. Puis, livré à sa nouvelle école, celle de la rue, il avait été détourné irrévocablement du droit chemin par une mère maquerelle, tenancière d'un bordel répondant au joli nom de « Pomme d'Amour », à Toulon. Beau gosse, il avait vite compris tous les bienfaits qu'il pouvait tirer du commerce des dames de petite vertu. Certains bordeliers, peu enclins à voir le nouveau venu leur faire de l'ombre, manifestaient-ils cependant un peu trop ouvertement leur hostilité ? Il les envoyait ad patres.

Tout comme moi, mais avec des méthodes différentes des miennes, l'ancien apprenti de l'Arsenal avait hâte de mordre à la vie. Seulement, à peine débarqué dans le Milieu, le voilà qui revendiquait le droit d'entrer dans la noble corporation des patrons de maisons de société, comme on appelait alors pudiquement le syndicat des propriétaires de maisons closes. Le président de l'association, Sylvestre Graziani, ne juge pas la présence du nouvel impétrant opportune. Crime supplémentaire aux yeux du « Saint », Sylvestre, bon bougre, a fait parvenir un colis en prison à l'un de ses amis, hélas pour lui, ennemi du féroce voyou. Une salve de plomb, dirigée par l'Ange et un de ses copains d'enfance, Fontana, un autre Ange, et voilà Graziani, qui venait quelques minutes plus tôt de quitter mon bar « Les Calanques », rayé ad aeternam du monde des vivants. De quoi donner à réfléchir à ceux qui veulent entraver la marche en avant de Salicetti. De quoi aussi nourrir les rancœurs, susciter les désirs de vengeance des amis de la victime. Plusieurs mois durant, une guerre sans merci se livre dans les venelles chaudes du quartier réservé de Toulon, ces ruelles étroites qui conduisent au port et où le passant honnête ne saurait guider ses pas, au-delà de vingt heures, sans risquer pour son intégrité physique, voire pour sa vie. De nombreux soldats, qui ont pris le parti de l'Ange, sans doute parce qu'il est considéré comme un vainqueur potentiel, tombent sous les balles. Force reste à... la force.

Salicetti, malgré son jeune âge, conquiert la basse ville de Toulon, une bonne partie de ses tripots et de son cheptel de femmes. Un temps, la police met un bémol à son ascension. Balancé par une âme probablement en quête de salut, c'est le saut de l'Ange... huit ans de réclusion sanctionnent son trop grand appétit. Le copain Fontana, miraculeusement hors de portée de la justice, voit dans cette mise à l'ombre l'occasion de se faire, lui, sa place au soleil. Mais cette velléité n'est pas du goût de tous, à commencer par Pascal, un cousin de Salicetti. Un jour que les deux hommes participent à une partie de pétanque, une discussion dégénère. Exaspéré, Fontana profite de ce que son adversaire a un moment le dos tourné pour lui coller une balle à bout portant. Devant de nombreux témoins. Un geste pour le moins inélégant. Évidemment, Salicetti est vite mis au courant dans sa prison. Il n'en a plus vraiment pour longtemps à s'y morfondre, avec les remises de peine. Et le bonhomme n'a pas la maladie d'Alzheimer. Aussi, quand il sort de cabane, après avoir réglé les premiers détails de sa nouvelle vie de libéré, il s'assure que son pote d'enfance n'a pas mis les voiles. Mais non. En toute inconscience, l'ex-compagnon de jeux n'a pas changé de domicile. Un jour, il reçoit la visite, pas vraiment de courtoisie, de ce cher Ange. Les retrouvailles sont froides. Mais elles se réchauffent vite, au sens propre, quand ils se retrouvent sur le désert plateau de Signes, entre Marseille et Toulon. Un endroit à l'abri des regards, souvent choisi par les gens du Milieu pour ce qu'on appelle benoîtement chez nous « une balade en belle », autrement dit l'ultime rendez-vous avant la rencontre avec Dieu... pour ceux qui ont la foi, si, si, il y en a, même chez les truands. Là, l'Ange fait preuve d'une technicité parfaite dans l'art de manier le chalumeau sur le corps de son bon vieux copain. On retrouvera le corps brûlé en maints endroits, trois balles dans la nuque ayant vraisemblablement mis fin aux souffrances du supplicié. Mais au bout de combien de temps ?

Dès lors, l'ascension de Salicetti tient du guide de haute montagne. Jamais rassasié, il vise les plus hauts sommets. Toulon se révèle vite trop petit. C'est la montée sur Paris, pour le couronnement.

1945, c'est l'époque où tout est rationné. Sans carte d'alimentation, impossible d'espérer se mettre la moindre denrée sous la dent. En acheter, passer des heures à faire la queue pour un minuscule bout de viande, trois carottes et deux pissenlits, très peu pour l'Ange. Il apprend au hasard d'une conversation de bistrot qu'un transport de cartes d'alimentation doit s'effectuer par train, de Paris à Châteauroux. Les cartes seront placées dans des sacs. Le jour dit, il prend place, avec un comparse, dans un wagon proche de celui où reposent les précieux documents. Il lui faut bien vite se rendre à l'évidence, il y a un hic, la présence de deux gardes mobiles en faction. La chance va pourtant jouer en sa faveur. Il possède dans ses bagages deux bouteilles de vin, à l'intérieur desquelles il a ajouté des somnifères. Lors d'un arrêt, les deux gardes demandent s'ils ont de quoi boire. La bonne aubaine ! Ange se précipite sur l'une des bouteilles, qu'il tend aux deux défenseurs de l'ordre. Ceux-ci ne tardent pas à pousser un roupillon. Ange et son complice s'installent dans le wagon aux tickets. Et, à l'arrêt suivant, ils descendent avec leur précieuse marchandise.

Une camionnette qui avait suivi le convoi, bien peu rapide en ce temps, prend possession du chargement et tout le petit monde des gangsters reprend la route de Paris. Ce Paris pour lequel Ange a désormais les yeux de Chimène. Ce Paris, pourtant, qui ne l'attend pas. Cette arrivée en effet ne soulève guère l'enthousiasme. Il va falloir s'imposer. Une entreprise d'autant plus délicate que les fines gâchettes de la capitale ne manquent pas. L'Ange, avec son équipe, composée de ses neveux, de La Bougne et de deux autres comparses, veulent mettre à l'amende les bookmakers de la rue Fontaine, à Pigalle. Un jour, Salicetti se présente avec ses lieutenants au « Bar Hollandais », rue Pigalle. Il demande au barman un pastis sans eau. Un signe. Deux clients attablés n'ont pas le temps de comprendre ce qui leur arrive. Ils se font tirer à bout portant.

Mais la plus grosse erreur du bonhomme, qu'il va chèrement payer, c'est de s'en prendre à un brave type, Paul Milani, un garçon toujours de bonne humeur, serviable. Une qualité qu'il va bientôt payer de sa vie. Il a un ami, qui purge une peine de prison. Comme il est fréquent dans le Milieu, il fait parvenir des colis à celui qui croupit dans sa cellule. Malheureusement pour Paul, son ami se trouve être un ennemi de l'Ange. Or, pour ce dernier, les amis de ses ennemis sont ses ennemis. CQFD ! Dès lors, voilà Milani coupable d'un crime insupportable à ses yeux.

Son assassinat fit beaucoup de bruit dans le Milieu, où Paul jouissait de l'estime de tous. Cette fois, c'en est trop. La fusillade du « Bar Hollandais » sur laquelle vient se greffer ce nouveau meurtre lance le coup d'envoi de la déclaration de guerre.

Un homme, désormais, va se dresser sur sa route, bien décidé à ne pas céder un pouce de trottoir parisien au nouveau venu. Cet homme est corse, lui aussi, ami de Jo Renucci. Il se nomme François Luchinacci, mais, dans le Milieu, tout le monde le connaît sous son surnom, « le Notaire ». Il a en effet obtenu son baccalauréat à quinze ans, puis poursuivi des études de droit, avant de rencontrer l'Amérique, Chicago, le fief d'Al Capone. Il a donné soudain une autre orientation à sa vie. De retour à Paname, il a pris la direction d'un bar, rue Chambiges, tenu par Germaine Germain, plus connue sous l'appellation contrôlée de Manouche, la « veuve » du célèbre truand mort après la guerre d'un « accident » de la Libération, Paul Bonaventure Carbone, que ses amis appelaient plus simplement Venture. Homme d'expérience et de tempérance, « le Notaire » cherche une négociation avec l'Ange. Il lui apparaît vite qu'il perd son temps. Son interlocuteur reste sourd à ses propositions. De deux choses l'une en pareille circonstance : où l'on cède le terrain... où l'on dégaine le premier. Luchinacci opte pour la seconde solution.

Une nouvelle guerre des gangs ensanglante le pavé de Paname. Les soldats s'écroulent, victimes des balles perdues de ceux du camp adverse. La riposte de Salicetti est à la mesure des ambitions du personnage. Violente. Dans les deux camps, on panse les plaies, on enterre à la va-vite. Mais pas question de trêve. Une fin de journée, sur le coup de dix-neuf heures, « le Notaire », qui se trouvait, peu avant l'arrivée des premiers clients, à bavarder avec la caissière derrière son comptoir, est pris d'un petit besoin. Quand il sort des toilettes, il voit entrer deux hommes, calibres à la main. Malgré un réflexe qui lui permet de dégainer à son tour son P38, il reçoit une décharge quasi à bout portant. Il décède dès son arrivée à l'hôpital Marmottan, où il avait été dirigé.

Manouche, présente pendant la fusillade, fut si traumatisée qu'elle planta là la restauration parisienne et s'en alla ouvrir un bar de luxe à Tanger, en compagnie d'une vieille connaissance à elle, qui remplaça bientôt « le Notaire » dans son cœur, « Didi le Portoricain », sorti entre-temps de cabane. Aucun doute ne planait sur l'identité des tueurs de la rue Chambiges, non plus que sur leur commanditaire, Salicetti. Pour Jo Renucci, c'en est trop. Il confie un soir à un ami : « D'une façon ou d'une autre, il va falloir lui chanter le Dies Irae à cette salope ! »

La riposte se doit d'être fulgurante. L'Ange, de son côté, a dû aboutir à la même conclusion : Jo ou moi. Partant du bon vieil adage selon lequel la meilleure défense est l'attaque, c'est donc à lui que revient l'honneur du premier tir… raté. Enfin pas pour tout le monde. En effet, Renucci se trouve un soir dans un grand restaurant de l'avenue de la Grande-Armée, toute proche de l'Étoile. Il n'est pas seul. Il a en fait été invité par un député gaulliste du RPF, celui du Général, pas celui de mon compatriote Charles Pasqua, Raulin Laboureur. Présente à la table, la secrétaire du parlementaire, Rose Nemirowsky. Le dîner s'est merveilleusement passé. Vers vingt-deux heures, le repas terminé, le député propose à Jo de le raccompagner en voiture. Poliment, ce dernier décline l'offre. Il préfère rentrer à pied, histoire des se dégourdir les jambes. Quelques minutes plus tard, rue Mac-Mahon, autre artère qui jouxte l'Étoile, le crépitement d'un pistolet-mitrailleur parvient jusqu'aux tympans de Renucci. Dans la traction avant de l'homme politique, en tout point semblable à celle du Corse, la secrétaire s'est pris dix balles en pleine poitrine, dont la première fut mortelle. De petite taille, menue, elle avait été prise par erreur pour Jo. Erreur qui faillit être fatale à Mathieu Costa dans un premier temps, puis le fût au « Saint » ensuite. Mathieu, en effet, était un ami de Renucci. Donc, forcément, un ennemi de Salicetti. Un jour, celui-ci me téléphone :

« François, viens immédiatement, j'ai besoin de te voir, ça urge !

– C'est bon, j'arrive. »

Je me rends à « L'Équipage ». J'y retrouve Ange, qui m'attendait en compagnie de quelques-uns de ses amis. De but en blanc, il me lâche :

« François, je vais tuer ton ami Mathieu Costa. »

Je bondis.

« Quoi, qu'est-ce que tu me chantes ? T'es devenu fou ou quoi ? »

Je lis à cet instant dans ses yeux toute la cruauté dont je le sais capable. Je reprends :

« Mais enfin, Ange, que t'a fait Mathieu ?

– Il vend des tickets d'alimentation pour le compte de Jo Renucci.

– Et alors, quand bien même ce serait vrai, où est le mal, hein ? Écoute, je vais avoir une conversation avec Mathieu. S'il n'a pas été réglo, c'est normal qu'il reçoive une punition. Mais je connais Mathieu. Je suis sûr qu'il est innocent. »

Le lendemain, je me trouve chez Mathieu Costa, qui me reçoit dans son appartement cossu de la rue de la Faisanderie, dans le 16e arrondissement. Je lui rends compte de ma visite à « L'Équipage », et des intentions pour le moins hostiles que l'Ange nourrit à son endroit. Il tombe des nues. Mais, connaissant le « Saint », il prend l'avertissement très au sérieux.

« François, toute cette salade que tu me racontes, c'est de la poussette ! »

Autrement dit, une jalousie de quelqu'un qui a tout intérêt à ce qu'une embrouille éclate entre deux clans rivaux, pour être à même ensuite de mieux tirer les marrons du feu. Un coup classique, fréquent dans le Milieu.

« Mathieu, puisque tu es sûr de toi, il faut que tu rencontres "l'Ange" et que vous vous expliquiez. »

Rendez-vous fut pris. Les deux hommes eurent une franche conversation, en présence de témoins qui connaissaient les deux parties et dont on pouvait être sûr d'une neutralité totale. Tout fut arrangé. Pour cette fois du moins. En revanche, je ne jurerais pas sur la Bible que celui qui avait été à l'origine de la fuite visant à jeter la suspicion sur Mathieu n'ait pas reçu, comme il se doit, sa punition !

Le meurtre du « Notaire », la tentative de meurtre sur Jo Renucci et la condamnation à mort de Mathieu, au sujet de laquelle bruit déjà dans le Milieu la rumeur que le commanditaire en serait Salicetti, voilà qui fait beaucoup pour un seul homme. Et qui devait, inévitablement, sceller son sort. La première alerte eut lieu en Corse.

À Ajaccio où il s'est replié après la mort du « Notaire », Salicetti se fait tirer comme un lapin, quelques jours plus tard. Une balle vient se loger sur son visage, un dimanche matin... à la sortie de la messe à laquelle il assistait. Sans doute pour demander pardon à Dieu des crimes commis au cours des derniers mois. Chanceux, il s'en sortit. Ce qui ne fut pas le cas de son oncle, Benoît Pietri, présent ce jour-là à ses côtés. Devenu d'une extrême prudence, il ne sortait quasiment plus d'une planque discrète que l'un de ses amis avait amicalement mise à sa disposition.

Ce jour donc de l'enterrement, tant par crainte de la police que d'un éventuel règlement de comptes, Salicetti suivait le convoi funéraire dissimulé au fond d'un taxi, trois de ses porte-flingue faisant autour de lui rempart de leur corps. Précaution dérisoire, assurément. Qui aurait eu l'outrecuidance de faire parler la poudre le jour même où l'on allait mettre en terre un seigneur du Milieu ? Le cortège s'engage sous le tunnel de la Porte Champerret. Surgie alors d'on ne sait où, une traction avant noire, en tout point semblable à celle de Jo Renucci, se porte à la hauteur du taxi. De la vitre avant droite baissée, les rafales de mitraillettes crachent le feu. Puis, les chargeurs vidés, qui ont haché les portières, la voiture repart en trombe sur le boulevard de ceinture, dans un crissement de pneus digne des meilleurs films de série noire. Une poignée de minutes a suffi à l'opération. Le bilan se solde par deux morts, les gardes du corps Adolphe Nalin et Robert Régent, un blessé grave, le troisième larron, son neveu, Jacques Quilici, et un miraculé, Ange Salicetti. Deux victimes, presque trois, qui s'ajoutent à la quarantaine déjà comptabilisée. Décidément, cette vendetta corse n'en finit plus. Ange, s'il en doutait encore, a maintenant acquis la certitude absolue que seule sa propre mort est susceptible d'y mettre fin. Quoi qu'il fasse, quelques précautions qu'il prenne, il se sait condamné par le Milieu. Toute nouvelle journée peut sonner son heure. Sa dernière.

Le 3 décembre 1950, soit un peu plus d'un an après l'avertissement de la Porte Champerret, le destin va en effet frapper. Il regagne cette nuit-là, en toute quiétude, sa discrète villa du Raincy, dans la banlieue parisienne. Il est deux heures du matin. Avec sa femme, ils viennent de quitter leur QG, le bar « L'Équipage ». Ils ont pris place dans la grosse BMW, elle au volant, lui assis à l'arrière, un fusil en main. Arrivés Porte de Pantin, une traction avant, surgie brusquement d'un chemin de traverse, accélère, se porte à la hauteur de la BMW. Les occupants ne lui laissent aucune chance de dégainer. Une rafale de quinze balles, crachée par une Thomson, lui ont labouré la poitrine, la lui déchiquetant. Par miracle, ou en raison de la précision de tir des tueurs, la conductrice a échappé à la mort.

La rumeur du mitan impute très vite le meurtre à son vieil ennemi Jo Renucci. Les policiers, pour leur part, retrouvent dans le portefeuille du défunt, outre la photo de Renucci, celle d'un autre de ses ennemis jurés, Antoine Paolini, « Planche » pour tous ceux qui l'ont connu. Un homme à l'origine de la plus sauvage épopée sanglante de l'histoire du Milieu, la guerre du « Combinatie », du nom de ce cargo hollandais qui effectuait le trafic de cigarettes blondes américaines à travers la Méditerranée à partir de Tanger, et fut intercepté avec sa cargaison dans la nuit du 3 au 4 octobre 1952. Alors, Renucci ou Paolini ? Qu'importe ! La disparition de Salicetti eut pour conséquence première et essentielle de déstabiliser et d'affaiblir de manière durable le Milieu corse à Pigalle et à Montmartre. Peu à peu, les Nord-Africains prirent la relève. Une autre guerre sans merci allait commencer. Aujourd'hui, quand de temps à autre je m'en vais faire un tour, comme l'a si bien chanté mon grand ami Charles Aznavour, dans un bar de la rue Notre-Dame-de-Lorette tenu par des amis corses, je cherche en vain les : Oh ! Dominique, oh ! Ange, oh ! Tony de ma jeunesse. Ce ne sont autour de moi que des : Eh ! Ahmed, eh ! Kader, eh ! Mamadou ! Décidément, les temps ne sont plus ce qu'ils étaient !...

Mon ami Paul, l'Arsène Lupin des beaux quartiers

Il serait injuste, dans ce tour d'horizon du Milieu d'après guerre, enfin du moins de ceux qui ont fréquenté assidûment « Les Calanques », de ne pas faire mention de mon ami Paul Dellapina, que tout le monde appelait « monsieur Paul » par respect pour ce personnage hors du commun. C'était un gentleman cambrioleur, un monte-en-l'air de grand talent considéré, à juste titre, comme l'Arsène Lupin de l'après-guerre. C'est Mathieu Costa qui me l'avait présenté, en 1944. Il venait de Marseille. Comme beaucoup de voyous, il avait connu une enfance difficile. Né dans le petit village de Sartène, il avait poussé entre une mère, morte très tôt, et un père, cultivateur, qui le battait pour un oui pour un non. Apprenti à dix ans dans une fabrique de pipes de Corte, maraudant avec des garçons de son âge, parti à onze ans à l'aventure, arrivé à quatorze ans seul dans la cité phocéenne, il avait été confié au patronage de la rue des Vertus. Mais son caractère instable, volontiers agressif, avait fini par le conduire dans les griffes de l'administration pénitentiaire. Jusqu'à sa majorité, il ne connut que deux « maisons », le centre d'Anianes puis celui d'Eysses, tous deux alors spécialisés dans l'accueil des pupilles réputés difficiles. Il avait coutume d'expliquer, à ceux que son parcours intéressait, au premier rang desquels les journalistes : « Je me suis buté et je suis devenu un révolté. » Le juge Batigne, qui l'avait auditionné dans le cadre d'une instruction judiciaire, avait naguère écrit à son sujet : « Je ne sais s'il disait vrai quant aux cambriolages qu'il contestait, mais je tiens pour certain que son séjour dans des centres d'éducation surveillée... a été pour une grande part la cause de sa mauvaise orientation. » Et de poursuivre : « De tous les malfaiteurs auxquels j'ai eu affaire [...] c'est certainement Popaul qui aurait été susceptible d'être ramené dans le droit chemin s'il avait été pris à temps. » Bel hommage d'un homme de robe unanimement respecté, qui n'a jamais craint de dénoncer les erreurs et autres grincements de la « machine judiciaire », non plus que les violences policières, bien plus répandues qu'aujourd'hui.

Travaillant toujours seul, Dellapina n'avait pas son pareil pour escalader les gouttières, avec la rapidité d'un chat, grâce à un véritable don physique. Deux à trois minutes lui suffisaient à se retrouver en équilibre sur un balcon situé... à un cinquième étage. Chapeau bas, l'artiste.

Plusieurs années durant, ses « exploits » défrayèrent la chronique. Une de ses évasions de la réputée prison des Baumettes, à Marseille, lui avait valu d'occuper la « une » des gazettes pendant plusieurs jours. L'inévitable Borniche le traquait à longueur de journée. Peu enclin à retrouver l'humidité d'un cachot pour une longue période, Popaul prit la décision qui s'imposait, fuir loin, très loin. Il choisit pour point de chute l'Amérique.

Il a voulu, là-bas, monter des affaires avec des gens en fait peu scrupuleux et il s'est fait suffisamment escroquer pour mettre les pouces et reprendre le chemin de la France, *via* un cargo sur lequel il a embarqué clandestinement. Marseille sentait trop le soufre et il est monté donc à Paris, où il a repris ses anciennes activités. Il est tombé stupidement et d'une manière qui honore peu ceux qui procédèrent à son arrestation. Je l'ai dit, Paul avait souffert de la mort prématurée de sa mère et des violences de son père. Aussi, quand Blanche, une brave fille tout à fait honorable qu'il épousa le 29 janvier 1945 à Marseille, lui donna un, puis deux fils, il reporta tout son amour sur eux. Il les couvrait de cadeaux, de jouets, de tendresse plus encore. Bref, il leur offrit tout ce dont la vie l'avait privé dans sa prime jeunesse. En cavale, donc, la journée s'annonçant belle, il avait décidé de conduire les deux bambins au bois de Boulogne, pour s'oxygéner. Au retour, il s'est arrêté dans un café de la Porte Dauphine pour leur faire boire un jus de fruit. Et deux poulets qui traînaient par là l'ont reconnu. Fin de partie. Longtemps cette arrestation lui est restée en travers de la gorge. Non qu'il en eût voulu aux pandores de l'avoir cravaté, c'est la règle du jeu des gendarmes et du voleur, mais qu'ils eussent profité de ce moment de bonheur avec ses mômes pour le « sauter », voilà qui le rendait fou de rage. Il est vrai que le geste manquait singulièrement d'élégance. Son procès pour X cambriolages eut lieu. Il en prit pour vingt piges. Autant que pour meurtre sans préméditation, lui qui n'avait pas une goutte de sang sur les mains. Et dire que ceux qui ont sur la conscience le crime inqualifiable du sang contaminé poursuivent en toute quiétude leurs activités diverses, certains dans les plus hautes sphères de la République. Et l'on parle d'une justice égale pour tous...

Involontairement, je dois à Paul Dellapina un séjour de six mois en prison. J'allais à Lyon, au début des années 1950, quand je suis tombé sur un barrage de gendarmerie. J'avais été donné par un indic qui avait affirmé que je devais retrouver Popaul pour un coup. À la vue de l'arsenal que je détenais dans le coffre, l'officier qui dirigeait l'opération m'a demandé ce que je comptais faire avec tout cet attirail.

« Rien, rien du tout, mon capitaine.

– Comment ça, rien ?

– Vous savez, je suis un ancien résistant. Quand je me battais contre les Allemands, je n'avais pas le droit non plus de circuler avec des armes. »

Il me fixait, conscient que je me payais un peu, oh, si peu, sa tête.

« Vous n'êtes pas au courant, mais il n'y a plus d'Allemands, la guerre est finie.

– Voyons, mon capitaine, je le sais bien. Mais est-ce une raison pour perdre les bonnes habitudes ? »

Dans ma rage à m'être fait pincer, du moins avais-je le bonheur de savoir que « Monsieur Paul » avait échappé à Borniche. La dernière fois que je vis Popaul, c'était quelques jours avant sa mort, en 1972. Il venait d'écrire ses souvenirs, qu'un éditeur avait trouvé bon de publier sous le titre *Cambriole*. Une belle récompense, parfaitement méritée, d'autant que le livre est beau, émouvant, sensible. Il m'en remit un exemplaire dédicacé. Soucieux d'activer la promo de son bouquin, il sillonnait les villes de France. Au cours d'un déplacement, peut-être parce qu'il était fatigué, il perdit le contrôle de son véhicule. Triste fin pour un personnage qui, enfin, s'était acheté... une conduite.

La fortune sourit aux audacieux

À ma sortie de prison, consécutive à mon transport d'armes et devant un alibi qui n'avait convaincu personne, sauf peut-être les malentendants, je jugeai préférable de quitter les Champs-Élysées devenus infréquentables, et j'allai planter mon nouveau QG dans un bar de la rue Ferdinand, « Le Jasmin ». Je fus à deux doigts de replonger, en voulant rançonner un caïd anglais, Messina, dit le Maltais. Un type sans scrupules, qui aurait vendu père et mère pourvu que ça rapporte. Mon sens de l'honneur et de la famille est trop développé pour que je nourrisse de l'estime envers ce genre de personnage.

Bien qu'interdit de séjour, grâce aux subsides qu'il versait sans compter au gratin de l'administration policière il se promenait en toute impunité dans Paris. Mieux, une discrète surveillance lui assurait une tranquillité totale. Une quinzaine de femmes travaillaient pour lui, lui assurant de confortables revenus. Quand il n'était pas à Paris, il résidait à Londres, dans un appartement cossu des quartiers les plus huppés. Chaque fois qu'une femme française arrivait à Londres, il s'arrangeait avec les policiers, moyennant finances, pour la prendre dans ses filets. Summum des protections dont il jouissait, il lui arrivait de faire condamner sous des prétextes divers telle fille qui avait tenté de ne pas tomber sous sa coupe. Proxénète d'envergure, il ne comptait évidemment pas que des amis. D'autant que, roi des entourloupes, il en avait fait plus d'un marron. Un jour, un renseignement me parvint. Messina venait de remettre les pieds à Paris. Avec quelques camarades, nous avons alors monté un plan. Comme au bon vieux temps, parce qu'elle est inusable, nous avons usé de la ficelle du faux flic, À la manière des officiels, nous avons planqué près de son domicile, dans le 16ᵉ. Pourtant, notre homme demeurait introuvable. Mais la fortune, c'est bien connu, souri aux audacieux. Un soir, la sonnerie de téléphone retentit chez moi. Mon interlocuteur m'avertit que notre homme se trouvait dans une boîte, en galante compagnie. Je prévins les copains. Nous sommes arrivés quelques instants plus tard, revêtus de nos costumes de représentants de la loi. Nous nous sommes dirigés vers lui.

« Police. »

Le mot magique, une fois de plus, opéra. Un véritable enchantement. Tout juste crut-il bon de faire remarquer :

« Je suis couvert par le commissaire Chenevier et l'inspecteur Borniche. »

Je répondis, du tac au tac :

« Oui, ça, on le sait, mais nous, on n'est pas du même service. Notre patron, justement, il veut te voir. »

Il prit place à nos côtés dans la Traction noire, qui ressemblait comme deux gouttes d'eau à une caisse de l'administration. Je pilotais, un camarade à mon côté, deux autres à l'arrière encadrant notre homme, à qui nous n'avions pas mis les menottes. Messina connaissait si bien la route vers la préfecture de police qu'à l'Étoile il s'aperçut qu'on n'en prenait pas le chemin.

« Où vous m'emmenez ? »

La peur à présent se lisait sur ses traits. Il a commencé à s'agiter dans tous les sens, cherchant à ouvrir la portière. Il bougeait tant, que la Traction tanguait. Mes deux complices ont dû lui faire entendre raison. Quelques coups de crosse assenés sur le sommet du crâne ont calmé l'ardeur belliqueuse du bonhomme. Toujours la peur au ventre, il a cherché une issue honorable :

« J'ai tout compris, vous êtes des hommes. Je vais m'expliquer avec vous. »

Nous avons emmené Messina dans une planque que l'un de nous possédait, dans un endroit discret de banlieue. Là, notre hôte nous a gentiment signé un chèque de cent millions de centimes sur une banque de Genève. À la vérité, nous y avions peut-être mis une petite pointe de persuasion dans le ton. Puis il nous a confié, toujours avec la même courtoisie, les clés de son appartement. Nous y avons trouvé de l'or, mais pas la moindre somme en liquide. Pendant qu'il restait sous surveillance, l'un d'entre nous prit son billet pour la Suisse. Mais quand il se présenta au guichet, une désagréable surprise l'attendait. Étonnée de ne pas l'avoir vu depuis le soir ou nous l'avions embarqué, sa femme légitime avait fait opposition sur le compte en banque, pressentant quelque chose d'anormal. De retour, fou de rage d'être revenu bredouille, mon complice a balancé à Messina une gifle magistrale. Il tremblait comme une feuille.

« Ma femme a ordre de bloquer automatiquement mon compte après quarante-huit heures d'absence, sans appel de ma part. »

Il avait l'air sincère. Et nous l'avions cuisiné trois jours avant le voyage pour l'Helvétie.

« Je vous promets, si vous me relâchez, je vous apporterai l'argent moi-même. »

Nous n'avions guère le choix. Nous nous concertâmes. Il n'était évidemment pas question, même si lui l'a cru, de le supprimer. Nous en voulions à son pognon, pas à sa vie.

« OK, c'est bon. On te laisse filer. Mais fais gaffe, si tu essaies de nous avoir, nous te retrouverons un jour, et là... »

Nous sommes convenus d'un jour avec lui, quelques jours plus tard, pour la remise de l'argent. Le lieu avait été fixé à la Porte Maillot. Arrivés un peu avant l'heure prévue, par prudence, nous nous sommes planqués, dans l'attente du rendez-vous. Sage précaution. En lieu et place du Maltais, c'est le fidèle Borniche que nous vîmes garer sa voiture. J'eus tout juste le temps de l'éviter. Cette crapule de Messina nous avait balancés. Heureusement, aucun de nos noms ne lui était connu. Il n'avait donc pu nous tailler le costume complet pour ses amis poulets.

Quelques mois après notre échec, nous apprîmes que Messina s'était fait enlever par une autre équipe, en Italie. Là. il avait dû allonger l'oseille. Il devait lui en rester suffisamment pour bien vivre puisque, à sa mort, survenue en 1970 ou 1971, il laissait plus de trois milliards de centimes en dépôt. Des amis dignes de foi m'ont affirmé qu'il les avait prudemment mis au chaud chez les curés. L'église, c'est encore plus sûr que les banques suisses. Quant à moi, le coup des faux policiers, je me suis juré que c'était bien fini...

Balancé, on m'offre une cure de... santé !

16 janvier 1951. Hold-up rue d'Anjou. Une attaque à main armée contre la Banque algérienne. Butin, dix-huit millions de francs de l'époque. De quoi voir venir plusieurs hivers. Un des participants présumés à l'opération, un certain Leybus Steiner, dit « Léon le Juif », « un proxo plus soutenu que souteneur », selon l'expression même du commissaire Denis, déclare aux policiers de la première brigade mobile que c'est moi, François Marcantoni, qui l'ai mis en rapport avec l'équipe qui a opéré. Il n'en est pourtant rien. Me voilà cependant arrêté. Pendant trois jours et trois nuits, sans discontinuer, les poulets se relaient pour me faire avouer. En pure perte. Présenté devant le juge d'instruction, Fernand Chapar, je fus inculpé de complicité de vol qualifié, et aussitôt incarcéré à la Santé. Le 28 juin 1952, mon avocat, mon illustre compatriote Me de Moro-Giafferi, obtenait ma libération moyennant une cautionde cinq cent mille anciens francs, avancée par de fidèles et dévoués amis.

Au cours de ces mois d'embastillement, je retrouvai le gotha du banditisme. Je fis notamment la connaissance de Jacques Fesch, mon voisin de cellule. Un garçon de qualité, bien élevé et cultivé, comme on a rarement coutume d'en rencontrer dans le Milieu. Condamné à mort pour le meurtre d'un agent de police au cours de l'attaque d'un bureau de change, rue Vivienne, il fut guillotiné après que son avocat l'eut converti. Je sais que, sur ses conseils, c'est à la messe qu'il a retrouvé ce qu'il faut de courage pour affronter le couperet. Faute d'avoir pu sauver sa tête, il sauva du moins l'essentiel, son âme. C'est une vieille antienne, il n'y a que la foi qui sauve. Maigre consolation quand même ! Bien des années plus tard, l'archevêque de Paris, Mgr Lustiger, proposa sa béatification au pape. Un célèbre avocat me convia même à effectuer avec lui le voyage au Vatican. Je déclinai courtoisement l'invitation...

Un journaliste m'interrogeait au début de l'année dernière, conséquence du ramdam fait depuis quelques mois autour des prisons, et que le livre du médecin-chef de la Santé, Mme Vasseur, a considérablement amplifié dans la prise de conscience par l'opinion du sort réservé à des êtres humains comme eux, un journaliste m'interrogeait, donc, sur le pouvoir phénoménal dont disposent les juges d'instruction. Nous en vînmes à évoquer la peine de mort, puisque j'ai, hélas, connu cette époque d'avant 1981.

Plus qu'un long discours théorique, je fis part à mon interlocuteur de ce que j'avais vu. Je garde à l'esprit, d'une manière aussi vivace que si ça datait d'hier, l'image suivante : le départ au petit matin d'un gosse qui n'avait pas vingt ans pour l'échafaud.. Son crime ? Avoir tué un chauffeur de taxi. On veut vivre à vingt ans. Il hurlait : « Je ne veux pas mourir. » Les gardiens ont dû le traîner jusqu'à « la Veuve ». Vous savez, quand on entend sangloter un garçon si jeune parce qu'on le traîne dans une cour où un homme, le bourreau, va lui couper la tête, au nom de la société, on en vient à oublier ce qu'il a commis. On ne pense plus qu'à l'enfant qu'il est d'abord, malgré tout. Et puis, qu'on songe aux jours qui précèdent l'exécution. Le condamné est isolé. Il n'a rien en cellule. Tout ce dont il peut avoir besoin, il lui faut passer par le maton, le surveillant, pour éventuellement l'obtenir. Le soir, on lui met les entraves aux pieds. Puis, un petit matin, les autres perçoivent comme un signe. Impossible à décrire. Quelque chose de ténu, comme en suspension dans l'air. Des bruits de pas, dans le couloir. Tout le monde se réveille, a compris. Le jour J est arrivé. Passage au greffe, obligatoire. Une petite troupe, composée de quelques gardiens, du directeur de la Centrale, de l'aumônier, de l'avocat, pousse le condamné vers la cour où trône la guillotine. Le bourreau est en place, prêt à officier. Dernière cigarette, dernier verre de rhum, dernière prière. La coupe des cheveux, pour dégager la nuque. Le col de chemise déchiré. La tête penchée en avant. Un bruit sec. L'égorgement, comme un cochon. Enfin le nettoyage. Pour le suivant...

J'ai revu aussi, pendant ce séjour à la Santé, de vieilles connaissances, Casanova, un compatriote qui avait écrasé un agent de police, pas tout à fait par étourderie, Abel Danos, dit « le bel Abel », ou encore « le Mammouth », un serviteur zélé de la Gestapo allemande, coupable de bon nombre de crimes. Après la Libération, traqué par toutes les polices de France et de Navarre, notamment par le commissaire Chenevier, au même titre que tous les anciens du 93 de la rue Lauriston ou du boulevard Flandrin, il s'est finalement fait pincer à Montreuil, alors qu'aux abois il fracturait une chambre de bonne. Il était armé. Il aurait pu ouvrir le feu sur le domestique qui l'avait surpris. D'autres que lui n'auraient pas hésité. Il n'en fit rien. Alors que l'autre hurlait, vociférait, ameutait l'immeuble, lui fonçait dans l'escalier, bousculait sans ménagement ceux qui se trouvaient sur son passage, sautait sur un vélo, rattrapait un autobus, tentait alors de monter à bord, par la plate-forme. Un coup de pied du receveur fit échouer la tentative, il tomba à terre. C'était terminé. Maintenu au sol par une poignée de poursuivants, il fut bourré de coups de pied, de poing. La police arriva sur les lieux et l'arrêta.

Condamné à mort, je l'ai vu partir, ce 29 juin 1951. Je puis témoigner. Quels qu'aient été ses crimes, et ils furent nombreux, il est mort en homme. Un homme vieilli, brisé, qui monte, ce matin-là, dans le fourgon qui va le conduire au fort de Vincennes. À la mort. À son côté, comme je l'ai appris après ma propre sortie de prison, silencieux, son avocat, corse, Me Carboni. En cours de route, celui-ci lui tend une feuille de papier et un crayon. Danos a une femme, deux enfants. Peut-être une dernière fois est-il bon d'écrire aux siens ? Le fourgon tressaute sur les pavés. Finalement, Abel redonne papier et crayon à son conseil. Puis s'en explique :

« Vous voyez, maître, je ne souhaite pas que mes gosses, quand ils seront plus âgés, puissent penser que leur père, au moment d'aller vers la mort, avait la main qui tremblait. » C'est beau.

Ses dernières paroles, qu'a rapportées Borniche, présent le jour de l'exécution, en remplacement de son supérieur, âme trop sensible pour assister à la mise à mort d'un être humain, si abjecte qu'ait pu être sa vie, sont empreintes de ce sursaut d'humanité dont tout criminel, même le plus endurci, est capable. Alors que le peloton d'exécution le tenait en joue, sur le point de tirer, il lança un « stop » d'une voix autoritaire qui sursit à la salve prête à l'emporter dans un monde meilleur. Le commissaire du gouvernement fit baisser les armes. S'approcha du condamné.

« Vous avez quelque chose à déclarer ? »

Danos, d'une voix qui ne marquait nulle faiblesse, planta son regard droit dans celui du magistrat.

« Oui, monsieur. J'ai sur moi un manteau neuf. Je voudrais que vous m'en débarrassiez. Vous le donnerez à un malheureux. »

Et sans bandeau, « parce que la mort, ça se doit d'être regardée en face », il attendit le feu des tireurs.

Auprès de mes blondes !

À ma libération conditionnelle, je retrouvai mon bar de la rue Ferdinand. Il me fallait bien vivre, ne serait-ce que pour rembourser ma dette envers mes amis. L'activité en vogue, à cette époque-là, c'était le trafic des blondes, entendons-nous bien, pas la traite des êtres humains, mais la revente de cigarettes américaines. Un véritable jeu d'enfant, qui rapportait gros. Les cigarettes étaient achetées à Tanger, alors port franc, donc exempté de taxes. Arrivées en France, le prix pouvait quintupler. En cas de pépin, les peines sont beaucoup moins lourdes que celles qui frappent les trafiquants de drogue, puisqu'il ne s'agit, aux yeux de la loi, que d'un délit fiscal, pas d'un crime... Je remarque que, devant l'abus de taxes dont notre pays s'est fait le champion du monde, la reprise de ce juteux trafic revient à la mode.

Deux hommes ont largement dominé le trafic des blondes en Méditerranée, l'un américain, Lucky Luciano, l'autre compatriote corse, Jo Renucci, celui-là même qui, à en croire la rumeur persistante, avait rayé Salicetti du monde des vivants. Né en 1908 à Marseille, ce truand, du haut de son mètre cinquante, bègue de surcroît, a réussi à conduire pratiquement sans encombre une carrière criminelle s'étendant sur près d'un demi-siècle et, exploit encore plus étonnant, à mourir dans son lit. Doté d'une intelligence vive, vague cousin de Carbone, l'homme a su se construire une apparence de paisible businessman, en marge de la pègre traditionnelle. Il a pris soin de cultiver des relations issues d'un monde totalement différent du sien, hommes politiques, banquiers, industriels.

S'il est vrai que le crime, l'argent et le pouvoir font à l'occasion bon ménage – j'en saurai un jour personnellement quelque chose, mais n'anticipons pas –, pour Renucci ils doivent être intimement imbriqués. Sitôt la guerre terminée, « Monsieur Jo » a établi son port d'attache à Tanger, précisément. Le Maroc, dans ces années-là, est en ébullition. Avant d'acquérir son indépendance, en 1954, de nombreux attentats sont perpétrés, attribués aux nationalistes de l'Istiqlal mais aussi à certains Français qui ont pris fait et cause pour les partisans d'un Maroc souverain. C'est ainsi que l'un des plus puissants hommes d'affaires du pays, le Français Jacques Lemaigre-Dubreuil, patron de presse et à la tête – suite à son mariage avec la fille Lesieur – de la plus importante entreprise d'huile française, est abattu d'une rafale de Mat 59 au sortir de son domicile par une organisation parallèle des services secrets, la Main rouge. Le nom de Renucci fut même avancé, sans le moindre commencement de preuve. Une certitude, en revanche : il est bien celui que le patron de la CIA, Irwing Braun, contactera pour mettre au point l'action anticommuniste en France, tout spécialement à Marseille.

Je me suis, pour ma part, associé à l'un de mes amis, Jeannot Beux, dans cette affaire de blondes. Lui touchait déjà à la fausse monnaie, ce qui lui vaudra une inculpation peu après le début de notre association. J'étais un client assidu du « Niel », tenu par un ancien coureur cycliste très sympathique, M. Maintenot. Un bel après-midi, sûr de ma complicité avec Beux, un poulet de haut plumage me vola droit dans les plumes, son arme de service à la main. Il s'agissait de Max Fernet, alors commissaire divisionnaire, qui deviendra des années plus tard le patron de la police judiciaire. Max la Menace crut m'intimider. Devant mon air impassible, il rengaina son revolver, adoucit le ton de sa voix. En homme bien éduqué, il me fit courtoisement remarquer que je transportais bien souvent des paquets et que j'avais été vu avec Blanche, la femme de Paul Dellapina, qui venait d'être arrêtée, elle aussi. Il était fichtrement renseigné, le bougre ! Malheureusement pour lui, il faisait fausse route. Totalement.

« Vous savez bien, commissaire, que son mari est en prison.

– Oui. Et alors ?

– Eh bien, Blanche est venue me voir pour me demander de rendre un service à Paul. Depuis qu'il est sous les verrous, beaucoup l'ont laissé tomber. Vous savez ce que c'est, commissaire ; quand l'argent coule à flots, les amis sont nombreux ; quand vous avez la tête sous l'eau, pfuit. Ils disparaissent comme par enchantement. Que voulez-vous, la nature humaine... J'ai raccompagné Blanche sur quelques mètres. Voilà pourquoi on m'a vu avec elle. »

Max Fernet m'a écouté, la pipe rivée à la bouche. Puis il s'est tourné vers les deux inspecteurs qui l'accompagnaient.

« Allez fouiller sa voiture. »

Elle était garée juste devant le « Niel ». S'ils ne trouvèrent pas le moindre petit billet, en revanche ils mirent la main sur un 6.35 que je gardais toujours au chaud dans la boîte à gants. Ce petit joujou n'intéressait visiblement guère le grand flic. Assurément, il aurait préféré que ses sbires lui apportent, dans un bel étui, un 11.43 ou une mitraillette, à défaut de liasses de fausses coupures. Comme nombre d'autres policiers que j'ai trouvés un jour ou l'autre sur ma route, Max Fernet n'a pas dérogé à la règle, il m'a trop souvent pris tantôt pour un enfant de chœur – ce que je n'étais pas –, tantôt pour un gangster redoutable – ce que je n'ai jamais été non plus.

« Écoute-moi bien, Marcantoni. Moi, je n'arrête pas les voyous pour un 6.35 mm. Mais je te préviens que, tôt ou tard, je te coincerai. Que tu te le tiennes pour dit et ne l'oublie pas. »

Mort d'un « juge de paix »

Pour tenir parole, le commissaire Fernet tint parole. Je dois à la vérité de dire que, depuis cette rencontre que je n'avais pas sollicitée, et cette manière toute personnelle de faire connaissance, il n'eut de cesse de me poursuivre de son assiduité. Comme s'il avait mis un point d'honneur à me faire tomber, coûte que coûte. Peu de temps avant que ne s'ouvre mon procès aux assises, en 1955, pour le hold-up de la rue d'Anjou, nos routes se sont de nouveau croisées, dans des circonstances qui, encore aujourd'hui, font naître en moi une profonde tristesse. Depuis la mort de Mathieu Costa, c'est à un autre de mes amis, Pierre Cuccari, Cuc pour les amis, qu'avait échu le rôle délicat de conciliateur entre gangs rivaux. Cette éminente figure du Milieu ne savait ni lire ni écrire. Il se faisait même accompagner par un porte-flingue dont la mission principale consistait à lui lire le nom des rues. Malgré son illettrisme, il était doté d'une intelligence supérieure, preuve s'il en était qu'instruction et intelligence sont deux notions bien distinctes. D'une sagesse exemplaire, il savait mieux que quiconque apaiser les tensions, faire retomber les accès de violence. Quand certains tenanciers de bars renâclaient à se montrer compréhensifs envers de très gentils garçons qui offraient leur protection en échange d'une petite participation financière, selon l'usage du Milieu, c'est lui, mon ami Cuc, qui venait en conciliateur.

Cette mission ingrate lui fut, hélas, fatale ce soir du 29 juillet 1954, alors que, délaissant son « Laetitia », le bar qu'il possédait rue Notre-Dame-de-Lorette, il s'était rendu au « Charivari », en compagnie de Thomas dit « l'Innocent ». Un nouveau contentieux à régler avec le patron du bar, un dénommé Robert Juan. Une vraie personnalité, ce Robert « l'Oranais », ainsi surnommé en raison de ses origines pied-noir. Fils de pasteur, il était entré dans la vie professionnelle comme prof de gym, à Paris. Il comprit rapidement que de sauter à la corde pendant une bonne partie de son existence ne lui offrirait pas d'excitation majeure. Il avait donc troqué la tenue d'athlète contre celle de tôlier, rue Godot-de-Mauroy, une rue qui resta jusque dans les années 1980 comme l'une des plus chaudes de la capitale. Son physique sportif, son élégance recherchée, sa détermination surtout à vouloir s'imposer en caïd lui permirent de s'acheter le « Charivari ». Tout en régnant sur quelques autres bars de ce quartier de la Madeleine, à deux pas de l'Olympia.

À cette époque, les Corses de Paris étaient en proie aux volontés de plus en plus exigeantes des Nord-Africains à conquérir le Faubourg-Montmartre et Pigalle. Et ce, dans une industrie pourtant traditionnellement insulaire, la prostitution. Les événements d'Algérie avaient accéléré le processus et expédié à Pigalle une cohorte de proxos pieds-noirs, désireux d'en découdre avec les hommes en place. Une discussion orageuse avait précisément opposé l'Oranais à une bande de jeunes compatriotes, fraîchement montés de Marseille, souhaitant placer quelques billes sur ce qu'ils considéraient comme leur terre conquise. Non contents de racketter et les Arabes de Barbès et les Tunisiens du Faubourg, ils s'en étaient pris également aux Juifs oranais. Notamment à la famille Juan. Plus spécialement, au frère de Robert. Selon une méthode longtemps employée pour mettre au pas les plus récalcitrants, ils l'avaient contraint à monter sur une table de sa propre boîte, à lui faire baisser son pantalon et, cul nu face à ses « tortionnaires », à hurler à la cantonade : « Je suis un enculé. » Puis ils avaient reporté leur vindicte sur Robert Juan lui-même. Ils lui reprochaient principalement d'avoir débauché d'une boîte corse deux entraîneuses, Louisette et Nadia, de leur vrai prénom Yasmina et Fatima. Après les manœuvres d'intimidation, telles les rafales sciemment maladroites giclées contre le « Charivari », puis les bagarres savamment organisées à l'intérieur de la boîte destinées à faire fuir la clientèle et à ameuter la poulaille, les menaces s'étaient précisées. Enfin avaient surgi sur le tapis les inévitables prétentions financières. Juan avait été mis à l'amende, cinq cent mille centimes. En échange de quoi, les deux filles pourraient grossir son cheptel. Nullement désireux de s'en laisser compter, Juan avait demandé l'arbitrage de Cuc. Le ton, bientôt, monta entre Juan et Cuc, qui prenait parti pour le camp des Corses. À un moment, erreur qui allait lui coûter la vie, comme pour s'amuser, Cuc s'empara d'une fourchette et d'un couteau de table en acier inoxydable, qui n'avait même pas le mérite d'être pointu, mais à bout rond. Que se passa-t-il alors dans la tête de Juan ? Pris de panique, il se saisit du pétard qui ne quittait jamais son tiroir-caisse, un Colt 45, et tira sur mon ami quatre balles à bout portant. Mortellement touché, ce dernier s'effondra.

Cette tragédie ne devait pas s'arrêter là. Même si le fautif avait mis une certaine distance entre lui et ceux qui avaient toutes les raisons de lui demander des comptes sur son geste, il savait ses jours comptés. Aux yeux d'un certain nombre de mes camarades du Milieu et compatriotes, il était clair que l'ex-prof de gym qui avait mal tourné ne devait pas purger une trop lourde peine de prison, mais payer de sa vie sa couardise. Pierre Cuc avait reçu des funérailles dignes d'un chef d'État. Du monde entier, les couronnes mortuaires s'amoncelaient sur sa tombe. Une plaquette même avait été éditée à sa mémoire. Les mois avaient passé. La cavale de Juan prit fin le 3 novembre 1954. Épuisé, à bout de nerfs, brisé par l'angoisse du guet-apens, il finit par se présenter spontanément ce jour-là au deuxième étage du quai des Orfèvres, siège de la Crim. Là, il s'effondra sur le siège que lui tendait un inspecteur et passa des aveux complets :

« Oui, c'est bien moi qui ai tué Pierre Cuccari. Mais, je vous en conjure, mettez-moi en cabane, que je puisse dormir. »

Il fut écroué et placé en détention à Fresnes, Un problème demeurait : comment arracher Juan aux griffes de la justice ? S'il était jugé, puis reconnu coupable, ce qui ne faisait aucun doute, vu les aveux complets qu'il avait passés, il risquait d'en prendre pour quinze ans. Difficile d'engager une vendetta. Une discussion au sommet eut lieu. Une décision fut arrêtée. Le 12 mars 1955, fut procédé par la police à la reconstitution du meurtre de Cuc au « Charivari ». Et là, s'y produisit un événement tout à fait surprenant. « Thomas l'Innocent », contre qui Juan avait également tiré, le blessant légèrement, revint sur ses premières déclarations, accablantes pour l'Oranais. À présent, il n'en démordait plus, Juan avait dû se défendre contre un Cuc assoiffé de sang. Les flics eux-mêmes y perdaient leur latin, eux dont l'érudition est pourtant légendaire, c'est dire.

Le procès du meurtrier s'ouvrit le 30 juin. On eût dit que le seul but des témoins était d'obtenir la relaxe de l'Oranais. Dire que le « pauvre » avait été jusqu'à refuser la possibilité d'une mise en liberté provisoire. Appelé à la barre en qualité de témoin par le président du tribunal, « Thomas l'Innocent » fut sublissime :

« Finalement, Robert, monsieur le président, a tiré pour se défendre. Cuc menaçait de le “planter”. C'est un vrai cas, parole d'homme, de légitime défense. »

Tous les autres témoins défilèrent, aussi catégoriques dans leurs accusations :

« Cuc voulait lui arracher les yeux avec une fourchette et lui transpercer le cœur avec un couteau. Il était devenu sanguinaire ! »

Unanimement, cette position fut défendue. Comble de malchance, l'Oranais était défendu par une star du barreau, qui plaidait le rôle de victime de son client, rejetant tous les torts de l'agression sur le défunt. Dans son box, Juan passait par toutes les couleurs de la frousse... Face à autant de dépositions à décharge, il voyait déjà se profiler la légitime défense, donc l'acquittement.

Ce qu'il obtint. Et dont il n'aurait voulu à aucun prix. Maintenant, remis à l'air libre, il ne lui restait plus qu'à compter les jours qui lui restaient à vivre. Et à remercier le Ciel, chaque journée nouvelle, de le laisser encore respirer. Pour les policiers qui le regardaient partir vers son destin, entouré d'amis qui lui tapaient amicalement dans le dos et avaient hâte de lui offrir le champagne, les jeux étaient faits.

Mon ami Cuc fut vengé le 28 mars 1958, vers vingt heures trente, sur le trottoir de la rue Lepic. Ce soir-là, Robert Juan l'Oranais passa de vie à trépas, victime d'un chapelet de bastos qui l'expédia sans autre forme de cérémonie, au moment où il venait de garer sa Versailles, au paradis des pétochards du Milieu. Les tueurs étaient trois, tous très jeunes. Ils utilisèrent qui un 11.43, qui un 9, qui un 7.65 mm. S'ils étaient déterminés, en revanche leur tir manquait encore de professionnalisme, puisque leur maladresse causa la mort, outre celle de Juan, de deux personnes âgées qui n'avaient eu qu'un tort, se trouver à cette heure-ci sur ce trottoir-là. La vie tient vraiment à peu de chose.

M. Fernet était impatient de m'écouter, au cas où j'en saurais un brin sur ce regrettable meurtre. Il me convoqua au 36, quai des Orfèvres, son fief à lui. Il fut on ne peut plus direct :

« Vous fréquentez beaucoup la rue Godot-de-Mauroy, monsieur Marcantoni. On vous a souvent vu passant et repassant devant le “Charivari”, le bar de ce pauvre Robert Juan.

– Mais monsieur le commissaire, c'est sur mon chemin !

– Ah bon, mais vous n'habitez pourtant pas le quartier !

– Certes non. Mais, avant de rentrer chez moi, je passe souvent prendre un verre chez des compatriotes. Il n'y a pas de mal à prendre l'apéro, n'est-ce pas, monsieur le commissaire ?

– Votre ami Cuccari n'a pas eu de chance, je crois que

c'était un simple accident. Vous aussi, d'ailleurs, Marcantoni, je peux vous retrouver un soir dans une rue, le corps criblé de balles.

– Et vous, monsieur le commissaire, êtes-vous bien sûr de mourir dans votre lit ?

– Sortez d'ici. »

Il avait hurlé, rouge de colère. Décidément, avec cet homme, j'avais intérêt à ne pas commettre le moindre faux pas ! Il n'était pas du genre à goûter mon humour !

Il faut protéger un certain… Robert Hersant !

C'est à peu près à la même époque que je devais croiser le chemin d'un homme dont le passé a souvent été l'objet de maints échos, la plupart du temps à mots couverts, tant ses relations ont toujours compté parmi les plus puissantes, je veux parler de l'homme de presse Robert Hersant. Un député de mes compatriotes, quoique né à Porto Rico, Jean-Baptiste Biaggi, avait recruté une équipe de gardes du corps pour donner un coup de main lors des collages d'affiches ou des meetings électoraux, à l'occasion des élections municipales. Les joutes électorales étaient alors autrement plus musclées qu'aujourd'hui, et pas seulement verbalement ! Considéré à juste titre comme l'un des plus beaux tempéraments d'avocat de l'après-guerre, guérillero éternel du verbe et de l'action, « Bapt », comme l'appelaient affectueusement ses amis, avait sacrifié à la politique, à tort probablement, puisque y ayant gaspillé ses dons étonnants de plaideur. Entré dans les corps francs durant la Seconde

Guerre mondiale, arrêté en 1944 par les Allemands, il n'en défendit pas moins lors des multiples procès qui suivirent les lendemains de la Libération de nombreux auxiliaires de la Gestapo française. Désireux de mettre un terme aux affrontements au cours desquels les Français s'étaient entre-déchirés, soucieux donc de réconciliation nationale, il prôna, dans *La France au pouvoir*, le journal qu'il avait fondé, l'alliance entre gaullistes et pétainistes. Rallié tardivement à l'UNR, qui deviendra l'UDR puis le RPR, il la quitta puis s'en alla rejoindre, quelque temps plus tard, le Front national de Jean-Marie Le Pen.

Pour l'heure, Biaggi voulait que nous protégions Hersant, dont c'était le baptême du feu en matière d'élection. Il postulait un mandat de maire dans un petit village de l'Oise, Ravenel. Bien qu'il ne s'en fût jamais caché en privé, le nouveau venu en politique taisait en public, on peut le comprendre, une appartenance passée aux jeunesses fascistes, pendant la guerre. C'est dire si lui et moi n'avions pas été du même côté de la barricade. Mais tout le monde, à un moment ou à un autre de sa vie, a pu faire le mauvais choix. Après tout, ce n'est que peu de temps avant sa mort que François Mitterrand a jeté le masque, par ses révélations sur Vichy, et ses relations privilégiées avec Bousquet, dont on ne peut dire qu'il fut un grand résistant. Pour Mitterrand comme pour Hersant, il y a eu erreur, manque de clairvoyance. Ils étaient jeunes. Et terriblement ambitieux. Au demeurant, il est bien d'autres personnalités qui, tout comme Maurice Papon, ont eu un flirt poussé avec le Maréchal, sans que les médias, pourtant si prompts à s'acharner sur le vieil homme coupable à leurs yeux des pires maux, aient alerté l'opinion. Mais certains directeurs ou rédacteurs en chef, vivants ou morts, ne devaient-ils pas, ne doivent-ils pas leur carrière, cette si précieuse carrière qui ferait tuer pour certains père et mère, à des hommes comme Hersant ou d'autres ? Ces hommes de presse, plus précisément ces hommes de pouvoir, seraient-ils donc dans l'ignorance qu'un Maurice Couve de Murville, qu'un Jacques Chaban-Delmas, dont en leur temps les médias ont souligné son action dans la Résistance, qu'un Michel Debré même, pourtant si proche du Général, ont prêté serment à Pétain ? Seraient-ils donc dans l'ignorance que les deux premiers servaient dans l'administration ou les cabinets de Vichy, et le troisième au Conseil d'État ? Seraient-ils donc dans l'ignorance que des hommes aussi éminents que le maréchal Juin ou Antoine Pinay ont mis leur talent au service de ce même régime, même brièvement ? Seraient-ils donc dans l'ignorance que Michel Junot, bien avant d'être un proche collaborateur de Jacques Chirac à la Mairie de Paris, fut chef du cabinet de Pierre Laval, au ministère de l'Intérieur ? Seraient-ils donc dans l'ignorance qu'une des figures de proue de la presse intellectuelle des années 1970, l'honorable fondateur du journal *Le Monde*, Hubert Beuve-Méry, était l'auteur d'un *Vers la grande Allemagne*, publié avant la guerre ? Le jeune correspondant de presse qu'il était alors, en Autriche, ne tarissait pas d'éloges sur les vertus du national-socialisme. Le même Beuve-Méry, quelques années plus tard, devenu distingué professeur à Uriage, centre majeur du vichysme, n'hésitait toujours pas à distribuer des tracts à la gloire du Maréchal. Sa façon à lui probablement d'affirmer : « Je persiste et je signe » ! L'homme de gauche, censeur intransigeant, pourfendeur des dictatures et défenseur des droits de l'homme, n'apparaîtra que bien des années plus tard. Pourquoi cette partie de notre histoire n'est-elle jamais enseignée dans les écoles ? Pourquoi crier haro sur le baudet seulement quand celui-ci est réputé devenu faible, soit en raison de l'âge, soit en raison de la maladie ? Oui, pourquoi ? Parce que l'homme, dans son infinie petitesse, n'a été, n'est et ne sera toujours qu'un loup pour l'homme.

Nous sommes donc allés, avec quelques gros bras de mes amis, dans l'Oise pour veiller sur celui que nous devions protéger, Robert Hersant. Le meeting était programmé dans un grand cinéma. Dans la salle, de nombreux contradicteurs avaient pris place. Ils n'hésitaient pas à interpeller les différents candidats qui se présentaient. L'idole du petit écran, Martine Carol, avait effectué le déplacement. Il fallait voir comme les regards masculins convergeaient dans sa direction. Vint le tour d'Hersant. On nous avait dit de nous montrer d'une extrême vigilance, tant il pouvait se passer quelque chose pendant son temps de parole. Pour être servis, nous allions l'être ! Me Biaggi venait de clore son discours, quand Hersant est monté sur la scène pour prendre la parole. Soudain, surgis de l'arrière, cinq ou six types se sont précipités, porteurs d'une gigantesque pancarte qui représentait une photographie du futur directeur du *Figaro*, et de beaucoup d'autres titres parmi les plus importants de la presse française, en uniforme avec les Allemands. Ils se sont mis à vociférer à son encontre :

« Et là, tu allais donner de l'avoine aux Fritz ? Salaud ! »

Impossible pour lui de couvrir les cris de ses accusateurs. Aux clameurs s'associaient à présent des menaces physiques. Avec mon ami Franchi, nous nous sommes précipités sur lui, avons joué des coudes et des poings contre deux ou trois énergumènes particulièrement remontés. Puis nous avons réussi, non sans mal, à gagner la voiture. Nous l'avons jeté sans ménagement à l'arrière, tout en le plaquant au sol. Nos camarades nous ont épaulés pour ouvrir le passage à notre puissant véhicule. Nous l'avions échappé belle. Il s'en était fallu de peu qu'il ne fût lynché. Nous l'avons reconduit plus tranquillement, une fois tout danger écarté, jusqu'à son château, où il s'est remis peu à peu de ses émotions. Pendant qu'il récupérait, je me rappelle que l'un de nous, Maurice, fauchait sans vergogne les petites cuillers en argent Sans doute estimait-il avoir bien mérité une petite récompense !

Quelques années plus tard, j'ai « protégé » Alain Peyrefitte, lors d'une campagne dans le sud de la France, au cours de laquelle, parmi les opposants aux fidèles du Général, figurait, à Nice, Bernard Cornut-Gentile, dernier ministre de la France d'outre-mer de la IVe République et farouche opposant à de Gaulle.

Chronique de... Poissy !

Le 6 mai 1955, je fus appelé à comparaître pour le hold-up de la rue d'Anjou, auquel j'étais étranger, devant les assises de la Seine. Là, bien que brillamment défendu par mon compatriote Me de Moro-Giafferi, on me tailla un costume sur mesure. Pas un des prévenus présents ne m'avait mis en cause, tous affirmant au contraire solennellement ne pas me connaître. Seule cette balance de Léon le Juif maintenait ses allégations. Selon lui, il avait donné le hold-up parce qu'il avait pris peur. Il avait alors téléphoné à la police que la banque allait être attaquée. Si c'était vrai, l'équipe qui montait l'affaire risquait une fusillade avec les flics, en tombant dans un vrai guet-apens. Heureusement, le projet avait été repoussé. Au moment où le fourgon allait parvenir à destination, les encaisseurs virent un vélo en travers de la route. Contraints de s'arrêter, ils n'avaient pas plus tôt mis pied à terre, qu'ils étaient braqués et délestés de quelque vingt-cinq millions de centimes. Il en restait paraît-il encore soixante-quinze, qu'ils n'avaient pu emporter. Jamais les auteurs ne furent retrouvés. En revanche, les policiers se sont souvenus, eux, du coup de fil de Léon. C'est au cours d'un interrogatoire que, soucieux de dégager sa propre responsabilité, il a expliqué m'avoir donné le tuyau pour réaliser ce coup. En échange, affirmait-il, je lui avais remis sa part du butin. Tout était faux. Mais même l'alibi en béton que je pus fournir – à l'heure du rendez-vous en question, j'étais rivé au fauteuil de mon dentiste – ne réussit pas à convaincre le tribunal de mon innocence. J'écopai de cinq ans de travaux forcés.

Faute de pouvoir m'impliquer directement dans une participation fantôme, on me signifia que j'avais mis au point l'agression, surveillé les allées et venues du camion transportant les fonds et recruté les hommes de main pour l'opération. Pas moins. Les deux volailles de haute basse-cour, les commissaires Denis et Fernet, s'étaient entendus comme larrons en foire pour me charger. Le second m'avait averti, il sut tenir parole. Malgré les dépositions en ma faveur de témoins favorables à ma défense, comme le commandant Duvernois, l'un de mes chefs de la Résistance, qui se porta témoin de moralité, rien n'y fit. La cour se montra inflexible. L'avocat général n'avait pas, lui non plus, ménagé sa peine. Mais, après tout, il jouait sa partition ! S'adressant aux jurés, et pointant sur moi un index vengeur, il s'était à un moment exclamé :

« Marcantoni ! Jamais d'aveux, jamais de preuves, du flou, rien que du flou ! »

Pour ce flou, je fus donc condamné à ces cinq années d'emprisonnement. Même la brillante et émouvante plaidoirie de Moro n'infléchit pas le verdict. Ce ne fut pourtant pas faute d'avoir mis en avant la lâcheté de Léon. Encore moins d'avoir évoqué en termes bouleversants mon passé de résistant. Résonne toujours en moi cette phrase sublime, qui me fit chaud au cœur dans ce moment difficile :

« François Marcantoni est corse. Il est de mon pays. Je le considère comme mon fils. »

Ou encore cette autre, prononcée à l'énoncé du verdict :

« Je n'aime pas qu'on me condamne dans le doute. Tu ne feras pas tes cinq ans. »

Peut-être. Mais c'est bien en fourgon cellulaire que le quittai le tribunal et que je fus incarcéré, à la Santé, puis à Poissy.

Qu'on m'autorise une nouvelle parenthèse, ici, chers lecteurs, pour signaler l'état d'esprit des flics, dès lors qu'ils ont quelqu'un dans leur collimateur. Pendant que je purgeais indûment la peine à laquelle j'avais été condamné sans preuve, sur le seul témoignage d'une balance, on me rapporta les termes d'une conversation qu'un jour Max Fernet eut avec mon ami Jeannot Beux :

« Alors, ton pote Marcantoni, on l'a eu. Moi, quand je veux faire tomber quelqu'un, je travaille dans les coulisses et je parviens à mes fins.

– Mais François est innocent dans cette affaire, et vous le savez bien.

– Innocent ou non, il paie pour toutes les fois où l'on n'a pas pu le faire marron. »

Il me restait huit mois à tirer. Le directeur était corse, Callisti. Un après-midi, je suis dans son jardin, ou j'ai été affecté. Je cueille les salades, les tomates, et les donne ensuite au surveillant qui les fait parvenir au directeur ou à sa femme. Un autre détenu, un connard, était jardinier du sous-directeur. Il n'était pas loin de moi. Je savais que le type avait tué quelqu'un à coup de pelle. Pour situer le personnage, le voilà un beau matin qui me dit, croyant me faire plaisir :

« Aujourd'hui, j'ai pas trop le temps pour te parler, parce qu'il faut que je prépare un lapin pour le sous-directeur. »

Et là, la suite me laisse coi. Il m'explique en effet qu'il prend un lapin et le met dans un clapier seul, pour qu'il passe la nuit comme le condamné à mort. Puis d'ajouter :

« Et demain, je le zigouille. »

J'ai jamais digéré ça, il aurait pu quand même le tuer proprement.

À Poissy, il y avait Fouraste qui avait été condamné à perpète pour avoir tué un type en viager dans les Pyrénées. Il l'avait mis dans une grande marmite, ses pieds dépassaient. Le facteur arrive, heureusement il fout le camp sinon son compte aussi était bon. Un jour, le croisant et sachant que c'était lui, je lui dis :

« Mais t'as goûté au bouillon ? »

Il s'est levé, s'est précipité sur moi :

« Sale individu. »

Il y en avait un autre qui s'attaquait aux petites filles, leur coupait les lèvres du sexe et les faisait frire comme des moules. Un autre encore avait mangé le foie de sa concierge. Encore un autre avait sept ans à faire. Lui allait à la sortie des écoles, enduisait son sexe de confiture, attirait des petits garçons avec des bonbons puis les emmenait. Tout ça existe en prison. Ce ne sont pas que des braquages et des agressions à main armée. Toujours à Poissy, j'ai connu Christian David, l'assassin du commissaire Gallibert, qui est aujourd'hui sorti après avoir purgé trente ans de prison et vit, à ma connaissance, en Espagne. J'avais été affecté à l'atelier habillement. Dès qu'un nouvel arrivant franchit la lourde porte de la prison, c'est là qu'il est dirigé, après avoir laissé quelques bricoles au greffe. Les surveillants le font mettre à poil pour lui donner ses nouvelles fringues. Je me souviens d'un musulman qui était là. Le règlement veut que les gars, avant de revêtir leur nouvelle tenue pénitentiaire, écartent les jambes et toussent. Et lui, il était là :

« Moi, chef, je tousse pas. tu verras pas, mon cul ! »

Ça a duré un quart d'heure. J'en pouvais plus, j'étais plié en deux. Aujourd'hui encore, je revois la scène.

À Poissy, j'étais donc avec Figon, le « suicidé » de l'affaire Ben Barka, Albert Bistoni, dit « l'Aga Khan », qui se fera dessouder au bar le Tanagra, sur le Vieux Port de Marseille, au cours d'une fusillade qui fit ce jour de 1973 trois ou quatre morts. Il y avait un type qui purgeait vingt ans et qui travaillait à la chaufferie avec une jambe de bois. Il s'était accroché avec David. Il avait un chat noir, Kiki. Bien que les prisonniers ne soient pas autorisés à posséder un animal, l'administration est plutôt, en la matière, bienveillante et ferme volontiers les yeux. David, au comble de la rage, lui piqua le chat, le dépeça et le fit cuire avec du pétrole, puis le mangea. Voilà ce qu'est la réalité de l'univers carcéral. Il y a des fous qui n'ont plus rien à perdre. Même les surveillants parfois ont peur de se faire planter. J'ai vécu ça, surtout à Poissy, où on est quatre cents, cinq cents, trente dans un atelier, cinquante dans un autre. Je me suis toujours bien tenu. Je le dis en souriant, je devrais avoir la médaille pénitentiaire, parce que je suis toujours sorti pour bonne conduite. Je n'ai jamais fait le mariole en taule, sauf une fois, quand un maton m'a délibérément cherché. Une histoire avec le brigadier Roux au sujet du chien du directeur. On subit en prison, c'est terrible. Un jour, il me dit :

« Ici, on n'est pas à Montmartre. »

Ma réponse fuse, pleine de hargne et de mépris :

« Oh, si on était à Montmartre, on ne parlerait pas de vous, de moi si ! »

Il avait rédigé un rapport. Je prenais du pain qu'on jetait pour le chien du directeur. Il avait dit qu'il y avait eu sur lui des menaces de ma part. J'ai été sauvé par un Chinois, Tchin Tchin, qui faisait le ménage chez le directeur et le sous-directeur, et qui avait écrit une lettre où il affirmait qu'il avait tout vu et que c'était cet enfoiré de Roux qui m'avait provoqué. Quatre jours de mitard, voilà quand même ce que j'ai pris. Pour qui n'a jamais été incarcéré, le mitard est un mot comme un autre. Pour qui s'y est retrouvé un jour, celui-là sait de quoi je parle. Et le risque d'y séjourner un certain temps pèse sur le détenu chaque jour comme une épée de Damoclès. Il m'est arrivé en une autre occasion de goûter au charme sensible propice à la prière, au recueillement... ou au suicide. Comme tout prisonnier, il m'est arrivé d'avoir à écrire un courrier. Or cette lettre-là, toute personnelle, je n'avais pas envie qu'elle fût lue par une autre personne que celle à laquelle je la destinais, ma « fiancée ». Je faisais sortir ma lettre comme à l'accoutumée par le linge sale qu'on nous relevait, quand un maton, tout à fait par hasard, l'intercepte. Je me précipite, mets la lettre dans ma bouche et, tout en courant dans le couloir, commence à l'avaler, cependant que le surveillant, revenu sur mes pas, s'efforce de me la retirer. Ce qui a pour effet de la mettre en pièces détachées. Si je n'avais peur que ce ne soit mal perçu, je dirais que lui tire un coup, et moi j'avale un bout ! La scène, pour qui la verrait de l'extérieur, est du meilleur effet. Finalement, après avoir récolté quinze menus morceaux de papier, dont il est désormais inutile d'en relier entre eux les propos, je suis bon pour le mitard. Celui-ci est présidé par le surveillant-chef, M. Lhermitte, en lieu et place du titulaire habituel, un compatriote, M. Mariani. La sentence tombe :

« Marcantoni, vous le voyez, j'ai entre les mains quinze petits morceaux de lettre. Pourquoi avez-vous avalé cette lettre ? Que contenait-elle de si important ?

– Monsieur, est-il normal que les pensées qu'on couche pour l'élue de son cœur soient lues d'une tierce personne ?

– Soit... Vous me ferez donc quinze jours pour les digérer ! »

Heureusement qu'il n'y en avait pas vingt ou trente, je l'avais échappé belle ! Mais bonjour l'arbitraire de la sanction !

Et j'ai été aussitôt descendu au quartier bas, dans ce trou à rats qui suinte la crasse, la pisse et la merde. Nuit et jour, vous êtes sous haute surveillance. L'un de mes anges gardiens s'appelait Cobra. Joli nom, non, pour un maton ?

En prison, presque tous les détenus nourrissent de la haine, de la vengeance. D'autres, pourtant, j'en ai connu quelques-uns, font abnégation de tout, se tournent parfois vers Dieu, deviennent mystiques. Moi, j'ai gardé la haine. Rien que la haine. Toute la haine.

Le souffle de ma défense : mots de maîtres !

Bien qu'il ne se déplaçât plus pour aucun de ses clients, souvent de Moro-Giafferi fit une exception pour moi et je le vis me rendre une visite de sympathie. Un beau jour, alors qu'il me restait encore à peu près dix-huit mois à purger, il m'annonça enfin la bonne nouvelle :

« Dans vingt jours, tu es dehors. »

Malheureusement pour moi, le bon de Moro-Giafferi devait décéder d'une crise cardiaque quelques jours plus tard, dans un train qui le ramenait de Normandie, au sortir de son ultime plaidoirie, suivie d'un déjeuner un peu trop arrosé. La vie a de ces pieds de nez ! Toutefois, j'eus quand même droit à une remise de peine de six mois, grâce à ses multiples interventions antérieures. Comment évoquer Moro sans tracer quelques grandes lignes de la personnalité de cet as du barreau. dont nombre de jeunes avocats n'ont cessé de s'inspirer ? Un journaliste marseillais, qui avait de l'esprit, écrivit un jour à son propos :

« C'est du vent, mais attention, quand il souffle, c'est le mistral ! »

Personnage bourbonien à la verve jaillissante, la bonhomie faite homme, Vincent de Moro-Giafferi fut probablement l'avocat le plus illustre de l'entre-deux-guerres. Ses face-à-face avec un autre compatriote, César Campinchi, figurent dans les morceaux d'anthologie de la magistrature. Passé maître en l'art de contrer un adversaire, ses répliques, pleines de drôlerie, enchantaient les prétoires où il se produisait. Un jour que Moro avait à plaider aux assises de la Seine, face à son rival Campinchi, et alors qu'il s'était procuré une pièce du dossier d'une manière détournée, face à la colère de la partie civile qui hurlait au scandale, jouant sa partition sur l'air de la plus crédible repentance, il regarda Campinchi droit dans les yeux. Puis, feignant le parfait étonnement, il tendit le document d'un geste large, pour conclure :

« Cette pièce vous appartient, mon cher confrère ? Alors, rendons à César... »

La salle était hilare. Même Campinchi, en cet instant, eut du mal à dissimuler son sourire. Impossible de dresser en quelques lignes un florilège des bons mots de cet homme, dont la carrière couvrit plus de cinquante années. Son éloquence passionnée, son talent consommé de débatteur lui faisaient même parfois oublier la cause qu'il défendait. Par une pirouette de dernier instant, il était capable de retourner une situation qui s'annonçait difficile pour son client. Un jour, il débarqua dans une chambre civile de province avec un retard dû à un prolongement de séance dans un bon restaurant. Un de ses collaborateurs, le voyant enfin arriver, lui remit une chemise. Le temps juste de vérifier les noms inscrits, il devait attaquer sa plaidoirie. Au fur et à mesure qu'il s'enflammait pour sa cause, la surprise s'installait dans la salle, allant à gagner jusqu'aux magistrats et aux défenseurs de la partie adverse. Discrètement, son jeune confrère s'enhardit à le tirer quelque peu par la manche. Moro, agacé, se recula, redoublant de paroles incantatoires. Profitant d'un bref moment d'accalmie oratoire, le collaborateur réussit à lui faire comprendre que, se fiant à sa mémoire, il avait tout bonnement oublié qui était, des deux parties, son client. Cette défense acharnée dans laquelle il s'impliquait totalement bénéficiait entièrement à l'adversaire. Comme si de rien n'était, Moro, jouant avec un art consommé de son monocle, poursuivit sur sa lancée, acheva la phrase commencée puis, dans une volte-face aussi inattendue que soudaine, conclut :

« Ainsi vous aurais-je parlé, mesdames et messieurs les jurés, si j'étais à la place de mon confrère, et je ne doute pas qu'il le fera avec le talent qui est le sien. Qu'il me pardonne donc de l'avoir devancé ! Maintenant, je dois m'emparer de la juste cause qui est celle de mon client... »

Et devant une salle médusée, il poursuivit sa plaidoirie avec la même fougue, le même trémolo dans la voix. Du très grand art.

Tout aussi talentueux, ces mots qu'il eut un jour face à un président qui lui faisait remarquer que, contrairement à ce qu'il affirmait concernant la virginité du casier judiciaire de son client, il n'en était rien preuves à l'appui. Loin d'être désarçonné, il eut cette réplique, empreinte de poésie :

« Mon client a été un soldat courageux, ses blessures l'attestent. Alors, dites-vous, monsieur le président, que le sang rouge versé par lui a jailli sur son casier judiciaire noir et en a fait une page blanche ! »

Coutumier des retards aux audiences, pour cause de gueuletons la plupart du temps, il arriva une fois que son client ait été déjà jugé et condamné. À l'étonnement général, après avoir fait une entrée théâtrale et pris possession de son banc, il se lança dans une défense pro domo si brillante qu'il obtint que le jugement fût annulé. Sommé alors par le président d'être bref dans sa plaidoiric, j'en reprendrai les termes, d'une brièveté exemplaire, cités par Jean-Paul Lacroix, dans son livre *Le Palais indiscret* :

« Je m'en tiendrai donc, monsieur le président, à trois phrases. Ou bien vous confirmez votre jugement, et dans ce cas vous montrerez qu'à votre sens l'avocat est dans un procès un personnage inutile. Ou bien vous l'aggravez et vous lui faites ainsi comprendre qu'il n'a ni talent ni efficacité. Par conséquent, vous ne pouvez que réduire la peine que vous avez infligée à mon client. »

Et il obtint gain de cause. Capable aussi d'une ironie cinglante, son aisance, jusque dans l'art de manier plus que quiconque cet imparfait du subjonctif, aux résonances parfois si cocasses, lui autorisait les pires railleries, jusqu'à la limite de l'impertinence. Ainsi, au cours d'un procès, au Président qui venait de lui intimer l'ordre de se taire, parce qu'il n'avait pas la parole, Moro, outragé, se leva de son banc et s'écria :

« Puis-je craindre, monsieur le président, que vous n'aimeriez que la défense se tût ? »

Un autre célèbre avocat aujourd'hui disparu, Albert Naud, à qui l'on doit un combat incessant contre la peine de mort, a décrit mieux que je ne saurais le faire moi-même l'impression de chaleur et de générosité que dégageait ce monsieur d'embonpoint et de poids, dans leur double acception, aux réactions si promptes, à l'intelligence si aiguë et à l'exubérance si calculée. Il écrit à son sujet, le dépeignant affairé dans les couloirs du palais, qu'il était « un homme-symbole, sous les pas de qui semblaient se lever des particules de lumière ».

Je regrette personnellement que la passion de Moro, qui a fait plus d'un émule au sein du barreau, à défaut d'être aujourd'hui morte, soit objectivement moindre chez ses confrères de la nouvelle génération, dans un contexte il est vrai différent lui aussi, où l'organisation judiciaire est absorbée, comme le reste du monde, par le concret, le quotidien et le consensus mou. Tous bienfaits de la technocratie ambiante !

Libre, mais sous haute surveillance policière

Le 28 mai 1958 est à marquer d'une pierre blanche dans le grand livre de ma vie mouvementée. Il était environ onze heures, le soleil brillait quand les lourdes portes de la prison se sont ouvertes devant moi. Une luxueuse Chevrolet décapotable m'attendait, au volant de laquelle se trouvait mon cousin, Jean-Baptiste Bernardi. accompagné d'un ami. Nos embrassades se prolongèrent.

Quelle joie d'étreindre ceux dont on a été privé si longtemps.

« François, on t'emmène déjeuner, tu dois avoir hâte de retrouver une nourriture de qualité. »

Ce n'était pas de refus. Je mangeain ce jour de délivrance, comme quatre. Diantre, un gueuleton après quatre années de privation, de soupe et de patates bouillies, ça s'apprécie !

Progressivement, j'ai repris goût à la vie. J'avais un ami, prénommé comme moi François, du côté d'Achères, dans l'Oise. J'allais passer mes week-ends chez lui. Nous jouions à la pétanque. L'endroit me rappelait quelque peu les bords de Marne, leurs guinguettes. Des fiancées m'y rejoignaient souvent. Nous faisions de la barque. Heureux homme, qui avait deux femmes à l'époque... qui ne pouvaient pas se voir ! Un dimanche, nous étions sur la même barque, l'une d'elles ramait, l'autre tenait un parasol pour que je sois protégé des ardeurs du soleil. Ceux qui voyaient glisser l'embarcation sur l'eau criaient en rigolant :

« Putain, on dirait un Renoir ! »

Cette dolce vita retrouvée allait être, hélas pour moi, de courte durée. De nouvelles tracasseries m'attendaient. En effet, le 30 décembre 1959, soit un an et demi après ma libération, mon dénonciateur dans l'attaque du fourgon de la Compagnie algérienne, Léon le Juif, était abattu vers vingt et une heures, face au numéro 40 de la rue de la Verrerie, dans le 1er arrondissement de Paris. L'auteur, non identifié, avait fait feu à plusieurs reprises sur Schlimer, avant de remonter à bord d'une voiture dont les numéros avaient été maquillés.

Ce règlement de comptes, fréquent dans le Milieu, où les « balances » ne jouissent pas d'une longue vie, avait été exécuté avec précision. Plusieurs hommes se trouvaient à bord du véhicule, mais un seul était sorti pour tirer. Selon les policiers, il ne s'agissait pas d'un acte isolé, personnel, mais d'une opération minutieusement montée et exécutée, sur ordre, par plusieurs malfrats.

Sur ordre, voilà le maître-mot qui revenait comme un leitmotiv dans la bouche des flics. Exécuté un an et quelques mois après ma sortie de prison, une quinzaine de jours après la sienne – puisque, impliqué dans le hold-up, il avait purgé lui aussi une lourde peine, totalement justifiée, elle –, les enquêteurs, dans leur finesse de jugement, étaient arrivés à la remarquable analyse qu'un seul individu dans Paris était susceptible d'interrompre le cours naturel de la vie de ce brave Léon, moi, François Marcantoni ! Quel flair ! Comme si le sort de ce petit personnage m'importait au point de n'avoir qu'une seule idée en tête, désirer sa fin. Pour ces messieurs du « 36 », le doute n'était pas permis. Je ne pouvais être que l'instigateur de cet acte odieux. Eh ben voyons ! C'était me faire trop d'honneur, vraiment. Les plus fins limiers de notre élite policière furent donc mis sur mes traces, sans que le moindre mandat d'arrêt ait été lancé contre moi. Je n'avais nulle raison de me cacher mais, connaissant leur entêtement, je m'amusais à jouer un peu au chat et à la souris ! Je n'allais pas toujours au même endroit. Je m'arrangeais pour fixer mes rendez-vous dans des lieux divers. Histoire de brouiller les pistes et de leur rendre la vie plus compliquée. En fait, je n'avais nulle envie de tomber entre leurs mains et de perdre mon temps avec eux, à leur donner des explications que, de toute manière, ils se refuseraient d'accréditer. Un jour, pourtant, ce qui devait bien finir par arriver se produisit. Je me trouvais seul sur la place Champerret. Soudain, je me trouve nez à nez avec l'inspecteur Veaux. Il me reconnaît. Aussitôt, il me braque son arme de service sous le nez et me lance :

« Je t'arrête ! »

Rouge de colère, je m'écrie :

« Comment, tu vas m'arrêter, toi ? »

C'était une vieille connaissance. Nous avions déjeuné plusieurs fois ensemble chez Jeannot Beux, bu de nombreux pastis. Chaque fois, il m'avait laissé le soin de régler l'addition ! Je le lui fis remarquer, avec ma courtoisie habituelle.

« Tout ça, c'est du passé.

– Peut-être, mais tu avais bon appétit ! »

Puis, je poursuivis, sur un ton cette fois indigné :

« Tu as un mandat d'arrêt ? De quoi tu t'occupes ? »

À l'instant, il hèle un taxi. Le revolver est toujours pointé sur moi. Je me dis, après tout, je vais le suivre, sinon il est bien fichu d'écrire dans son rapport que j'ai voulu lui fausser compagnie.

Il s'apprête à monter dans le taxi, le moment que je choisis pour claquer de toute ma force la portière. J'y vais aussitôt d'un « oh, désolé, inspecteur » parfaitement hypocrite. Ah, la tête de Veaux alors, quel souvenir ! Sa jambe, coincée, le fait hurler de douleur. Il brandit vers moi un index vengeur, assorti d'un chapelet d'injures. Je réitère mes excuses, affirme, la main sur le cœur, que je ne l'ai bien sûr pas fait exprès :

« Rébellion à inspecteur dans l'exercice de ses fonctions, ça va te coûter cher ! »

Nous voilà, Veaux et moi, en route pour la Criminelle. Sitôt dans son bureau, il s'est mis en tête de m'interroger. J'ai immédiatement réagi :

« Surtout pas toi, avec les bouillabaisses que tu as mangées à ma table, je ne te réponds même pas ! »

Ses collègues sont venus à la rescousse. Devant eux, je l'ai chambré, lui donnant le rôle du parfait imbécile. Je n'avais guère à forcer mon talent ! Rouge de colère, cramoisi de confusion, il a abandonné la partie, laissant à d'autres inspecteurs le soin de me faire « cracher le morceau » sur le meurtre de ce Léon le Juif. Je leur ai longuement expliqué, parce que leur faculté d'entendement était limitée, que j'étais dans cette affaire aussi innocent que l'enfant qui vient de naître. Il fallait s'y attendre, mes déclarations ne les ont pas convaincus. Sûrs d'eux, et de leur capacité à me faire craquer, ils m'ont gardé à vue près d'une semaine. Et dire qu'aujourd'hui il en est pour se plaindre des quarante-huit heures réglementaires ! À additionner les gardes à vue que j'ai subies dans ma carrière, je dois aligner quelque six mois : ah, les belles vacances gâchées ! Ils eurent beau me demander de répéter à l'envi mes dépositions, rien n'y fit. Et pour cause, j'étais totalement étranger à la disparition tragique de leur indic. Le cinquième jour, marris de leur échec, après qu'ils eurent une dernière fois vérifié mon alibi, j'ai eu droit à une confrontation avec des individus qu'ils avaient arrêtés. Cette fois, la séance était présidée par un homme que je n'avais jamais rencontré auparavant. Il se présenta :

« Commissaire Bouvier. »

C'était déjà un grand policier, qui dirigera des années plus tard tous les services majeurs de « la Grande Maison ».

« Vous ne seriez pas des Flandres ? »

C'était parti tout seul. Il a failli en avaler sa pipe. L'humour et lui devaient être à l'égal des droites parallèles qui ne se rencontrent jamais :

« Vous plaisanterez moins tout à l'heure... »

Vers quatre heures de l'après-midi, épuisé par cette énième journée d'interrogatoire, j'ai vu arriver Jeannot Beux, les bras chargés de victuailles. Il venait témoigner pour moi. C'était plutôt cocasse de voir, réunis dans la même pièce, Veaux, qui s'était joint à Bouvier, lui-même maintenant en présence de Beux. L'étable, quoi !

« Qui c'est, celui-là ? » s'exclama le commissaire.

Veaux lui souffla quelques mots à voix basse.

« Ah, c'est vous, le fameux Jeannot Beux ? Allons, mettez-moi cet individu dehors ! »

Un inspecteur fit remarquer que « cet individu » avait une déclaration importante à communiquer à la police.

« Dans ce cas... Eh bien, vous avez des révélations ? »

Avec déférence, mon copain regarda droit dans les yeux l'homme de loi. Sûr de son effet, il déclara :

« Je sais, commissaire, qui a tué Léon.
– Alors là, ça nous intéresse.
Bouvier commença à prendre la déposition.
« Le gros Michel s'est disputé un soir avec le Juif. Le ton a monté. Pour se défendre, il a tiré.
– Eh bien, voilà quelqu'un qui comprend ce que coopérer signifie. »
De contentement, il tira sur sa bouffarde.
Un inspecteur se risqua :
« Patron, le gros Michel a été descendu quelques jours après la dispute ! »
Écumant de rage, furieux de s'être laissé berner comme un bleu, le commissaire a déchiré le procès-verbal puis, s'en prenant directement à Jeannot Beux :
« Toi, fous-moi le camp, et vite ! »
Mon ami ne se le fit pas dire deux fois. Sans même un au revoir poli, il claqua la porte derrière lui.

Le lendemain, je ne comptais même plus les jours, mais on devait en être au cinq ou sixième, c'est mon cousin qui s'est ramené au « 36 ». Mais là, il avait dû être convoqué. Il a expliqué que je dormais chez lui, ajoutant :
« Vous pouvez vérifier, il y a encore sa valise chez moi.
– Sa valise ? Allez me la chercher. »
Sitôt dit, sitôt fait. Quand les inspecteurs l'ont ouverte, quelle ne fut pas leur surprise de découvrir, soigneusement pliée dans un tissu... la Bible que j'avais sortie de la prison. Ah, la tête des poulets ! J'en ris encore.

Au dernier interrogatoire, et bien sûr sans que l'éminent Maigret-Bouvier ait pu me confondre, je le revois se planter face à moi et me lâcher :
« Écoutez, Marcantoni, je voudrais bien comprendre une chose, Léon, il vous a dénoncé, vous avez pris cinq ans.

Vous sortez de prison, et voilà qu'il se fait abattre. Vous pouvez m'expliquer ça ?

– Que voulez-vous, monsieur le commissaire, quand on est un salaud, on l'est avec tout le monde. Il se trouve bien un jour ou l'autre quelqu'un pour descendre un salaud...

– Mais vous, Marcantoni, vous aviez toutes les raisons de lui en vouloir... à mort !

Puis, comme à bout d'arguments, il ajouta :

« C'est humain. »

Il avait dit ça d'un ton presque doucereux, compréhensif assurément. Pour peu, il m'aurait tapé sur l'épaule. Combien d'individus, confrontés pour la première fois de leur vie à une garde à vue, ne sont-ils pas tombés dans le piège ? Car ils sont malins, les flics. Ils connaissent leur boulot à fond et savent se répartir les tâches. Il y a le patibulaire, genre grosse brute épaisse, qui vient droit à vous, le genre « à moi tu m'l'as fait pas ». Gros bras, grande gueule, prêt à vous bousculer pour accentuer votre intimidation, voire votre crainte, il est au fond le moins à redouter, parmi les inspecteurs qui se relaient, avec pour seule mission d'obtenir des aveux. Bien plus pernicieux, plus retors, le rôle dévolu au faux gentil, celui qui vient à vous, large sourire et l'air bonhomme :

« Ah, tu sais, mon collègue, il est un peu nerveux. Avec lui, t'as intérêt à faire gaffe. Mais au fait, t'as encore rien becqueté, ça te dirait, un sandwich, hein ? Je vais te faire monter ça, avec un peu de café. »

Salopard, va, qui y va du trémolo dans la voix, compatit avec le pauvre bougre planté devant lui, ainsi tout heureux de trouver un brin de chaleur humaine. Salopard, oui, que ce faux cul qui amadoue le « client » pour mieux le poignarder, une fois celui-ci mis en confiance. Ah, dans le domaine de l'interrogatoire, reconnaissons qu'ils sont malins, les flics ! Malheur à celui qui se laisse embobiner. Moi, c'est bien simple, le bon Bouvier qui n'était pas des Flandres, c'est vingt piges qu'il voulait me mettre, en me collant ce meurtre de Léon sur le dos.

« Ah, monsieur le commissaire, me suis-je défendu, je ne pouvais certes pas le porter dans mon cœur, ça j'en conviens, parce que, comme on dit, il m'a "donné" alors que j'étais innocent. Mais, que voulez-vous, ce n'est pas moi qui lui avais remis le paquet. Ecoutez, monsieur le commissaire. Je suis croyant. Moi, je sais pardonner. Je ne lui en voulais plus. Je n'ai rien à voir dans ce meurtre. »

Bouvier a levé les bras au ciel. Puis, la mine abattue, s'est esclaffé :

« J'aurai tout entendu. »

Il a quitté le bureau. Je ne l'ai plus jamais revu. J'ai signé mon procès-verbal, le soir même, j'en étais au six ou septième jour, et je suis sorti, libre. Enfin.

En ce temps-là, même si l'humour d'un policier m'a toujours paru suspect, sans doute parce qu'il est policier, je me dois de reconnaître qu'il était moins imperméable que celui de nos pandores version troisième millénaire, technocrates sortis de l'École des commissaires, et plongés du jour au lendemain dans le bain de la délinquance médiocre de toutes ces banlieues dirigées par quelques bandes sans réel chef. Un jour, je me souviens, des policiers des Batignolles arrivent chez mon ami Jeannot Beux. Une simple visite. Bien sûr, personne ne les y avait conviés. Mais qu'importe ! Sc présente le jeune commissaire. J'ai un échange de mots avec lui, je n'avais rien à me reprocher. À un moment il me lance :

« Oh, mais vous, on vous connaît, tenez-vous à carreau !

Oh, putain, que n'avait-il pas dit là ! Quelques jours plus tard, je me suis fait faire une grande veste de clown, digne de Zavatta, avec des carreaux énormes. Je ressemblais à un sac de patates. Pas dégonflé, je convie quelques amis à une visite au commissariat. Tous m'avaient mis en garde :

« T'es fada, François, ils vont te boucler !

– Mais bien sûr que non, j'ai bien le droit d'aller saluer qui je veux avec une veste à carreaux, je suis pas à poil. »

Mes amis, inquiets, qui m'attendaient devant le commissariat, me ressassaient :

« François, fais pas le con. »

Et moi :

« Mais qu'est-ce que vous voulez qu'ils me foutent ? »

Parfaitement décontracté, je m'apprête à entrer dans le saint lieu de la volaille, pendant qu'eux épient en face, à « La Truite vagabonde ». Le planton m'observe, me demande :

« C'est pour quoi ?

– Je voudrais voir le commissaire.

– De la part de qui ? »

À ce moment, la porte s'ouvre et je vois mon homme. Il paraît étonné de me voir là. Je ne lui laisse pas le temps d'ouvrir la bouche :

« Monsieur le commissaire, vous m'avez dit de me tenir à carreau, j'ai suivi votre conseil. »

Il s'est mis à hurler :

« Foutez-moi le camp, foutez-moi le camp ! »

Je suis revenu, les copains étaient hilares. Heureuse époque, quand même, que celle de cette poulaille-là. Aujourd'hui, technocratie oblige, les flics sont devenus des pisse-froid. Je me souviens d'un autre commissaire, qui s'appelait Leclerc. Lui aussi venait souvent chez Beux. Je lui disais :

« Qu'est-ce que vous buvez ?

– Ah, François, je prends un verre avec toi, mais si demain je dois te passer les menottes, je le ferai, sois-en sûr. »

Et moi :

« Mais c'est bien, vous avez raison, force doit rester à la loi, c'est comme ça que je le comprends. Alors trinquons ! »

C'était en 1960. Durant presque dix ans, jusqu'en 1969, je n'ai pas connu le moindre démêlé avec la police. J'étais devenu un autre homme, c'est-à-dire un homme comme les autres. Sans doute avais-je mis un peu plus de temps que nombre de mes concitoyens à réaliser la transition entre l'époque de la guerre et celle de la paix. Après mes années tumultueuses, je m'étais décidé à changer totalement d'existence. Si je tenais à garder les amitiés que j'avais nouées au sein du Milieu, il n'était plus question pour moi de monter des coups, comme l'on dit. Je me considérais comme un homme rangé. D'ailleurs j'avais pris de l'âge. Il n'y a, me semble-t-il, que la police et les juges d'instruction à ne pas savoir qu'un homme, plus il avance dans les années, plus il change. Ma seule ambition était de goûter enfin au bonheur comme on dit que seuls vivent heureux les gens qui n'ont pas d'histoire. J'ai été servi.

Mémé, Antoine, Paul et les autres

Sans beaucoup d'argent, mais désireux de laisser entre les hold-up et moi une distance respectable, j'ignorais encore comment allait s'orienter ma nouvelle vie. Je n'avais même plus ces petites amies qui vous font oublier, sous le feu de la caresse amoureuse, l'incertitude du lendemain. Mais je n'étais pas en position de jouer au cœur brisé. Mes journées se passaient au calme, à la campagne où j'avais acheté une vieille maison que patiemment j'avais retapée. J'avais à mes côtés mes fidèles bergers allemands, de toute beauté, ma basse-cour, un mainate. Je goûtais au charme de la nature, allant et venant entre mes arbres fruitiers. Je descendais de temps à autre sur la Côte, à Toulon surtout où résidait une partie de ma famille. Ou encore à Marseille, où je comptais de nombreux amis. Parmi eux, les frères Guerini, Antoine et plus encore Barthélemy, que l'histoire du Milieu a fait entrer dans son panthéon des hommes illustres sous le diminutif de Mémé. L'extraordinaire ascension de ces enfants de l'aride village de Calonzana, dans ma Corse natale, mérite d'être contée. Elle ne peut toutefois se comprendre qui si l'on remonte de quelques années le cours du temps. Bien que je ne l'aie que croisé, et en rien fréquenté, Paul Venture Carbone est à l'origine de la percée des Guerini après la Libération.

L'homme, né à Propriano en 1894 dans une famille touchée par la misère, aura connu, jusqu'à sa fin tragique en 1943, une carrière exemplaire, si je puis dire, qui, voilà soixante-dix ans passés, a été mise au service d'une cause devenue la gangrène des régimes qui se sont succédé : la collusion entre truands et classe politique, les uns jouant les exécutants d'une partition pas très reluisante que les autres, les ténors en costume trois pièces paradant à la tribune de l'Assemblée, ne pouvaient jouer, par peur de se trouver éclaboussés.

Précoce, le petit Venture commence ses premiers larcins vers quatorze ans, juste après son certificat d'études. Pour subvenir aux besoins de sa mère et de ses deux frères, il travaille sur une tartane, et là vole du sable qu'il revend à de petits entrepreneurs, en prenant une petite plus-value de un franc. Il n'a pas vingt ans qu'il travaille aux Messageries comme marin et accomplit un tour du monde... Une situation privilégiée pour observer les multiples trafics qui se nouent au hasard des escales portuaires. Bagarreur, doté il est vrai d'une force physique peu commune, il connaît ses premiers démêlés avec l'autorité judiciaire. Arrive la guerre de 1914. Dès le début du conflit, le voilà mobilisé. Soldat courageux, il est apprécié de ses supérieurs. Mais son caractère impétueux et violent lui vaut de partir pour les Bat d'Af, autrement dit les bataillons d'Afrique, où se recrutent les fortes têtes et tous ceux qui ont un casier déjà chargé.

On l'emploie à une spécialité recherchée en temps de guerre comme celle de 1914, celle de nettoyeur de tranchées. Il convient d'avoir la main prompte et brutale. Il accomplit sa tâche avec un étonnant brio, maniant le couteau avec une dextérité qui éblouit ses compagnons. À la fin de la guerre, il retrouve les bateaux, les ports, les aventures d'un jour, ou plutôt d'une nuit. Il séjourne longtemps en Chine. À Shanghai, il tisse ses relations, monte ses réseaux. Puis il gagne l'Amérique du Sud, terre d'élection pour tous les trafiquants de drogues dures, morphine, cocaïne, plus encore opium, l'herbe alors en vogue du côté des intellectuels de Saint-Germain-des-Prés et des habitués du « Bœuf sur le Toit ». Son apprentissage ès graine de truand achevé, Venture pose ses bagages à Marseille, en 1923. Dans l'intervalle qui a séparé le début de la guerre et cette ère nouvelle, le Milieu phocéen a fait peau neuve. La concurrence nord-africaine, forte de sa cohorte d'Algériens et de Marocains, auxquels se sont joints même des Noirs, est très forte. Le marché est à reconquérir. Bouter les Arabes hors de Marseille va devenir la priorité des années à venir. Paul Venture y prend sa place, toute sa place. Sa carrure, la réputation de dur qu'il s'est acquise, les tatouages qui tapissent son corps tout entier, une des traditions des anciens Bat d'Af, en imposent à plus d'un sur le Vieux Port. Cette virilité apparente n'est pas non plus pour déplaire à la gent féminine. Ses conquêtes se multiplient. Mais au plaisir doit aussi, et surtout, bien vite s'adjoindre l'appât du gain. De simple barbeau, il gravit rapidement la hiérarchie du proxénétisme. Il entre dans les réseaux qui dirigent les « gagneuses », entendez par là les prostituées, vers les bordels d'Europe, d'Afrique du Nord et du Moyen-Orient. La trentaine toute fraîche, il est un homme riche, propriétaire de bars acquis à bas prix, suite aux rackets exercés sur les anciens tauliers. La demande de drogue a augmenté sur le marché français, mais aussi et plus encore sur le marché américain. Pas de doute, le vrai lucre, il est là, sur ce terrain de la came en devenir. L'homme est intelligent. Il a fondé des réseaux dans ses jeunes années de chien fou. À lui maintenant de les activer. Une escouade de fraîches tapineuses lui permet d'avancer les mises de fonds. Un voyage à New York, des discussions avec des capo auxquels il expose ses idées, ses ambitions, ses méthodes, et les conditions sont réunies pour que sa fortune devienne l'égale de celle des plus entreprenants hommes d'affaires. Le premier, il inaugure en Méditerranée un ingénieux stratagème de récupération de la drogue, qui consiste à jeter à la mer, dans la calanque de Niolon, proche de la côte phocéenne, des sacs étanches avec des bouées par des membres de l'équipage d'un bateau, puis à les faire recueillir, dans la plus grande discrétion, par d'« innocents » pêcheurs faisant mine de relever leurs filets. Le procédé perdura de longues années, puisque au plus fort de la « French Connexion », vers la fin des années 1960, alors que Carbone avait trépassé, il était toujours en usage, avec des risques plus grands car, depuis, les douanes avaient appris à surveiller le va-et-vient des chalutiers, auxiliaires du trafic. Paul Venture, les jours de livraison, avait coutume de se rendre dans un restaurant des Roches Blanches, sur la route des Goudes, pour y déguster paisiblement une bouillabaisse, tout en guettant à la jumelle les opérations de ramassage. Il se faisait volontiers accompagner de ses « filles » préférées, endimanchées pour l'occasion. Ainsi, leader sur le marché de la prostitution, puisque son empire en bordels dépassait largement le cadre hexagonal, maître ès racket et drogue, il ne lui restait plus comme industrie que celle que les gangsters américains avaient su hautement conquérir : la politique. Homme des temps nouveaux, convaincu d'être né sous une bonne étoile, jamais cette dernière ne lui était apparue aussi scintillante qu'en cette année 1923.

D'autant qu'il avait pu le constater, un an plus tôt, la vie d'un truand, si grand soit son prestige auprès des siens, n'est pas sans risques. Au cours d'un voyage au Caire, où affaires et vie privée allaient de concert, voilà qu'en sus de sa Lola chérie, qui l'accompagnait, il avait porté les yeux sur une fille du cru, une brunette aux yeux de braise, qui lui laissait entrevoir tout le parti qu'il y avait à tirer d'une telle nature. Le hic, c'est que la donzelle en question était déjà sous la coupe de macs locaux, aux mœurs encore assez primaires. Et barbares. Malgré sa corpulence et son habitude à traiter d'éventuels conflits par la violence, les barbeaux égyptiens, loin de le convier à une visite organisée des joyaux de leur pays, lui étaient tombés dessus à plusieurs. Insatisfaits de la sévère correction qu'ils lui avaient infligée, ils n'avaient pas trouvé meilleure façon, au berceau de la civilisation, de lui signifier son égarement, que de le conduire jusque dans le désert du Sinaï, et là, de l'enterrer jusqu'au cou dans le sable brûlant, à charge pour les fourmis de terminer le travail. Dire que d'aucuns de nos intellectuels distingués glosent sur l'hospitalité arabe ! Une chance inespérée le tira de cette situation bien inconfortable. En effet, au bout de quarante-huit heures consacrées à la méditation et à l'attente d'une mort qui serait lente, un ami de fraîche date, averti par la pulpeuse Lola, parvenait à mettre la main sur l'enterré vivant. Son nom, François Spirito, entré dans la légende du gangstérisme sous le seul pseudonyme de Lydro. La légende l'a longtemps fait corse. Même s'il en avait toutes les qualités, la vérité m'oblige à dire qu'il était rital. Ce sauvetage allait créer entre les deux hommes un ciment si puissant que, pendant tout le temps de l'entre-deux-guerres, l'un et l'autre apparaîtront sous les traits des Castor et Pollux du crime organisé.

Pour Carbone, une seule devise : jamais la moindre combine en dehors du cadre de la loi ! Les élections législatives du 28 juin 1929 s'étaient soldées à Marseille par un net recul de la SFIO, dû au maintien des communistes au second tour, désireux d'en découdre avec l'ennemi héréditaire, le « socialisme avarié », selon les termes de leurs principaux dirigeants. Nous étions loin encore de la merveilleuse gauche plurielle, dans laquelle le sémillant Robert Hue fait ami ami avec le non moins pimpant Lionel Jospin ! En pareille circonstance, c'est la droite qui avait tiré les marrons du feu dans bon nombre de circonscriptions. Ainsi la troisième était-elle revenue à Simon Sabiani, sous l'étiquette « socialiste-communiste ». Il avait délogé le sortant, Canavelli. Furieux, ce dernier avait rejeté son échec sur le compte de la garde prétorienne de son adversaire, jugée trop « musclée » à ses yeux. Il faut reconnaître que les compatriotes qui épaulaient Sabiani n'avaient rien d'enfants de chœur et que leur efficacité avait fait merveille. Et pour cause. Ses plus zélés agents électoraux n'étaient autres que les deux compères, Carbone et Spirito. Partout où une réunion se tenait, la terreur régnait. Dans l'impossibilité de parler publiquement, victoire était donc revenue à celui seul qui avait pu, en toute quiétude, exprimer son programme, Sabiani.

Les municipales approchaient à grand pas. Le socialiste Henri Tasso, vieux cacique du parti, avait tout naturellement été pressenti pour conduire la liste qui devait aboutir à la mise sur la touche du vieux docteur Flaissières, maire en titre. C'était sans compter sur Sabiani, proche du premier magistrat de la ville, que sa victoire aux législatives avait mis en appétit. Bien qu'officiellement numéro deux sur la liste conduite par Siméon Flaissières, c'est lui qui sortit finalement vainqueur, quand celui qui, entré à la mairie quelque trente-cinq ans plus tôt, se vit reconduire pour un nouveau mandat, au grand désappointement de Tasso et de ses amis de la gauche modérée. N'avait-il pas apporté, selon lui et sans que quiconque pût le contre-dire, plus de dix mille voix qui avaient fait la différence ? À l'entendre, lui seul était responsable de la victoire. Un avis que partageait Carbone. Dans l'ombre, avec ses séides corses, n'avait-il pas appuyé de toute sa logistique, de tout son entregent dans le monde des affaires, au sens large du terme, l'entreprise de conquête du pouvoir ? Sabiani sous la lumière, lui, tapi en eaux profondes, il pouvait envisager l'avenir sereinement. Ce qu'il fit sans se gêner, sûr de l'impunité que lui conféraient des liens devenus indissociables avec son désormais obligé. Intouchable, même pour les policiers qui connaissent ses activités délictueuses mais lui doivent à l'occasion une promotion. La presse parisienne dénonce-t-elle la corruption qui s'affiche presque ouvertement tout autour de la Canebière ? Ragots et jalousie, entonne le chœur des Marseillais, toujours prompts à stigmatiser l'arrogance des Parigots.

Le 26 mars 1931 s'éteint Siméon Flaissières. Les jeux sont à refaire. Pour les socialos, et Henri Tasso à leur tête, l'occasion est bonne de prendre leur revanche et de gagner la nouvelle bataille de la mairie. Mais Sabiani est plus que jamais décidé à occuper le fauteuil de son ancien associé, le vieux médecin d'Endoume. Progressivement, après qu'il eut créé le parti socialiste-communiste, il a glissé à droite, s'alliant à Eugène Pierre. Appoint décisif puisque le nouveau maire, en cette année 1931, s'appelle Ribot. Une sorte de façade officielle, Sabiani tenant la mairie en sous-main. Il dispose d'un journal, Marseille Matin, créé par quelques-uns de ses amis. Carbone pavoise, il vient de s'offrir, à deux pas du Vieux Port, la brasserie « Beauvau », où se presse le

Tout-Paris de passage à Marseille, où font le pied de grue une cohorte de journalistes, envoyés spéciaux du monde entier, à la recherche du scoop, les confidences du Proprianais ou de son alter ego, Lydro. Une opérette est envisagée, tout comme un film, dont les deux compères seraient les héros. Autant de projets qui tomberont à l'abandon. Il faudra attendre l'inoubliable *Borsalino* avec nos deux stars au sommet de leur gloire, Delon et Belmondo, pour que, bien des années plus tard, Jacques Deray réalise le projet, en 1969.

La célèbre affaire Stavisky et la mort du conseiller Prince, trouvé mort sur la voie ferrée, le 20 février 1932, à proximité de la gare de Dijon, vont-elles interrompre le cours d'une ascension vertigineuse ? Sur dénonciation d'un indic, l'inspecteur principal Bonny, celui-là même qu'on retrouvera quelques années plus tard l'adjoint d'Henri Laffont à la tête de la Gestapo, apprend que les auteurs de cet assassinat sont Carbone et Spirito. Arrêtés aussitôt, transférés dans la capitale de la moutarde pour être entendus par le juge Rabut, le scandale prend une ampleur phénoménale. Pas un journal ne raterait sa « une » sur cette affaire. *Paris-Soir* a dépêché un enquêteur de choix, pour couvrir cette actualité brûlante. Et lui a donné une somme colossale, pour ses faux frais. Il faut dire que l'homme s'est déjà fait un nom de plume qui force le respect de ses confrères. Il s'appelle Georges Simenon, il n'est rien de moins que l'auteur des *Maigret.* Et il s'en donne à cœur joie de révéler les liens entre cette pègre et une certaine classe politique. Une « première » pour l'époque, tant depuis nous avons vu beaucoup mieux.

Avec de Moro-Giafferi et Marcel Ceccaldi, ces deux pointures du barreau qui m'ont défendu avec tant de chaleur et de dévouement, Carbone ne pouvait se morfondre longtemps en prison. Il avait un alibi en béton. Pour Lydro, la tâche s'avérait plus délicate. Milani, tout brillant avocat qu'il ait été, ne pouvait rivaliser avec ses deux autres confrères. Surtout, Spirito ne présentait, lui, aucun alibi du tout. Ce qui fit dire le plus sérieusement du monde à l'un de ses amis :

« S'il n'a pas d'alibi, il ne peut être qu'innocent. »

Quoi qu'il en fût, au petit matin du 22 avril, devant une foule évaluée à quelque deux mille personnes, Carbone et Spirito faisaient une entrée triomphale en gare Saint-Charles. Un cortège de voitures, tous klaxons hurlants, prit le chemin de la mairie où les attendait... Sabiani. Devant les flashes des photographes accourus, les embrassades furent longues et appuyées. Sur les murs, on pouvait lire : « Carbone et Spirito sont mes amis. Signé Sabiani ». Le soir, un banquet fut donné en leur honneur. La Bonne Mère les avait protégés. Jusqu'à quand ?

En ce temps, les hommes politiques n'hésitaient pas à se mouiller ouvertement. Nous leur rendions, nous les truands, des services. Mais ils savaient renvoyer l'ascenseur, si le besoin s'en faisait sentir. Aujourd'hui, tout est différent. Bien sûr, et ce n'est pas étranger à l'attitude des politiciens à l'égard du Milieu, toutes les réunions publiques ont pour ainsi dire été supprimées. Toutes les campagnes importantes se jouent dans les médias, et en premier lieu à la télévision. On sait que, grâce à une meilleure maîtrise de l'outil télévisuel, Jacques Chirac gagna une victoire historique contre Laurent Fabius, qu'il avait déstabilisé, le contraignant à s'énerver et ainsi à donner une mauvaise image aussitôt exploitée par le vainqueur de ce singulier duel. Que dire des campagnes aux États-Unis, où l'élu est, dans neuf cas sur dix, celui qui passe le mieux sur le petit écran. Autre temps, autres mœurs...

En février 1936, Simon Sabiani eut une première rencontre avec Jacques Doriot. Si tous les partis politiques, depuis 1933, ont connu une profonde transformation, la droite est, de tous, celui qui a évolué le plus radicalement. Dans un milieu réputé d'ordinaire comme plutôt réfractaire aux encadrements, s'est constitué un véritable parti de masse, le PSI, parti social français, fondé par le colonel de La Rocque, à l'origine des célèbres Croix-de-Feu qui viennent d'être dissoutes et qui retrouvent, sous cette nouvelle appellation, une existence. Pas moins de deux millions de personnes adhèrent, chiffre considérable pour l'époque. Parallèlement au PSI, se crée cette même année 1936 un parti qui se proclame « socialiste et national », le PPF, parti populaire français, sous la férule de Doriot, un déçu du communisme qui a viré sa cuti à l'extrême droite. Cette organisation fasciste compte pourtant pas moins de deux cent mille sympathisants à jour de leur cotisation. Sabiani rencontre à plusieurs reprises Doriot. Le personnage le séduit. En commun, ils ont connu le même cheminement politique, qui les a conduits à glisser progressivement du rouge coco au brun facho. Leur ambition politique est immense, leur cynisme à la hauteur de cette ambition. Et on leur reconnaît un verbe volontiers chaleureux. L'échec subi aux élections législatives cette année-là par Sabiani, durement ressenti, lui fait franchir le pas. Il se rallie au PPF, à Doriot et à son adjoint Pierre Pucheux, dissident du PSF du colonel de La Rocque. Est-il bon, à ce stade de ces pages, de préciser que tout événement contemporain pouvant permettre un parallèle avec ceux de 1936 ne serait que malignité ou coïncidence fortuite.

Paul Venture Carbone, soucieux de préserver sa position dominante dans les « affaires », suivit les yeux fermés son mentor politique et donc ses nouvelles options. Ses commerces divers et variés prospérèrent encore davantage. À la fin de l'année, il acheta un yacht superbe, le *Roselyne*, sur lequel maintes parties fines firent la joie de ceux qui y avaient été conviés. On y croisait toutes sortes de personnages, les plus assidus se trouvant curieusement, tant leur moralité les place au-dessus de tout soupçon, parmi ceux que leur fonction dans la vie civile ne prédestinait apparemment pas à côtoyer le mitan, avocats, députés ou ministres, industriels... Pendant l'été 1938, les convives du *Roselyne* eurent l'immense bonheur, l'immense surprise aussi, de découvrir, parmi eux, un homme à la luxuriante chevelure poivre et sel, un certain Albert Einstein, soucieux de mettre quelque distance entre le Troisième Reich et lui.

C'est au cours de cette même année que la rencontre Doriot-Carbone eut lieu, à la demande du leader du PPF. Dès lors, Venture avait choisi son camp. Il allait le payer de sa vie.

Nous sommes le 15 décembre 1943. De retour de Cannes, Carbone vient de monter dans le rapide de nuit qui, dans une poignée de minutes, va quitter la gare Saint-Charles pour gagner Paris. Quelques amis l'accompagnent. Certains le saluent, d'autres prennent place à ses côtés, dans le compartiment aux six couchettes. Par gentillesse, ainsi que ses frères me l'ont plus tard raconté, il cède sa place à un restaurateur cannois quelque peu souffrant. Dans les deux valises qu'il a posées près de lui, ses trésors dans l'une, des liasses de billets de banque, pour une douzaine de millions de l'époque, dont deux ont été gagnés l'avant-veille au casino de Monte-Carlo, et dans l'autre, plus surprenant pour cet homme tatoué des pieds aux épaules... de la layette ! Eh oui. Paul Venture allait être papa. Le convoi glisse dans la nuit. À hauteur de Neuville-sur-Saône, il est une heure trente du matin, c'est l'explosion, qui troue le silence. Des cris fusent des compartiments. Les deux premiers wagons sont restés sur les rails. Mais le troisième, celui dans lequel a pris place Venture, a déraillé. Puis s'est écrasé au fond d'un ravin. La Résistance a frappé fort, avec cette mine placée sur la voie ferrée. Celui qui a jusqu'à ce jour funeste connu une chance insolente gît, le bassin brisé, la jambe droite tranchée net au haut de la cuisse par la projection des tôles. Conscient malgré tout, grimaçant de douleur, il ne reste plus qu'à attendre les secours. Au fil des minutes, l'espoir d'en sortir vivant s'amenuise. Deux Corses de ses amis, qui par chance ne se trouvaient pas dans le wagon maudit, sont accourus. Il leur lance :

« Je suis foutu ! »

À l'un d'eux qui lui tend une petite fiole de voyage gainée de cuir, il trouve la force d'esquisser un sourire et de risquer un trait d'humour :

« J'espère que c'est pas du rhum, ça me foutrait le moral à zéro. »

Les premiers secours arrivent enfin. Livide, il s'adresse aux sauveteurs. Demande une cigarette. On lui en tend une.

« Merci. »

Il tire une bouffée, ferme les yeux.

« Ce sera la dernière. »

Un sauveteur lui demande s'il croit en Dieu. Il a encore la force de répondre :

« Ça dépend des jours ! »

Transporté en ambulance à l'hôpital le plus proche, il succombe le lendemain à l'aube non sans avoir adressé un dernier salut à l'infirmière qui le veillait :

« Que voulez-vous, c'est la vie... »

Carbone mort, Spirito parti sous d'autres cieux, conscient du danger à rester au pays en ces lendemains de Libération, un gigantesque héritage est à prendre. En fait, quoi qu'on ait pu prétendre du Milieu, de son comportement, de ses inimitiés, de ses guerres… et de ses morts, la succession du Proprianais et de son fidèle associé italien est l'illustration éclatante de ces viriles amitiés qui supportent toutes les tempêtes, tous les orages. Car, de son vivant, Paul Venture a déjà désigné ses successeurs, les Guerini. Pourtant, les choix politiques de ces derniers n'étaient pas ceux des premiers ! Pour ce qui les concerne, je peux parler d'une fratrie. Il n'y avait en effet pas moins de six frères Antoine, l'aîné, François, le plus violent de la famille, Barthélemy, le « public relation » du clan, Pierre, Pascal et Lucien, moins sur le devant de la scène ; et une sœur, Restitude, qui, pour être femme, n'en fut pas moins une conseillère avisée, n'hésitant jamais à donner son point de vue sur les affaires en cours.

Je suis de la même génération que Mémé. Comme lui, j'ai été engagé dans la Résistance. C'est Mathieu Costa qui, en 1953 ou 1954, me l'a présenté. Le nom même des Guerini flamboyait alors dans Marseille et bien au-delà, de l'autre côté même de la Méditerranée.

Remarquable revanche de ces fils de bûcheron, à l'enfance gorgée de misère, qui, pour fuir leur condition, sont arrivés très jeunes sur le continent, avec l'espoir que donne la jeunesse, celui des rêves les plus fous, devenir riches. Et puissants. Une puissance qui ne pouvait que s'appuyer sur le pouvoir politique. Ce que Carbone et Spirito avaient réussi longtemps avec Sabiani, jusqu'à ce que le vent tourne et que leurs options se retournent en définitive contre eux, les Guerini vont le réitérer, trente longues années durant. Mémé propose ses services à un jeune avocat aux dents longues, Gaston Defferre. Comme le veut l'époque, je l'ai dit, les affrontements entre les candidats sont violents. Defferre est la cible des communistes, à la tête desquels se trouvent deux notables marseillais, Cristofol et Billoux. En 1947, un docker est tué. On voit derrière ce meurtre la patte de Mémé. Présenté devant le juge d'instruction, il sort du cabinet totalement blanchi de l'accusation. C'est une époque trouble, où assassinats du Milieu et meurtres idéologiques vont de pair. À maintes reprises, les Guerini assureront la protection de celui qui deviendra l'inamovible maire de Marseille et ministre de l'Intérieur, Gastounet. Même si celui-ci, c'est de bonne guerre, s'est toujours, en public, offensé qu'on pût prétendre que ses liens avec le Milieu étaient étroits. Les politiciens sont si souvent frappés d'amnésie, les pauvres.

En 1967, le 23 juin précisément, la première alerte sérieuse est donnée, annonciatrice du déclin du clan. Antoine a laissé ce jour-là la conduite de sa grosse Mercedes bleu nuit à Félix, son fils qui vient d'atteindre ses dix-huit ans. La journée est belle, un coup d'œil sur la jauge d'essence, au plus bas niveau. Toute proche, se trouve une station Shell :

« Arrête-toi, petit, on va faire le plein. »

Le gérant a reconnu le véhicule. Il s'empresse. Félix est arrivé à sa hauteur, lui tend la clé du réservoir. Une moto arrive, à laquelle personne ne porte attention. Il fait si chaud... Celui des deux occupants qui se trouvait à l'arrière descend. Il porte un casque qui lui masque le visage. D'une démarche indolente, il s'approche de la Mercedes. S'arrête devant le capot. Fixe Antoine. Puis, subitement, dégaine deux colts de son blouson. Aussitôt, c'est un feu nourri qui fait voler en éclats le pare-brise. Félix, impuissant, hurle :

« Un pétard, qu'on me donne un pétard. »

Il est évidemment trop tard. Une dizaine de balles ont eu raison d'Antoine. L'exécuteur de cette basse œuvre, profitant du désarroi général, a, aussitôt le travail accompli, rejoint son complice. La moto disparaît au loin.

Un Boeing 707, affrété par Mémé, reconduit le corps d'Antoine jusqu'à sa dernière demeure, le petit cimetière de Calenzana. Il a fallu bloquer la circulation. Sur tout le trajet, la population s'est rassemblée. Les femmes se signent, les hommes ont le visage grave. Funérailles en grandes pompes. De partout, y compris de l'étranger, les amis ont afflué, par avions spéciaux. Pas moins de deux mille personnes, au nombre desquelles figure le gotha du Milieu, mais aussi des hommes politiques de premier plan, des artistes de renom.

De retour à Marseille, où la mort de l'aîné des Guerini a fait l'effet d'une bombe, chacun dans les bistrots y allant de ses hypothèses sur les tueurs et plus encore leurs commanditaires, une bien désagréable surprise attend la famille. En effet, au moment de la cérémonie, profitant de ce que la propriété du défunt était privée de toute surveillance, deux petits malfrats s'y sont introduits, emportant de nombreux bijoux. Le mitan est en émoi. Un receleur, qu'ils sont venus trouver, dans leur innocence, les met au parfum :

« Mais vous êtes fous, les gars, rendez immédiatement le tout à Mémé, avec vos excuses.

– Mais qui c'est, ce Mémé ?

– Comment, mais vous êtes fadas. Mémé, voyons, c'est le frère d'Antoine, celui chez qui vous avez raflé les bijoux. Guerini, quoi ! Vous voulez vous faire plomber ? »

Si extraordinaire que ça puisse paraître, les deux voyous ignoraient tout de la puissance de la famille. Le nom même de Guerini ne leur évoquait rien. Comme ils en étaient coutumiers, ils avaient consulté dans le journal les avis de décès. Et choisi la villa d'Antoine en fonction du quartier, un repaire de somptueuses demeures. Quelques jours plus tard, après que les bijoux eurent été remis, comme il le leur avait été suggéré, à Mémé, on devait retrouver le cadavre de l'un des deux malfrats, atrocement torturé, au Cap Canaille, un toponyme qui ne s'invente pas, entre Cassis et La Ciotat.

Pouvait-il en être autrement, les soupçons se portèrent aussitôt sur Mémé. Pour la police, il était le coupable tout désigné. Rendu fou furieux, il avait emmené en belle, avec deux, trois amis, le fautif de ce cambriolage impardonnable. Sans la moindre preuve, la justice le frappa lourdement de vingt piges, à soixante ans, pour complicité d'assassinat. Son propre assassinat, en quelque sorte. D'autant que, atteint d'un douloureux cancer, le temps qui lui restait à vivre était déjà compté. Incarcéré à Fresnes, il y purge sa peine, jusqu'en 1979, date à laquelle il peut retrouver l'air libre, après avoir bénéficié d'une grâce médicale. Il a traîné encore quelques mois. Nous nous sommes à maintes reprises téléphoné. Puis le mal l'a emporté. Il s'est éteint sans que j'aie eu le temps, comme je me l'étais promis, de le voir une dernière fois. C'est un de mes grands regrets, encore aujourd'hui où je suis arrivé à l'heure où il est bon de faire un bilan et de partir en paix avec soi-même...

Par l'intermédiaire des Guerini, j'ai été amené à connaître Antoine Sinibaldi, que la plume d'un de mes compatriotes, de mes amis au demeurant, Roger Colombani, a cru bon de salir en le faisant apparaître, dans son excellent livre *Flics et voyous*, comme un tueur assoiffé de sang, « prêt à tuer pour quelques billets de mille ». Pour moi qui l'ai approché de près, en maintes occasions, rien dans ce portrait ne me rappelle l'homme que j'ai aidé à quitter la France, pour un meurtre qu'on lui a imputé et dont il était innocent.

Ce que je peux dire avec d'autant plus de force qu'aujourd'hui il est mort. Comme les Guerini, il avait vu le jour à Calenzana. Illettré comme Mémé, l'ancien berger était arrivé sur le continent, dans l'espoir d'y mener une vie moins misérable que celle qui y était sienne dans les montagnes corses. Ses ennuis naissent au lendemain de la Libération. En effet, pendant la période trouble de l'Occupation, Paul a été amené à rencontrer à Paris un employé de la Banque d'Indochine, Léon Baudine. Un individu peu recommandable qui trafique dans la monnaie. Un jour, son corps est repêché dans la Seine. Sorti de l'eau, il apparaît aux enquêteurs qu'il a, pour reprendre la belle expression du poète Rimbaud, « deux trous rouges au côté droit ». Mais, surprise macabre pour les policiers, ils découvrent au domicile du défunt un autre cadavre, celui de Jeannette, sa maîtresse. Malfaiteur, certes, mais pas assassin, Sinibaldi comprend vite tout le danger qu'il court à rester dans la capitale. Et plutôt que de chercher une planque dans l'Hexagone, il juge plus prudent de mettre une bonne distance entre la France et lui. Il songe tout naturellement à l'Amérique du Sud, où il sait pouvoir compter sur un réseau d'amis. Mais avant de passer à l'acte, c'est chez moi qu'il trouve d'abord refuge. Puis je le confie Porte Maillot à Antoine Guerini, qui peut lui faire gagner l'Amérique latine.

Je suis fier encore aujourd'hui de ce service rendu. D'Amérique latine, il filera quelques années plus tard aux États-Unis, afin d'y refaire sa vie. Il se fixe à Washington, se marie. Deux enfants naissent de cette union. Le voilà totalement rangé des voitures. Il gagne bien et honnêtement sa vie, dans un grand palace où il exerce ses talents de cuisinier. Preuve que l'on peut avoir, sous l'effet de la misère, commis quelques péchés de jeunesse mais que la rédemption est toujours possible. Pourtant, Paul connaîtra de nouveaux tracas, parce que la police, quand elle a décidé de faire tomber quelqu'un, s'accroche à lui comme une sangsue. L'anecdote vaut d'être contée. Comme chaque jour qui passe, Paul est à ses fourneaux. Nous sommes en 1960, dans les années chaudes de la guerre froide. Nikita Khrouchtchev, numéro un du Soviet suprême, doit se rendre en visite aux États-Unis. Une étape est prévue à Washington. Les agents fédéraux du FBI ont reçu pour mission de passer la ville au peigne fin. Ils tombent sur Paul, qui ignorait tout de cette visite protocolaire. Bien qu'en règle, le voilà arrêté, puis incarcéré. Sans le moindre motif, évidemment. Extradé en France, il est condamné à une lourde peine pour le supposé meurtre de Léon Baudine, cinq ans ferme. Il décédera peu de temps avant de retrouver l'air libre. Sans avoir cessé de clamer son innocence, que je savais, en effet, totale. Une vie finalement brisée pour un homme qui avait changé de cap, bravo la justice.

Les affaires sont... les affaires !

Chaque époque fournit ses affaires. Normal. Aujourd'hui, avec le développement de l'informatique, des nouvelles technologies comme Internet, de formidables escroqueries, à la carte bleue par exemple, s'opèrent. Elles procurent à leurs auteurs, véritables ingénieurs, des revenus sans aucune mesure avec ceux que j'ai connus. Et avec un risque minimum, puisque aucun contact physique ne peut se produire.

J'ai appartenu au gang des Traction avant, à celui des Blouses grises. J'ai eu moi-même mes propres équipes. L'un des grands caïds des années 1950 fut incontestablement Georges Brahim Attia, plus connu sous le sobriquet de Grand Jo, ou encore « le roi du non-lieu »... ce qui ne l'a pas empêché de passer vingt-trois années de sa vie en prison. Nous nous sommes connus à la Libération. Lui avait été déporté, moi interné. Du camp de Mathausen, tristement appelé le camp de la mort, d'où il avait réussi à réchapper, en raison d'une constitution physique hors normes, il avait ramené une réputation de héros. Lorsqu'il connaîtra des ennuis judiciaires, entre 1948 et 1953, et qu'il comparaîtra devant les assises de la Seine, ce n'est pas moins d'une soixantaine d'anciens déportés, originaires de toute l'Europe, qui viendront témoigner et le soutenir. Parmi eux, l'ancien ministre du général de Gaulle, Edmond Michelet, mais aussi le fils d'un ministre autrichien massacré en même temps que le chancelier Dolfuss, en 1938. Tous, unanimes, diront leur reconnaissance envers celui qui leur avait sauvé la vie. Plusieurs fois, ils reviendront devant la barre du tribunal. Jamais un seul ne défaillira. Jamais un seul ne reniera son amitié pour « Jo der Franzose ». Figure très sympathique, tatoué de partout, souvenir des Bat d'Af, ce bagne digne des sinistres camps allemands, où il a croisé pour la première fois Pierre Loutrel, qui deviendra le célèbre Pierrot le Fou, Jo s'est acheté un bar, rue Joseph-de-Maistre, à l'enseigne « Le Gavroche ». Les piliers en sont Henri Fefeu, à l'allure de fonctionnaire, Abel Danos, « le Mammouth », Georges Boucheseiche, dit « Gros Jo », Julien Le Ny, Jean Palisse, dit « le petit Palois », Pierre Dubail, Georges Figon, Raymond Naudy...

Un soir, Attia m'appelle :

« Tu peux venir, François ? »

Je me rends au « Gavroche ». Il m'accueille chaleureusement comme il en est coutumier. Il ouvre une bouteille, puis :

« Je ne sais pas si ça va tenir, mais...Voilà, une de mes connaissances, une femme, a quelques problèmes avec son mari, un gros industriel. Il faudrait donner à ce dernier une sévère punition. T'as pigé ? »

On enlève le type, on le met au chaud dans une planque. Au bout du troisième jour, Jo fait savoir à la femme qu'il est arrivé un accident à son mari pendant la correction. En clair, qu'il est passé de vie à trépas. Évidemment, il n'en était rien. Mais le plan a parfaitement fonctionné. L'industriel a banqué, et bien banqué.

À une émission de Bouvard, je crois que c'était « Dix de Der », à laquelle il m'avait invité, le caustique petit homme rondouillard me demande à brûle-pourpoint :

« Vous est-il déjà arrivé de remplir des "contrats" ? »

En termes du Milieu, de supprimer un individu contre une forte somme d'argent. Moi :

« Oui, oui, ça s'est produit.

– Et qu'avez-vous fait ?

– Les victimes sont mortes de vieillesse. »

C'est véridique. Pour être tout à fait honnête, si elles ont été épargnées, il a pu arriver qu'elles soient quelque peu bousculées, pendant leur « garde à vue ». Dans tous les cas, nous avons toujours touché un bon pactole.

Jo Attia, vers la fin de sa vie, était atteint d'un cancer de la gorge. Il souffrait le martyre. Amaigri, dans l'incapacité totale de parler, il était hospitalisé à Villejuif.

Je vais lui rendre une visite d'amitié. Je vois bien qu'il est au bout du rouleau. À ma vue, son visage s'illumine. Un pâle sourire se dessine sur ses lèvres. Puis il lève son pouce, le tourne vers le bas. Nous nous sommes compris.

Trois jours plus tard, des amis le ramenaient de l'hôpital à son domicile, rue de Lourmel, pour y fermer les yeux. À peine arrivé, à six heures du soir, il décédait, deux heures plus tard. Une page du Milieu se tournait.

Je suis allé à son enterrement, dans le 15e arrondissement, rue du Commerce. La fine fleur de la pègre était représentée. Le corbillard débordait de gerbes de fleurs, parmi lesquelles, en bonne place, somptueuses, celles des déportés. Une fois encore, ma présence m'a valu quelques titres dans les journaux. À en croire la presse, le « parrain des parrains » avait tenu à honorer de sa présence l'adieu au compagnon d'armes... Dieu sait pourtant si, parmi ceux qui avaient trouvé place dans l'église, des parrains bien plus importants que moi figuraient.

Sur le parvis, le hasard avait voulu que je me trouve à côté de Michel Hamelet, le directeur du *Figaro*, qui comptait beaucoup d'amis dans le Milieu. Une photo avait été prise. Elle parut. Quelques jours plus tard, je le rencontrai :

« Dis donc, Michel, sur la photo, c'est moi ou toi, le parrain ? »

Nous nous sommes marrés.

En évoquant ainsi Jo Attia, me revient à l'esprit, parmi les personnages que j'ai pu rencontrer au long de ma vie l'un d'entre eux, qu'il m'arrive toujours de croiser, Antoine Méléro, un homme hors du commun.

Son nom fut mêlé – à tort ou à raison – à plusieurs affaires politiques au Maroc. On l'accusa notamment d'avoir dirigé le groupe action du SDECE – devenu DGSE –, plus connu sous le nom de « La Main rouge » ; on lui imputa non seulement l'assassinat de l'homme d'affaires Lemaire-Dubreuil, à Casablanca, le 11 juin 1955, mais aussi un tas d'autres perpétrés à travers l'Europe.

En France, Méléro fut cité, également, dans l'attentat dit « de l'Observatoire », à Paris, contre François Mitterrand, futur président de la République..., dans la fausse monnaie à Marseille, où le père Bokassa était alors utile à certains politiciens français... le « casse » du Syndicat du livre... l'assassinat du juge Michel, à Marseille...

Dénoncé par un pale voyou – un voleur de poules –, Méléro fut arrêté et incarcéré d'avril 1958 à octobre 1959 :

il ne fallut pas moins de quatre juges d'instruction pour tenter de démêler les affaires de « La Main rouge », en vain. Méléro, non seulement fit front, mais arriva à confondre son dénonciateur. En 1965, il obtint deux ou trois non-lieux.

« Méléro est un mur », disait de lui mon ami Jo Renucci. Quant à Jo Attia, il me dira : « Antoine, c'est une pointure... Il faut se méfier de son sourire quand les yeux ne suivent pas. »

Ancien boxeur, Méléro avait des amis dans tous les milieux et était apprécié pour sa fidélité en amitié et son sens du secret.

Il vient d'être édité au Rocher pour son livre sur *La Main rouge*, armée secrète de la République. Passé sous silence par les médias. Seuls des amis en touchèrent un mot en citant son éditeur. « Il n'est pas politiquement correct », m'a déclaré un homme de télévision à qui j'en faisais le reproche. « Tu veux dire, lui répondis-je, que, comme moi, il n'est pas né avec une brosse à reluire dans la main ».

Ni avec une cuiller en argent dans la bouche, pourrais-je ajouter. J'ai toujours vécu au-dessus de mes moyens. J'entends encore la voix d'un poulet m'interrogeant. l'air agacé, pour une affaire qui remonte à une cinquantaine d'années.

« Mais enfin, Marcantoni, de quoi tu vis ? »

Il n'échappera pas au lecteur le tutoiement de rigueur, alors que, de tout temps, un individu conduit au commissariat bénéficie, *a priori*, de la présomption d'innocence. Passons...

« Oh, vous savez, une petite soupe le soir me suffit.

– Tu te fous de ma gueule. Je te parle de tes moyens d'existence.

– Alors expliquez-vous clairement.

– La ferme ! D'où viennent tes ressources ?

– Je joue un peu. Il se trouve que je ne suis pas maladroit... et que la chance me sourit assez souvent. »

Il faut bien savoir mentir un peu avec les perdreaux.

Tiens, puisque j'évoque ma chance, réelle au jeu, comment ne pas aborder l'affaire de Monsieur X, qui défraya la chronique dans les années 1970... et dans laquelle, je le confesse aujourd'hui, je ne dus pas qu'à la chance de toucher quelques subsides.

Monsieur X, de son vrai nom Patrice des Moutis, était un brillant mathématicien, sorti de la prestigieuse école de Centrale. Partant d'une formule mathématique complexe, impliquant de jouer de fortes sommes, il avait réussi, au lancement du PMU, à trouver une combinaison gagnante dans l'ordre, et cinq autres dans le désordre. Son procédé était infaillible. Seulement, dans des tiercés où peu de chevaux sont en lice et où les favoris se retrouvent à l'arrivée, la mise engagée rend son propriétaire en deçà du gain obtenu.

Des Moutis comprit vite que si, ajouté à son invention de génie, il lui était possible de se rapprocher du personnel des écuries et des centres d'entraînement, il pouvait décupler ses gains. Bien sûr, parmi tous les lads, jockeys qu'il se mit à côtoyer, il s'en trouva pour signaler à des amis le bienfait qu'ils pourraient eux-mêmes retirer à rencontrer ce génie des hippodromes.

Le 11 novembre 1958, pour une somme de deux mille neuf cent cinquante francs, il empocha la bagatelle de deux cent vingt mille francs. Pas mal ! Le directeur du Paris Mutuel Urbain dut reconnaître auprès d'un journaliste du *Figaro* que, pour l'année 1961, l'institution avait dû verser à Monsieur X « deux milliards cinq cent millions anciens pour des mises de l'ordre de un milliard » (cité par James Sarrazin dans *M... comme Milieu*).

Devant de telles sommes, le PMU s'inquiéta. Le 9 décembre 1962, il refusa de payer quatre-vingt-trois parieurs du Prix de Bordeaux disputé à Vincennes... Le 2 novembre 1969, rebelote avec le Prix Georges de Talhouet-Roy couru à Vincennes. Les cinq millions sept cent mille francs de chèques sont bloqués. Enfin le tiercé de Bride Abattue, couru le 7 décembre 1973, fait apparaître que des jockeys, grassement payés par Des Moutis, ont retenu leurs chevaux. Une enquête judiciaire est diligentée. De nombreuses personnes gravitant dans le monde des courses seront qui entendues, qui inquiétées.

Des propriétaires de pur-sang, bien avant la justice, s'étaient aperçus du « tirage » de certains autres chevaux. Ils avaient décidé de donner une leçon au brillant matheux.

Un soir, il fut accosté dans la rue par trois individus qui s'étaient portés, dans une voiture, à sa hauteur. J'étais le chauffeur du véhicule. Cerné, il monta à bord sans opposer de résistance. Nous le conduisîmes dans une planque, hors de Paris. Sans menace aucune, ni violence, mais la trouille au ventre, il nous avoua qu'il lui arrivait souvent de faire « tirer » les chevaux. Il fut mis à l'amende pour le préjudice causé. Puis relâché dans Paris deux jours plus tard. Le lendemain, à l'endroit convenu, il payait la somme consentie.

Il a été écrit dans plusieurs ouvrages qu'il s'était suicidé. Sa femme, à la télévision, a déclaré un jour dans une émission : « On a assassiné mon mari. » Un vrai suicide en tout cas fut, l'année suivante, celui de son fils, de la même manière et au même endroit.

Pas besoin d'être grand clerc pour comprendre que sur les « coups », le facteur chance est toujours plus ou moins au rendez-vous.

Autre affaire, celle-là en rien liée aux courses, mais qui m'a laissé un merveilleux souvenir, de drôlerie et j'irai presque jusqu'à écrire d'attendrissement. Une relation m'avait signalé, à toutes fins utiles, qu'une femme de la rue Cadet, une rue de diamantaires, avait coutume de porter de nombreux cailloux de prix... dans sa culotte ! Drôle d'endroit pour une rencontre avec ladite dame ! Avec deux camarades, nous troquons nos costumes de ville contre ceux de policiers, une spécialité à la mode au lendemain de la Libération. Et nous nous mettons en planque, à l'affût. Nous avions bien évidemment son signalement. Un après-midi, sur le coup de seize heures trente, voici notre victime qui sort du métro. Nous quittons prestement la voiture, nous portons à sa hauteur. Et là, en moins de temps qu'il ne m'en faut pour conter l'aventure, hop, je lui mets aussitôt la main à la culotte. Vous imaginez la surprise de la femme ! Elle a bien vu mon costume de policier, ce qui n'enlève rien à son étonnement, ou à sa colère. Je la rassure, mais fermement :

« Inutile de vous débattre, madame, nous savons que vous êtes impliquée dans un trafic de diamants. Vous avez été dénoncée. Nous allons vous conduire au commissariat pour prendre votre déposition. »

Le plus drôle de l'histoire, c'est que la bougresse, au moment où elle avait senti ma main sous sa culotte, où effectivement une jolie collection de cailloux sommeillait, avait eu une telle frousse qu'elle en était toute mouillée ! Quiconque n'eût pas connu le fin mot de cette manière peu orthodoxe de s'introduire au plus proche d'une intimité féminine en aurait conclu qu'elle avait joui !

Lorsque, à la finale, elle s'est rendu compte que, si elle avait bien été la victime d'une dénonciation, nous n'étions pas plus flics que curés ou gynécologues, nous avons eu droit à un chapelet d'insultes, véritable morceau d'anthologie. À défaut de classe, elle avait un vocabulaire étendu, imagé et coloré. Mais il était trop tard pour elle et, sur ce coup, nous avons, si j'ose me permettre ce trait quelque peu trivial, doublement palpé !

À une époque, j'étais associé à Jean Fournel, « le Stéphanois » , dit « le Maréchal » ou encore « Joffre », en raison de sa vive intelligence et de la minutie qu'il mettait à monter les affaires. En prison avec Ange Salicetti, c'est ce dernier qui me l'avait présenté au bar « La Rascasse ». Il le portait en si haute estime qu'il m'avait soufflé :

« François, avec lui, tu peux aller au bout du monde. »

De la part du « Saint », ce n'était pas un mince compliment.

La suite lui donna raison.

À un square qui fait face aux Buttes-Chaumont, se trouvait, dans les années 1950, un centre de la Sécurité sociale. Nous avions remarqué que deux encaisseurs arrivaient en taxi, suivis de deux autres qui portaient les sacoches.

Nous les guettons. Au moment où ils s'apprêtent à entrer dans le jardin, je pile net au volant de ma Traction avant. Un de mes gars se précipite, Casini, la mitraillette à la main. L'un des encaisseurs, qui n'a pas encore eu les neurones en éveil, lui crie :

« Allez, petit, allez vous amuser ailleurs ! »

Un coup de crosse sur le visage, il a compris. Trop tard pour lui.

J'ai démarré sur les chapeaux de roue. Les deux sacoches gisent sur le siège arrière, en sécurité. Jamais de sang, jamais de violence.

Ainsi, nous ne braquions jamais dans les banques. Trop dangereux pour tout le monde. Qu'un enfoiré de client veuille jouer les héros, que l'un d'entre nous perde son sang-froid, vous imaginez le carnage. Nous la jouions plus fine ! Nous attendions la camionnette qui livre. La surveillance n'était en rien semblable à celle que nous connaissons aujourd'hui. Nous « invitions » le conducteur à descendre et... nous nous barrions avec son véhicule. Les banques étaient tellement attaquées que quand les convoyeurs arrivaient, ils sortaient un grand sac, destiné à collecter l'argent, relié à eux par une solide chaîne.

Quand ils ressortaient, difficile donc de leur piquer le sac. Le « Maréchal » eut une idée...

Un jour, nous nous sommes mis en planque.

Au moment où les encaisseurs allaient remonter dans leur camionnette, l'un d'entre nous s'est précipité... avec des cisailles ! Il a coupé la chaîne. Le temps que les types réagissent, la caisse avait changé de propriétaire... et nous avons sablé le champagne. Il y en avait quand même pour dix-sept millions de l'époque. Une coquette cagnotte. Les journaux ont titré le lendemain : « Les clochards passent à l'attaque ».

Tout plan, toutefois, n'aboutit pas à une conclusion heureuse. Ainsi le « Maréchal », pourtant solidement secondé par Gustave Frelin et un compatriote, s'attaqua-t-il aux magasins du Louvre, en décembre 1966. Les hommes de l'antigang du commissaire Le Mouël, prévenus, arrêtèrent la bande. Fournel fut condamné à une lourde peine d'emprisonnement.

Si beaucoup de « coups » se montent avec minutie, il arrive aussi que le plus grand des hasards vous propulse audevant d'une affaire non préméditée. J'en veux pour preuve cette seconde anecdote... où nous fîmes chou blanc.

Un certain François A., de mes excellentes relations, fut un jour contacté par M. B. au sujet d'une affaire en Suisse, susceptible de rapporter quarante-cinq millions de dollars ! Des Hollandais voulaient placer cette somme à court terme, deux mois maximum. Au préalable, M. B. avait dit à François qu'il pouvait placer cinq milliards pour les deux mois. Les amis de François, à qui il avait rendu compte, ont préféré touché la grosse galette ! Ce fut une erreur. Les Hollandais déposèrent à la Finance Bank de Zurich la somme en question, puis firent le déplacement sur la Côte d'Azur et vinrent trouver M. B. qui leur dit : « Nous préférons réaliser l'opération principale. » Ils virent donc sur un compte du Crédit suisse, à Genève, une partie de la somme et une autre à la Banque Marine, toujours à Genève, en se servant d'une carte, une sorte de fichier qui existait à l'époque, et qu'il fallait bien entendu signer. Un spécialiste venu tout spécialement de Paris, réalise une centaine de clichés de la signature. Puis François A. et M. B. prennent la direction de Genève, avec six pages paraphées chacune en bas à la perfection par ce spécialiste en faux. Ils se rendent chez un gérant d'une société fiduciaire. Qui les dirige chez un expert, en l'occurrence une femme qui effectue le topo du virement, en n'y voyant que du feu, la signature étant déjà apposée. Fort de ce document, ils arrivent à la Finance Bank qui vire la somme sur la Banque Marine et le Crédit suisse. Tout se passe à la perfection. M. B. descend quelques jours plus tard au Crédit suisse voir le vendeur qui le conduit au quatrième étage du sous-sol. Là, sur un chariot, il lui montre les lingots d'or, équivalant au montant du virement... factice. Les lingots, eux, sont bien vrais. Et le nombre impressionnant. M. B. se réjouit de la supercherie. Dans quelques heures, tout cet or sera à lui, à François A., et ils pourront régaler leurs amis !

L'argent devait partir à la frontière italienne. Un avion assez gros devait tout transporter... et un grain de sable a tout fait capoter ! Les Hollandais, en effet, avaient fait opposition. Or, si M. B. et François A. avaient eu de vrais papiers, ils emportaient le jackpot !...

De nombreuses années avaient passé.

Un soir, je ne saurais plus situer précisément la date, j'étais assis au bar du Concorde Lafayette, Porte Maillot. Je buvais un whisky, en compagnie d'un ami. Entre un autre de mes amis, un Corse, Jo. Il avance dans ma direction. Arrivé à ma table, il continue sa route, non sans m'avoir adressé un clin d'œil. Je le vois descendre vers les toilettes. Quelques minutes plus tard, je l'y rejoins.

« François, il y a une grosse affaire qui a été touchée à Cannes chez un important émir du Golfe, un cambriolage en douceur. Il y avait un singe dans la pièce du coffre, il a pas pipé mot ; les gars se sont emparés d'un sac de femme qui contenait cinquante briques. Ils ont aussi chopé ça. »

Et il me montre un diamant monté sur un collier en or torsadé à l'arabe. Superbe. Et d'une valeur assurément considérable. Ce qu'il me confirme illico. Or ce bijou n'est pas le seul à avoir été dérobé.

« C'est un truc d'environ quatre milliards ; les mecs sont prêts à négocier pour un milliard.

Mazette ! Je rétorque :

« Jo, faut être sérieux. D'abord, il faut voir toute la marchandise. Et puis, même un milliard, ça se trouve pas sous les sabots d'un cheval ! Commençons par ce que tu as là, dans les mains. Pour la suite, on avisera. Compte sur moi, je vais m'en occuper. »

Quarante-huit heures plus tard, coup de fil. C'est Jo.

« François, où t'en es ? Les gars sont pressés. Ils ont trouvé un receleur en Allemagne. Et toi, de ton côté, t'as du nouveau ?

Cette précipitation m'exaspère.

« Écoute-moi bien, Jo. S'ils ont preneurs en Allemagne, qu'ils y aillent se faire foutre. »

Et je raccroche.

Une semaine s'était écoulée. En passant devant le kiosque à journaux, un titre qui barre la « une » attire mon attention : « Les bijoux de Cannes retrouvés. Les auteurs du vol ont été arrêtés ». J'achète le canard. En fait, les mecs étaient tombés sur un receleur marron, qui les avait « balancés » aux flics. Quand ils se sont pointés avec la valoche, les poulets les ont cueillis. Tous les bijoux furent restitués à leur propriétaire. Qui dut faire néanmoins son deuil de l'argent liquide, volatilisé dans la nature. Mais bon, pour lui, c'était comme de l'argent de poche.

J'ai été plus heureux avec un important marchand de bestiaux, qui vit toujours, et que je connaissais par relation. Appelons-le José.

Il envoyait par train en Italie des petits veaux de trois mois.

Les Ritals – ils sont très forts pour ça – paient deux millions de francs la première livraison de marchandise, rubis sur l'ongle.

Pareil le deuxième wagon.

Puis le troisième.

Pour José, ces échanges commerciaux sont juteux, le bénéfice appréciable.

Au quatrième convoi de veaux, à la demande de ses clients, José a triplé les wagons.

Et là, il n'est pas payé.

Il s'inquiète un peu, téléphone en Italie. Plus de correspondant. Il donne des noms de banques. Elles n'ont jamais existé. Des noms d'avocats. Tous bidons. Ce qu'on appelle une carambouille, en termes de droit.

José s'en remet à moi.

« François, ce qui m'arrive est épouvantable. »

Il m'explique ce dont il est victime.

J'appelle Roger Lentz, dit « Poupon », récemment décédé, grand ami de Jo Attia. Il me donne son accord. Un autre ami accepte de se joindre à nous. Tous les quatre, José, « Poupon », l'ami et moi, nous voilà partis chez les « Spaghettis ». Nous avons loué une luxueuse villa. Puis nous nous sommes mis en quête de retrouver nos escrocs. Nous obtenons des tuyaux. Nous finissons par connaître le domicile d'un des intéressés. Nous nous pointons chez lui. Je sonne. Une femme nous ouvre.

« Bonjour, nous sommes des Parisiens de passage. On vient dire un petit bonjour à votre mari.

– Ah, désolée, messieurs, mais il n'est pas là.

– Ça ne fait rien, on repassera. »

Deux voitures stationnaient devant la maison. Bizarre. Nous nous planquons derrière un bosquet, à distance respectable, d'où nous avons une vue sur les allées et venues de la maison. Au bout d'un moment, un homme sort. José me pousse du coude :

« François, j'en suis sûr, c'est lui. »

Nous nous précipitons. Le gaillard n'oppose aucune résistance. Nous le faisons monter à bord de notre propre voiture de location... et nous le séquestrons. Il nous raconte alors toute l'affaire. Puis, en l'aidant un peu à retrouver la mémoire, il nous donne les noms de ses complices. Il nous a fallu un mois pour remonter toute la filière.

Au bout du compte, notre présence est remontée jusqu'aux oreilles du « Parrain » suprême, Lucky Luciano, qui était à la tête de la Mafia. Quand on lui a dit qui nous étions, comme je l'aurais fait moi-même si l'inverse s'était produit, il a seulement donné l'ordre à ses hommes de payer. Ce qu'ils ont fait. Il y a ainsi eu de très gros remboursements, de l'ordre de six cents millions.

Non seulement, pendant un mois, nous avons somptueusement été logés aux frais de la princesse, en l'occurrence de José, écrémant les restos de luxe, les boîtes à la mode avec des pépées ravissantes, et dépensant sans compter, mais à la finale, cerise sur le gâteau, nous avons été grassement rémunérés. Ce n'était que justice.

Le Milieu est mort

Si le sympathique chanteur Frédéric François a connu un succès monstre avec sa chanson « Je suis rital et je le reste », je peux, pour ma part, affirmer haut et fort « Je suis corse et fier de l'être ». D'ailleurs, c'est le pseudonyme d'Alzin, si proche du nom de mon village, que j'avais choisi dans la Résistance. Je revendique donc cette appartenance à un peuple qui a su se montrer fort et soudé face aux épreuves. Grâce à des facultés d'adaptation hors du commun. La famille corse type est la suivante : un berger, un voyou, un curé et un haut fonctionnaire, souvent un policier de haut rang, comme les commissaires Pierre Ottavioli, Charles Pellegrini, ou encore le préfet de police de Paris qui vient de prendre sa retraite, Philippe Massoni, l'ancien préfet du Var, mon cousin Jean-Charles Marchiani, avec qui, même s'il n'est jamais intervenu dans l'un quelconque de mes dossiers, j'entretiens les meilleures relations, Charles Pasqua évidemment, qu'il est inutile de présenter. Et de nombreux hommes politiques, qui ont donné à la République plusieurs ministres. Sans oublier celui qui a fait l'honneur de la Corse, le petit caporal de Brienne, devenu empereur des Français, Napoléon. Et je ne peux que regretter que, depuis maintenant tant d'années, ce peuple s'entre-déchire. Comme beaucoup de mes compatriotes, je connais des gens des deux côtés. Mais jamais je ne me mêle de politique. Je suis profondément attristé que des Corses s'entretuent, par idéologie. Mais je mets un point d'honneur à ne prendre aucun parti, tant la politique, à mes yeux, ne mérite pas qu'on se sacrifie pour elle. J'assiste donc, impuissant, à tous ces règlements de comptes, avec le lot de souffrances de douleur, qu'ils charrient. Toute cette haine accumulée depuis des années n'en finit pas. Les gouvernements passent, les gouvernants changent, les tueries perdurent. Hélas, trois fois hélas !

Depuis la fin de la guerre, j'ai été conduit, par les circonstances, à côtoyer ces trois mondes, voyous, policiers, politiciens... qui d'ailleurs n'en faisaient parfois qu'un ! Ceux quand même que j'ai le plus fréquentés, ce serait mauvaise foi de ma part que de le nier, ce sont bien entendu les truands corses, à l'époque où parler de Milieu corse avait encore un sens. Carbone, Renucci, Guerini, pour ne m'en tenir qu'à ce trio de stars, ce sont des noms qui ont tenu des décennies durant la une de l'actualité.

Avec la fin de l'empire Guerini, c'est la fin d'un Milieu traditionnel, avec ses règles, ses lois, ses tribunaux, ses condamnations. Bref, un Milieu structuré, que les policiers regrettent à présent, confrontés qu'ils sont à une violence aveugle, celle des banlieues, avec leurs dealers, leurs petits caïds sans foi ni loi, toujours prêts à tuer comme par plaisir, et à les prendre comme à plaisir pour cibles. Nous, au moins, nous avions le respect de l'uniforme. Jamais nous n'aurions ouvert le feu, fait usage d'une arme. Je n'aime guère les policiers, pourquoi m'en cacher. J'ai eu beaucoup à souffrir de certains de leurs montages, j'y reviendrai par la suite. Mais jamais je n'aurais, de sang-froid, abattu l'un d'eux pour couvrir ma fuite, si d'aventure j'avais été confronté à pareille situation. Un policier exerce un métier. Il a une femme, des enfants. J'ai trop le respect de la vie pour la prendre à un homme, dans l'exercice de ses fonctions. Je n'ai peut-être pas été, toute ma vie durant, un enfant de chœur. Mais s'il y a une vertu que je n'ai jamais cessé de placer en exergue, c'est bien celle de l'honneur. De tous les milieux que j'ai côtoyés, je ne connais personne pour prétendre, sur ce chapitre, m'apporter la contradiction.

Aujourd'hui, je ne crains pas de le dire haut et fort, tout sens de la parole donnée a disparu. Au risque de jouer les vieux nostalgiques, je n'hésite pas à prétendre que le Milieu, celui que j'ai connu, était un mal nécessaire. Pour reprendre le slogan d'une marque de soda qui eut son heure de gloire, je dirai que le Milieu d'à présent a le goût du Milieu, la couleur du Milieu. Mais il n'est plus le Milieu. Seulement une contrefaçon.

Nous, c'était la punition contre les collabos, le trafic des blondes et des piastres, dans lequel s'est illustré Paul Auriol, fils du célèbre président du Conseil Vincent Auriol, ou encore la récupération de dossiers pour un juste châtiment des escrocs. Sans omettre les attaques à main armée, dont j'ai été un spécialiste, ce qui m'a valu d'être fiché au grand banditisme en 1959. Un diplôme d'honneur, en quelque sorte, puisque je n'ai jamais eu la moindre goutte de sang sur les mains. J'ai été rayé de ce registre policier voilà un peu plus de dix ans. C'est mon compatriote, le commissaire Charles Pellegrini, à l'époque patron de l'OCRB, Office central de répression du banditisme, qui m'en a un jour informé, alors que je le croisais au bras d'une fiancée dans un restaurant où j'avais mes habitudes. Il est venu à ma table me saluer.

« François, j'ai une bonne nouvelle pour toi, tu ne nous intéresses plus !

– Mais ça ne me fait pas plaisir du tout. Alors maintenant, parce que j'ai vieilli, je suis considéré comme un cave ! Mon ego va en souffrir !

– Écoute, François, c'est très bien ainsi. »

Puis il a ajouté, mi-goguenard, mi-sérieux :

« Surtout, François, fais pas le con ! »

C'était on ne peut plus amical !

À bien y réfléchir, je crois que ce qui fait la différence entre mon Milieu et ce qui n'est plus aujourd'hui que pègre, c'est la dimension psychologique de l'un et de l'autre. Au fond, j'en demeure convaincu, le Milieu, au-delà des règlements de comptes, inévitables, est davantage une manière de penser qu'une façon d'agir. Une différence de taille.

La génération montante, celle des vingt-cinq/trente ans, je ne la connais pas, ni ne veux surtout la connaître. Ils s'imaginent, parce qu'ils forment une bande, appartenir à ce Milieu qui les a tant fascinés, enfants. Ils s'identifient à Scarface. Ils n'en sont pas même de pâles copies. Marginaux, manouches, arabes, noirs, ils ne reconnaissent rien, si ce n'est l'argent gagné au nombre de cadavres allongés. Loin de moi l'idée de faire de mon époque un tableau idyllique. Bien sûr, il y avait des règlements de comptes. Bien sûr, il y avait des vendettas. Bien sûr, il y avait des morts. Mais jamais le nombre de victimes innocentes n'a été ce qu'il est aujourd'hui. Pour une raison qui vaut ce qu'elle vaut : le marché de la drogue n'a cessé de se développer. Quand j'avais une trentaine d'années, il est vrai, des individus mangeaient de ce pain-là. Mais ils étaient une infime minorité. Depuis les années 1970, le fléau, car pour moi c'est un authentique fléau, est allé croissant, jusqu'à atteindre aujourd'hui une ampleur dont je vois mal comment, dans les années à venir, l'État, les états devrais-je plutôt dire, pourront y mettre un bémol. Si lourdes soient les peines de nos jours, en comparaison de ce que les trafiquants encouraient voilà trente ans, les candidats au marché de la came se recrutent par vagues, toujours plus nombreux. Songez que, dans les années 1960, celui qui se faisait arrêter porteur de plusieurs kilos d'héroïne prenait cinq ans de taule maximum. Le même maintenant écope d'une peine similaire, mais pour huit-dix grammes ! Intention louable, assurément, que celle visant à décourager le trafic. Mais essayez, vous, de décourager un drogué ! Dans la plupart des cas, celui qui achète de la drogue, vers vingt ans, c'est un client qui se la procure pour son usage personnel. Ce qu'il faudrait, au lieu de le mettre en prison quand on trouve sur lui quelques grammes de poudre, c'est lui faire donner le nom de son dealer. Pour remonter les réseaux. Or ces derniers sont tellement bien structurés, les moyens de la police si faibles ou si désuets en regard, que l'avantage des premiers ne peut qu'être écrasant. Des comparses tombent. Les têtes, elles, restent en place. Pour ma part, et bien que je n'aie pas eu d'enfant, je n'ai jamais touché à la drogue.

Mon nom, pourtant, a été mentionné dans un livre paru en 1973, aux Éditions Alain Moreau, au titre choc : *Dossier D... comme Drogue*, sous la signature d'un certain

Alain Jaubert, en réalité un espion trouble, condamné puis exilé aux États-Unis, de son vrai patronyme Thyraud de Vosjoli. J'ai intenté un procès à l'éditeur, que j'ai gagné. Selon Alain Moreau lui-même, il l'a reconnu, il avait été mal renseigné !

L'appât du gain ne justifie pas, à mes yeux, pareille entreprise. Surtout quand on voit les dégâts, irréversibles, que ça génère dans la jeunesse. Si on a une conscience, il faut s'interdire ce domaine. Qu'un adulte fasse le choix de se camer, c'est son problème. Il est majeur, il prend des risques, tant pis pour lui. À lui seul de les assumer. Mais quand on est à l'école, au collège ou au lycée, qu'on a douze, quatorze, seize ans, et qu'on commence à vous habituer à la dope, je ne trouve sous ma plume que le mot dégueulasse pour qualifier cet acte. Dégueulasse et criminel. Je crois, malheureusement, que quand des puissances vivent de ce marché-là, avec l'appui parfois de personnages haut placés au sein des États, jamais la police n'aura partie gagnée. Les trafiquants ont donc sûrement encore de bien belles et longues années devant eux.

L'homme tranquille

Entre 1960 et 1969, le François Marcantoni un peu turbulent que les policiers s'étaient acharnés à poursuivre pendant tant d'années de leur assiduité, ce dont je me serais volontiers abstenu, soit dit en passant, s'était donc totalement assagi. Plus la moindre petite babiole à me reprocher, une vie de père tranquille, dans ma campagne normande. Ah si, j'allais oublier, une fois, une seule, ces messieurs de la peau pas toujours lisse eurent l'occasion de se rappeler à mon mauvais souvenir. C'était au moment de la guerre d'Algérie. Quand les événements ont commencé, partageant en cela l'opinion de nombreux Corses, je me plaçai tout de suite Algérie française. Une opinion au demeurant largement répandue sur l'ensemble du sol métropolitain. Le problème algérien monopolisa les premières années de la Ve République. De Gaulle, confiant que son retour au pouvoir résoudrait une situation dont il n'avait guère vraiment conscience, sûr de s'appuyer sur une Chambre totalement acquise à sa cause personnelle, puisque l'UNR, Union pour la nouvelle République, avait raflé la quasi-totalité des sièges aux élections, comptabilisant 206 députés contre 10 seulement au parti communiste et 47 à la socialisante SFIO, ce qui rendait l'ensemble de la gauche aphone, ne sut pas définir la moindre politique. Sans doute crut-il, naïvement, que le voyage en Algérie au cours duquel il lança le « Plan de Constantine », destiné à doper l'économie algérienne, suffirait à faire retomber les velléités d'indépendance des autochtones. Sa célèbre déclaration d'« autodétermination », de septembre 1959, devait, du moins le croyait-il, donner satisfaction aux deux parties, les musulmans d'un côté, les Français d'Algérie de l'autre. Le premier, c'est le général Massu, dont le nom reste associé à tout jamais à la « pacification » d'Alger, qui se prononça pour l'« Algérie française ». Il le fit à travers une interview donnée à un journal allemand. Aussitôt après la publication de cet article, il fut démis de ses fonctions et rappelé à Paris. Alger dressait ses premières barricades. De Gaulle mit alors toute son autorité à rétablir le contact. Dans un discours télévisé resté célèbre, habillé de son uniforme de général de brigade, il intima l'ordre à l'armée d'obéir. En parallèle, il redéfendit avec rudesse sa politique d'autodétermination. Au lendemain de cette harangue historique, les syndicats décrétaient une grève générale symbolique, pour signifier leur approbation et leur soutien à l'homme du 18 juin.

L'armée, pour sa part, se soumit, fors quelques « ultras », dont le colonel Argoud. Les mutins des barricades étaient abandonnés. Tout rentrait dans l'ordre. Du moins provisoirement. À Paris, de Gaulle avait réclamé et obtenu la mise à l'écart du pouvoir de deux pro-Algérie française, Jacques Soustelle et Bernard Cornut-Gentile, tout en recevant du Parlement les « pouvoirs spéciaux »... À Alger, des réseaux clandestins se constituaient, peu décidés à voir l'Algérie basculer hors du giron de la France. Alors que, dès 1960, la volonté du Général se manifestait de plus en plus clairement, par de petites phrases assassines comme : « La République algérienne existera un jour », ces groupuscules tissaient dans l'ombre leur toile. Ils allaient apparaître au grand jour au cours de l'hiver 1960-1961, par toute une série d'attentats spectaculaires, signés d'un sigle OAS. Cette Organisation de l'armée secrète sera en bien des points comparable à ce qu'a été, une vingtaine d'années plus tard, l'IRA, l'Armée d'indépendance de l'Irlande. Le 22 avril 1961, c'était le putsch des généraux Challe, Zeller, Salan et Jouhaud, qui prenaient le pouvoir à Alger, arrêtaient les délégués du gouvernement de la France Morin et Buron, et affirmaient leur intention de maintenir par la force la présence française. Mais, isolés face au contingent qui refusait de les suivre, ils devaient se rendre ou s'enfuir, face à l'intransigeance du Général qui déclarait, dans son discours à la nation du 23 avril : « L'avenir des usurpateurs ne doit être que celui que leur destine la rigueur des lois. » Deux chefs historiques civils de l'OAS avaient fui pareillement à l'étranger, Soustelle et Georges Bidault. Ce dernier avait été de la Résistance. C'est dans ces années de lutte pour un idéal que se forgent les liens les plus indestructibles, quelle que soit par la suite la route que l'on prenne. Or j'avais connu Georges Bidault dans ce combat contre l'occupant, quand j'étais à Lyon. Aussi, tout naturellement, quand il a eu besoin de faux papiers pour pouvoir circuler, c'est moi qui lui ai fourni un passeport. Je l'avais revu chez Me Biaggi du temps où il était recherché pour sa défense de l'Algérie française, tout comme d'autres personnalités de premier plan, André Morice, Roger Duchet, etc. Ce n'est pourtant pas pour le faux passeport que je lui avais procuré que j'ai failli connaître quelques ennuis. Mais parce que la police, sur dénonciation, me soupçonnait de me livrer à un trafic d'armes au profit des combattants de l'Algérie française. J'avais été donné par un type que j'avais connu pendant ma détention à Poissy, un officier s'il vous plaît, le lieutenant Jacques Frossard. En fait, cette fripouille avait tenté d'escroquer des fonds à l'OAS. Après que nous eûmes été confrontés l'un à l'autre, l'affaire s'est dégonflée d'elle-même, Frossard lui-même ayant avoué avoir menti, tout en reconnaissant : « C'est vrai, je suis un salaud, parce que François était mon bienfaiteur. » Il n'avait pas tort, du moins en partie. À sa sortie de centrale, où il avait été embastillé, je lui avais en effet donné des adresses d'amis susceptibles de lui venir en aide, des noms de bars que je fréquentais, où il pourrait se distraire et retrouver les plaisirs de la vie. Je lui avais même prêté mon studio. Pour me remercier, il l'avait vidé et pillé consciencieusement, poussant le zèle jusqu'à emporter mon réfrigérateur et mon téléviseur ! Un vrai gentleman ! Comme quoi, on ne fait pas toujours de bonnes rencontres, même en prison. La bave aux lèvres, cette ordure s'était jetée à mes pieds, implorant mon pardon. Je craignais qu'il ne me touche, tant sa face de crapaud me répulsait. À un moment, je marmonnai :

« Je te demande qu'une seule chose, salope, que je n'aie plus jamais à te revoir sur mon chemin ! »

Pour l'anecdote, les inspecteurs m'ont demandé ma parole d'honneur de ne pas attenter aux jours du lieutenant, parce qu'il continuait à leur servir d'indic. Au vrai, la vie d'un homme rangé n'est pas toujours aussi tranquille qu'on le voudrait.

Au cours de ces dix années où j'avais pris mes quartiers d'hiver, d'été, d'automne et de printemps au vert de Goussainville, je m'étais associé avec un ami, Jean A., dans une affaire au Maroc, bien que de ma vie je n'aie jamais foulé la terre du Royaume chérifien. Il s'agissait d'un cabaret. J'avais dû emprunter de l'argent, une somme importante, vingt millions de centimes, ce qui n'était pas allé sans mal. En effet, les divers règlements de comptes avaient décimé mes plus fidèles amis. Pas question pour autant de refuser une association placée sous les meilleurs auspices, tant l'entregent de mon ami sur place était grand et tant son projet offrait... de grandes facilités légales. Ceux qui avaient survécu par chance aux fusillades se morfondaient en prison. Il me restait un seul ami, auquel tout naturellement je pensai. Depuis des années, il me devait une fière chandelle. Entre-temps, sa route avait suivi un chemin plus conforme à ce que la société attend d'un individu, il était devenu un industriel respectable... et fortuné. Je lui rendis visite. Il me reçut à bras ouverts :

« François, quel bon vent ! Mais ça fait une paie qu'on ne s'est pas vus ! Toujours fringant.

Je profitai de cette entrée en matière placée sous le sceau de la plus franche cordialité pour lui glisser dans le creux de l'oreille :

« Tu sais, j'aurais besoin d'un petit prêt, pour installer une affaire du tonnerre de Dieu. »

Je le vis tiquer.

« François, en ce moment, crois-moi, c'est difficile. J'aimerais tant te rendre ce service, mais là, ce n'est vraiment pas le moment. Tu as besoin de combien ?

« Vingt millions.

J'ai cru qu'il allait tomber dans les pommes.

« Je peux te prêter cinq briques, parce que c'est toi. Désolé, je ne peux vraiment pas faire plus.

– Allons donc, tu ne peux pas faire plus, alors que tu es plein aux as ? Ne dis pas non, je le sais. Alors, je te le répète, ce n'est pas de tes cinq malheureux petits millions dont j'ai besoin, mais de vingt. Tu les prépares, je passerai demain les chercher. »

Il était blanc comme un linge. Pour un peu, il m'aurait fallu lui filer des claques pour qu'il retrouve des couleurs. Le lendemain, l'argent, comme par miracle, était au rendez-vous. Mon ami était en larmes. Il avait dû emprunter, le pauvre, du moins le prétendait-il.

Quand je sonnai à sa porte, quelques mois plus tard, et qu'il vint m'ouvrir, son visage était encore décomposé.

« Je suis venu te rendre ce que je t'ai emprunté. Tu peux compter, tout est là.

Ces paroles, si curieux que cela paraisse, lui rendirent le sourire.

« Ah, François, tu es un frère. J'étais sûr qu'avec toi je ne pouvais rien perdre. »

Je le coupai.

« Erreur, mon vieux. Tu as perdu beaucoup plus que vingt millions. Mon amitié. »

Mon affaire au Maroc fut en tout point florissante, ce qui me permit de vivre décemment. Je m'occupais de recruter en France des artistes qui allaient ensuite se produire sur place. Hélas pour moi, l'État marocain la saborda en 1965, comme de nombreuses autres entreprises françaises qu'il détourna à son profit. C'est une figure notoire du Milieu qui la racheta, le « gros Jo » Boucheseiche, qui s'était réfugié au Maroc auprès de son ami le général Oufkir, après l'enlèvement devant la Brasserie Lipp de l'opposant au roi Hassan II, Mehdi Ben Barka. C'est en effet dans sa maison de Fontenay-le-Vicomte que la trace de celui qui fut le professeur de mathématiques du roi, avant d'être son adversaire le plus acharné, se perdra. L'enlèvement, une spécialité à laquelle le nom de Boucheseiche, son véritable patronyme, reste décidément attaché. Deux ans avant celui de Ben Barka, en février 1963, il avait déjà été associé au rapt, en Allemagne cette fois, du colonel Argoud, l'un des leaders de l'OAS. Ce dernier l'identifiera formellement sur photo comme étant l'homme qui conduisait l'Estafette qui l'enleva, à Munich, pour le déposer, ligoté, quai de l'Archevêché à Paris, où la police française, avertie, n'aura eu qu'à le cueillir. Un scandale énorme, qui souleva l'indignation de l'opposition au Général, et jusque parfois parmi ses partisans.

Le show-biz

Tout au long de ma vie, j'ai côtoyé une belle brochette de vedettes de la chanson, du cinéma et du sport. Tant, dans ces années d'après guerre, le besoin de s'amuser, de s'enivrer de ces plaisirs dont ils avaient été privés cinq longues années, était fort chez les Français de tous horizons.

Si Tino Rossi doit à sa voix exceptionnelle d'avoir occupé le devant de la scène du music-hall jusqu'à sa mort, son frère Joseph, qui fut mon ami, avait été surnommé par ceux qui l'avaient approché « La voix d'or ». Il tenait un bar où j'allais de temps à autre prendre le pastis. Tous les Corses de Paris fréquentaient son établissement. On y parlait du pays, des payses aussi connues naguère. Les bons mots fusaient à l'évocation de ces amours adolescentes, tout comme les rires. Je m'étais lié d'amitié avec Rose Rossi, la sœur, qui habitait à Villiers, dans la banlieue est de Paris et avait épousé Gaby, un retraité de la marine.

Souvent nous nous invitions à déjeuner. Là encore, le souvenir de notre Corse natale occupait une bonne part de nos conversations. Ces bonnes relations avec le clan Rossi m'avaient permis de connaître aussi Toto, avec qui j'allais bientôt m'associer aux « Calanques ». À l'époque, j'avais une compagne, Simone, qui a partagé dix ans ma vie ; c'est elle qui était le plus souvent au bar. De fil en aiguille, c'est toute la famille Rossi qui est devenue pour moi une seconde famille. Souvent il m'est arrivé de raccompagner madame mère jusqu'à son domicile, rue de Berri.

Bien sûr, chaque fois que l'occasion lui en était donnée, le beau Tino franchissait la porte des « Calanques ». Cependant, son statut de star ne lui laissait que bien peu de loisirs et ses apparitions, pour remarquées qu'elles aient été, n'étaient guère fréquentes. Quand je l'ai connu, il partageait son existence avec une ravissante Corse, Faustine, d'avec laquelle il finit par divorcer, pour refaire sa vie conjugale avec l'actrice Mireille Balin, dont il était tombé éperdument amoureux lors du tournage de *Naples au baiser de feu*, en 1937.

Aux « Calanques », j'ai vraiment rencontré tout ce que Paris comptait de vedettes, Raimu, Fernandel, Erich von Stroheim, Paul Meurisse, Georges Marchal et beaucoup d'autres. Ils formaient une clientèle assidue, qui venait aussi souvent que faire se peut boire le pastis. Naturellement, je n'aurais pas la prétention stupide de penser qu'ils venaient pour ma présence et mon humour, d'autant qu'à vingt- cinq ans je n'avais guère de quoi briller à leurs yeux. Non, ils étaient heureux de s'attabler loin des regards appuyés de la foule de leurs admirateurs, je devrais dire plutôt de leurs admiratrices, tant les femmes rivalisaient de ruse pour croiser leur regard, et qui sait décrocher un baiser, un flirt d'une nuit ou plus si affinités. Pour moi, la présence de ces artistes de renom était tout bénéfice. J'apprenais à les mieux connaître de l'intérieur, perçant leurs qualités comme leurs défauts, tant ils se montraient alors sans fard, sans artifice. Parfois même il m'est arrivé de me lier d'une véritable amitié avec certains d'entre eux. Comment oublierais-je les moments d'intimité, entendons-nous bien sur le mot, vécus au contact de personnages aussi hauts en couleur que Jimmy Gaillard, Louis Scarletti, Dany Robin ou Raymond Bussières ? Quasiment tous les numéros un du cinéma français de l'époque. Il arrivait parfois que certains viennent prendre un verre aux « Calanques » encore tout maquillés. Je revois encore Jean Tissier, une gueule celui-là, venu se désaltérer entre deux scènes qu'il tournait alors au studio de la rue François Ier, aujourd'hui disparu. Quand, parfois, il m'arrive d'évoquer le nom de Jean avec des jeunes de trente ans, je vois bien que l'oubli a fait son œuvre. Cruel ennemi vraiment, que ce Temps qui efface tout, ou presque. Si vite. Qui se souvient encore de Roger Duchesne, qui fut avant la guerre le jeune premier du cinéma français ? Ou même de Raymond Pellegrin, l'un des acteurs les plus talentueux de sa génération, que j'ai connu au tout début de sa carrière, quand il venait de terminer son premier film avec Fernandel, *Naïs*, de Raymond Leboursier, en 1945. Longtemps, nous sommes restés d'excellents amis. Je me rappelle comme si ça datait d'hier de la sublime Gisèle Pascal, sa femme à la ville, qui avait failli épouser Rainier de Monaco. Puis le couple, comme beaucoup de couples du cinéma, s'est défait. Raymond s'est remarié avec une autre actrice, Dora Doll, que j'ai très bien connue également.

Aux « Calanques », Toto et moi avons aussi accueilli d'autres artistes dans leur genre, les sportifs. Le premier qui me vient à l'esprit est, de plus, un des noms les plus célèbres, Marcel Cerdan. Il était champion d'Europe, quand nous

nous sommes rencontrés la toute première fois. Taille moyenne pour un poids moyen, charmant garçon dans la vie, qui n'aurait pas fait de mal à une mouche, mais féroce combattant sur un ring, cet amoureux fou du football reste pour moi un champion d'exception, à la frappe redoutable. Par la suite, il est devenu champion du monde en battant l'Américain Tony Zale, alors détenteur du titre. Un combat mémorable disputé au Roosevelt Stadium de New Jersey le 21 septembre 1948. Bras ballants, équilibre précaire, jambes de coton, l'Américain doit abandonner à la fin du douzième round. Accueilli comme un héros, Cerdan met son titre en jeu le 16 juin 1949, à Detroit, contre Jake La Motta. Les coups de masse qu'assène le « bombardier marocain » seront-ils capables de mettre au tapis le « Taureau du Bronx » ? Il en a la capacité. Pourtant, le bras gauche de Marcel bat de l'aile. Au dixième round, il reste scotché sur son tabouret. Un ligament de ce bras douloureux a lâché. La mort dans l'âme, il lui faut se rendre à la raison. Sa belle couronne de champion du monde change de tête. Le rêve envolé, le champion déchu jure de récupérer au plus tôt le précieux trophée... La vie, elle, en a décidé autrement...

Marcel Cerdan fréquentait à Montmartre un bar où j'avais certaines habitudes. Ses amis étaient des Corses pour la plupart. Tous ont péri avec lui dans le dramatique accident d'avion des Açores, en octobre 1949, alors que Cerdan allait rencontrer Jake La Motta à New York.

La boxe a toujours été une de mes passions. Je suis plein d'admiration pour la noblesse des combats et pour ces seigneurs du ring que sont les champions. Pendant l'Occupation, j'ai été un spectateur assidu des salles, ce qui m'a permis de connaître Louis Thiery, qui boxait en France pendant la guerre. Plus tard, j'ai rencontré Jean Bretonnel, le célèbre entraîneur, Jean-Claude Bouttier, toujours l'un des premiers à me faire parvenir ses vœux lors d'une nouvelle année. Et je garde précieusement dans mon cœur le souvenir de soirées de liesse, quand lui, moi, Stéphane Collaro, Jacques Martin, Jean Bretonnel, le général Clément et d'autres, nous retrouvions chez Paulette, à « L'Ajaccienne », à festoyer.

Des liens d'amitié m'unissaient à Robert Charron ou encore Ray Famechon. À présent, j'ai délaissé les rings, tant ce sport que j'ai choyé n'a plus rien à voir avec celui de mon époque.

L'une de mes grandes joies reste le combat que j'ai organisé à Nice, il y a bien longtemps, avec le soutien d'un ami, ancien déporté, Jacques Franchi, entre Sauveur Chiocca et Davier. Jean Bretonnel était venu me trouver :

« François, impossible de faire disputer le championnat de France des poids walter entre Chiocca et Denvier à Paris. Trouve quelque chose. »

Ce fut donc Nice. Le combat entre les deux protagonistes fut de toute beauté. Rarement le noble art avait atteint une telle intensité. La salle était comble. Bien plus que la recette, qui m'importait au fond assez peu, fut ma joie d'avoir rendu service et par là même avoir reçu une émotion comme on n'en reçoit qu'une ou deux dans une vie, lorsque le vainqueur, Sauveur Chiocca, me fit cadeau de sa ceinture à la fin du dernier round. Il aura fallu une perquisition des flics à mon domicile parisien pour que ce précieux trophée, auquel j'étais tant attaché, disparaisse. Si Sauveur fut un très grand champion, son frère n'était pas en reste. D'ailleurs, la Corse a donné de nombreux boxeurs à la France, j'en suis fier.

Le plus surprenant chez Sauveur, c'est qu'il détestait prendre des coups. Aussi faisait-il son cinéma. J'ai rarement connu boxeur possédant un tel art de l'esquive. On eût dit un félin quand il se déplaçait. Je crois bien que, de toute sa vie de combats, pas un adversaire n'est parvenu à lui placer un uppercut, tant il y avait de la science dans sa manière d'éviter les coups. Revers de la médaille, il en distribuait peu à ses opposants. L'une des dernières fois où j'ai vu mon ami, c'était au bar du « Négresco ». Nous devisions tranquillement, du pays et du bon vieux temps. Une bombe a explosé à une dizaine de mètres de nous, devant l'immeuble où résidait le grand rabbin Kaplan, rue Andrieu. Le Sauveur, je l'ai vu littéralement plonger sous la table. Pour la première fois, il était compté K-O. Au moment où j'écris ces lignes, ces souvenirs de boxe me restent chers. Car, contrairement à ce qui se passe de nos jours, l'argent importait peu. Seuls le sport et l'amitié étaient au rendez-vous. J'ai l'impression d'avoir donné l'exemple à Alain Delon.

C'est chez mon tailleur André Bardot que j'ai fait la connaissance de Jean Marais. Un homme exquis avec qui je me suis très vite lié. Il était homosexuel et ne s'en cachait pas. Je n'étais pas du même bord, je ne m'en cachais pas non plus. Grâce à notre amitié, j'ai pu approcher d'autres de ses amis, tout aussi homosexuels mais dotés d'un humour, d'un sens de la repartie qui rendaient les soirées les plus gaies qui fussent. Lorsque Jeannot ouvrit son restaurant « Le Chamaré » juste derrière la célébrissime Brasserie Lipp, il avait eu la délicatesse de m'inviter, avec Francis Lopez, Jacques Chazot et Thierry Le Luron.

Thierry, je l'avais connu à l'Alcazar, que tenait le regretté Jean-Marie Rivière, animateur incomparable et incomparé des nuits parisiennes, dans les années 1960-1970. Fréquentaient assidûment l'endroit le beau Sacha Distel, Annabel, l'épouse du peintre phare de ces années-là, Bernard Buffet, qui a mis fin à ses jours voilà deux-trois ans. Je vidais souvent des verres en leur compagnie, comme en celle de tant d'autres noctambules, célèbres ou non.

Quand je sortais, ce qui était assez fréquent, à Montmartre chez Michou ou à Saint-Germain-des-Prés, après l'affaire Markovic, j'ai rencontré Michel Audiard et Moustache, figure emblématique du jazz et des rallyes automobiles, qui s'est au demeurant tué en voiture. C'est encore à cette époque que j'ai fait la connaissance du chanteur Carlos. Il tenait le bar « Le Bistingo », dans ce Quartier latin où il connaît tout le monde et où tout le monde le connaît et où il habite depuis tant d'années. J'arrive là-bas un soir, il y avait Michel Sardou, Michel Delpech. Carlos me dit :

« François, tu veux pas venir avec moi ? Tu te déguises en papa Noël, je fais le Noël des enfants de l'anti gang. »

Vous imaginez ma tête.

« On te reconnaîtra pas.

– Oh, tu déconnes ou quoi ? »

Il parlait sérieusement.

« Tu te rends compte, s'ils me reconnaissent, comme cadeau, je vais avoir droit à une paire de bracelets. »

Il voulait m'emmener, persuadé qu'on ne m'aurait jamais reconnu. Sacré Carlos, capable de parler littérature pendant toute une soirée, ou psychanalyse, héritage de sa maman, la célèbre Françoise Dolto, puis le soir suivant de conter mille et une blagues. Homme de cœur aussi, on le sait moins, qui rend très souvent visite, dans la plus grande discrétion, à des détenus ou des enfants gravement malades, pour leur apporter un peu de cette chaleur humaine qui, quand on souffre, est si importante. Oui, derrière l'image de clown bon vivant qu'il affiche à la télévision, se cache une grande tendresse, une authentique sensibilité. Un type bien, comme je les aime.

Autre personnage attachant, le compositeur à la formidable carrière, Francis Lai, devenu un ami suite à la rocambolesque aventure suivante...

Un ami me téléphone un jour, Raymond, venu si souvent me voir pendant mon incarcération à Versailles dans l'affaire Markovic, ayant obtenu du juge Patard un parloir.

« François, il faudrait que tu me rendes un service. J'ai un de mes amis, tu connais son nom, Francis Lai, qui a un emmerdement. Un gros emmerde même.

– Si tu penses que je peux faire quelque chose !

– J'en suis sûr, il faut que tu le tires de là.

– Qu'est-ce qui lui arrive de si grave ? Il a plagié une mélodie, et l'auteur veut lui mettre la tête au carré ?

– C'est bien plus grave, rigole pas !

– Bon, vas-y, je t'écoute.

– Voilà, Francis a couché avec une pute et le maq est venu le voir. Il lui fait des histoires. Ce serait con qu'il lui arrive quelque chose pour une connerie.

– Mais il a couché, couché ? Ou il est tombé accro de la nana ?

– Le mieux, François, c'est que tu le rencontres. Il te dira de vive voix comment ça s'est passé. »

Nous convenons d'un rendez-vous chez le compositeur. Là, il m'explique tout. Il ignorait que la fille était maquée. Et c'est vrai que chez les proxos, piquer une de leurs « gagneuses » peut avoir des conséquences fâcheuses, au mieux une sévère correction, au pire la mort.

Notre Francis n'en menait pas large, à l'évidence.

Je lui promis de m'occuper de son affaire.

« Sois tranquille, je vais aller le trouver, ton bonhomme... et je te ferai même rembourser la passe ! »

Ce qui avait été dit fut fait. Tout s'est arrangé au mieux de son intérêt.

Pour me remercier, il m'a offert un disque de Piaf, jamais sorti dans le commerce et donc totalement inédit, *L'Homme de Berlin.*

S'il en est un qui fut de mes amis et que je n'ai pas oublié, même disparu, c'est Francis Lopez.

Notre première rencontre, furtive, avait eu pour cadre l'appartement de la comédienne Yvonne Paris. Il était veuf de sa première femme. Je l'ai par la suite régulièrement revu avec sa seconde épouse, l'inoubliable Anja, une ravissante brune. Un jour, ou plutôt un soir, ce devait être en 1971, au moment où il montait l'opérette *Gipsy*, débarqué à Saint-Tropez, il m'attendait au « Vroom-Vroom », une boîte branchée qui appartenait à mon frère. Il me prend à part :

« François, il faut absolument que tu me rendes un service, je ne peux pas monter à bord de mon yacht.

– Comment ça ?

– Feriel m'en empêche, il est sur le bateau avec Anja.

– Qu'est-ce que c'est que cette histoire de fous ? »

Les Lopez possédaient en effet un superbe yacht amarré dans le port de Saint-Trop. Et juste à côté, mouillait celui de François Feriel et de sa femme. Banquier de profession, Feriel avait financé l'opérette *Gypsy*. Peut-être pour se rembourser des frais, importants, engagés, il était devenu l'amant d'Anja.

Sur place, j'ai arrangé le coup et Francis a pu réintégrer le bord. Évidemment, pendant des jours et des jours, nous fîmes la fiesta ensemble dans Saint-Trop. Par la suite, j'ai côtoyé tant Lopez que Feriel, qui, comprenne qui pourra, étaient devenus les meilleurs amis du monde jusqu'au jour où le banquier s'est fait kidnapper à Cannes, dans la somptueuse villa *Gypsy* que possédaient les Lopez, dans le secteur le plus chic du quartier de la Californie, le 25 septembre

1976. Une histoire abracadabrantesque, comme le dirait si joliment Jacques Chirac.

Ce samedi-là, Feriel venait de garer, sur le coup de minuit et des poussières, sa Rolls blanche devant le portail de la propriété, de retour avec Francis et Anja d'un dîner au Palm Beach. Alors que le compositeur de *Violettes Impériales* s'effaçait pour laisser entrer sa femme et le banquier, quatre individus masqués, jaillis d'on ne sait trop où, pointèrent le canon de leur arme sur le couple, intimant l'ordre à Feriel de se coucher au sol. Une voix troua la nuit :

« Les bijoux, grouille-toi ! »

En moins de deux, Anja fut dépossédée d'un brillant, d'une émeraude et d'un ravissant collier en or, tandis que Francis, toujours sous la menace, se voyait contraint de remettre sa montre, une Rolex. Loin de se satisfaire de ces petits trésors, ils exigèrent que la clé du coffre qui se trouvait dans la chambre de Feriel leur fût donnée. Contre de tels individus déterminés, que faire d'autre que de s'exécuter ?

Anja, je l'ai dit, était la maîtresse de Feriel. Cette affaire a mis un peu d'huile sur le feu entre Francis et moi, parce que Francis Lopez était un ami et il a pensé, à un moment, que j'avais été le commanditaire du vol. Après, nous nous sommes réconciliés. Je suis allé à l'enterrement d'Anja. En revanche, et je l'ai regretté, je n'ai pu aller à celui de Francis. Il est vrai que ce m'eût été difficile, j'étais en prison, à la Santé ! Pour le fin mot de l'histoire, j'ai touché de Feriel deux cent mille francs, mais parce que j'étais en affaire avec lui, non parce que j'aurais monté son enlèvement. J'aurais dû lui en prendre un peu plus. Cet argent ce n'était pas du racket. Je lui faisais payer mes services. Normal, il avait une banque à lui. C'est dire combien sa fortune était immense. Il s'est par la suite marié avec Betty Ulmer, l'ancienne femme de Georges Ulmer. Feriel avait un peu peur de moi.

Il couchait avec Anja. Or Francis, lui, croquait là-dessus. Quand Feriel a réalisé le montage financier de *Gypsy*, il a investi une grosse mise de fonds. C'était un malin, Francis. Je n'irais pas jusqu'à dire qu'il faisait un peu le mac mais ce n'en est pas bien loin : il passait la main, ou fermait les yeux, sur des choses qui ne se font guère! Anja, en dernier, était avec un milliardaire espagnol quand l'hélico s'est écrasé. Pourtant elle était toujours mariée avec Francis. Dans le coup de l'enlèvement, que ce soit mon dernier cigare, je n'y suis pour rien. Tout a été monté à Cannes et dans leur entourage, c'est une certitude. Même Tino Rossi n'a pas voulu servir de témoin. Le coup a été réalisé par un garçon un peu truand sur les bords, gigolo à ses heures, qui couchait sûrement aussi avec Anja, car elle avait du tempérament. Je pourrais révéler son nom maintenant, il est mort. Mais aujourd'hui, quelle importance ? Qu'ils reposent tous en paix. Pour ma part, après l'affaire Markovic qui mettait, avec Alain Delon, le monde du show-biz en avant, après celle-là qui révélait les dessous de l'opérette, je commençais à m'inquiéter pour la troisième ! Pour sûr ce serait le cirque cette fois, avec mon ami Zavatta !

Avec le couple Lopez, nous descendions souvent dans les boîtes de la Côte ou à Paris. C'est dans l'une d'elles, à l'Élysée-Matignon, que j'ai connu l'un des frères de François Mitterrand. Un homme de grande classe, à la parfaite éducation et d'une extrême gentillesse. C'est encore dans ce haut lieu du Tout-Paris, à deux pas du Rond-Point, que Raymond Pellegrin m'a présenté l'acteur Jean-Claude Pascal. D'un physique de jeune premier, je me régalais de sa voix chaude de crooner à la Sinatra quand il chantait *Nous, les amoureux* à la télévision, sempiternellement filmé, à sa demande, sur son profil gauche, persuadé qu'il était que ce profil le rendait plus avantageux que le droit ! Ah, ces artistes et leur paraître ! Il possédait une maison à Gambais, non loin de mon repaire de Goussainville. Une sympathie mutuelle s'est établie entre nous deux, qui est allée grandissant. D'une intelligence vive, d'une érudition jamais prise en défaut, il m'est souvent arrivé de partager des dîners en sa compagnie. Pourtant cette amitié prit fin un jour. De mon fait.

Jean-Claude avait gagné la Tunisie pour y tourner *Angélique et le Sultan* en 1967. N'oublions pas que, artiste complet, il excellait tout autant dans la variété qu'au septième art, où sa prestance, son allure de dandy en imposaient. Au cours de ce tournage, que réalisait Bernard Borderie, le beau Jean-Claude tomba sous le charme de la petite ville côtière d'Hammamet, au point d'acheter une superbe propriété en bordure de mer. Plusieurs fois, il me convia à venir y séjourner. Sûrement, j'y serais allé. Quitter Paris quelques jours, sa grisaille coutumière pour me retrouver sous le bleu du ciel et le vert des palmiers avait de quoi m'attirer. Je m'abstins pourtant, quand j'appris que cet eldorado servait de décor à des parties fines, où toute présence féminine était exclue, mais où se voyaient conviés tous les adolescents arabes de la région. Jamais, je ne le revis. Il est mort dans un quasi anonymat, dans l'indifférence générale, après avoir vu son nom briller au firmament des étoiles du cinéma et de la chanson.

Charles Aznavour, qui vient de triompher, à soixante-seize ans, au Palais des Congrès, occupe une place toute particulière dans mon cœur. Nous nous connaissons depuis fort longtemps. Tout le monde connaît, en France mais aussi aux États-Unis, la carrière exceptionnelle de ce petit bonhomme devenu un grand monsieur. Ce que le public ignore, en revanche, ce sont ses qualités de cœur et sa fidélité en amitié. J'en ai fait l'heureuse expérience alors que je croupissais dans une geôle de la Santé, en 1994. La première lettre que j'ai reçue, en cellule, était signée de sa main. Elle se concluait ainsi : « Dans les moments difficiles, on compte ses amis. Vous pouvez compter sur moi. » Ces lignes, je les ai lues et relues. Elles m'ont fait chaud au cœur. Merci, monsieur Aznavour.

Autre immense artiste, assurément le chou-chou des Français depuis des décennies, à avoir compté dans ma vie, Jean-Paul Belmondo. C'est l'écrivain, réalisateur et ancien taulard José Giovanni qui me l'avait présenté, voilà bien longtemps. Un jour, je déjeunais au Royal- Monceau avec Bebel et son fils Paul. À un moment, le fils dit au père :

« Papa, il y a longtemps que tu connais monsieur François ?

– Ah, tu étais pas né ! »

C'est un des plus anciens que je connaisse, assurément, le plus ancien de tous étant le regretté Jean Marais. Ce qui me rapprochait de Bebel, c'était la boxe. Il m'a gardé toute son amitié pendant ma détention lors de l'affaire Markovic.

Voilà quelques années, à l'époque où il triomphait avec son spectacle sur Marie-Antoinette, je rencontre fortuitement Robert Hossein, grand ami de Bébel, et avec qui j'entretiens des relations de sympathie. Nous discutons un moment. Puis, je ne sais comment c'est arrivé dans la discussion, j'évoque une lettre que je lui ai fait parvenir, dans laquelle j'avais écrit : « Ne cherche pas le coupable, il est dans telle cellule ! » Il a bien reçu ma missive. Mieux, m'explique-t-il, il s'est déplacé à Fresnes, ma résidence secondaire du moment ; « Je t'ai apporté un colis, avec du champagne, du Sauternes, du caviar. Mais les matons n'ont pas voulu me laisser entrer, ni accepter le colis ».

J'ai comme une petite idée de ce que le précieux

contenu a pu devenir. C'est la deuxième fois qu'un colis qui m'était destiné a régalé d'autres palais. Le premier m'était venu de Charles Aznavour.

Au terme de ce voyage dans le monde du show-biz, comment ne pas évoquer quelques figures féminines qui ont jalonné ma route ? « Les Calanques » ont été pour moi un formidable tremplin pour assouvir ma passion des femmes. Ginette Leclerc, Yvette Lebon, Viviane Romance, autant de célébrités avec qui j'ai partagé de bien agréables moments. Ginette Leclerc, j'avais des photos dédicacées d'elle. La police me les a piquées, tout comme la ceinture du champion de France. Merci, messieurs.

Parmi les dames qui m'ont honoré de leur plus qu'amitié, il en est une dont l'image me poursuit, tant d'années après. Celle de Bella Darvi, actrice d'origine polonaise. Elle avait été la maîtresse de Darryl Zanuck. Elle était restée d'une grande beauté. Souvent, elle venait dans ma maison de campagne. Pas seulement pour me raconter ses films, quand bien même son passé de star à Hollywood l'obsédait. Après m'avoir relaté en long, en large et en travers ses exploits sur pellicule, dont le film *L'Égyptien* de Michael Curtiz, en 1954, au plus fort de la grande mode des péplums, ou encore ses prestations remarquées auprès de l'immense acteur Richard Widmark, elle se laissait aller à des relations nettement plus agréables pour moi. Mais qu'il me paraissait long, le temps écoulé entre la douceur de son corps contre le mien et la consultation obligatoire de son press-book ricain, dont elle ne se départissait jamais, m'infligeant, mon esprit tourné ailleurs, la fastidieuse découverte de photos d'elle que j'avais fini par connaître par cœur. J'ai un souvenir, deux même, précis d'elle. Le premier a pour cadre ma maison de Goussainville, à la pleine saison estivale.

Bella était venue pour trois jours. J'avais un corbeau qui s'appelait Brutus, que j'avais trouvé blessé dans les champs, puis soigné et adopté. C'était mon meilleur copain. Il avait une force extraordinaire. Alors qu'avec Bella, rayonnante dans son short qui moulait ses formes à ravir, et quelques amis nous étions dans le jardin à déjeuner, sur la table que m'avait offerte Rita Cadillac, la strip-teaseuse vedette du Crazy-Horse, le corbeau est venu droit par-derrière elle, et l'a piquée à une cuisse. Elle avait un bleu énorme. Quel scandale elle m'a fait ! Elle avait beau être dans une phase descendante, ne tournant pour ainsi dire plus, on eût dit que de ce maudit corbeau dépendait l'incertitude du lendemain.

Quelque temps plus tard, elle m'appelle tard dans la soirée et me dit :

« Tu sais, François, tu m'as donné une chaude-pisse !

– Non mais écoute, tu rigoles ? »

Elle rectifie le tir :

« C'est peut-être pas toi, parce que j'ai couché avec le Coréen ! »

Le Coréen, un colosse associé au clan des Lyonnais, les Roger Bacry, Marcel Gauthier, JeanClaude Vella et compagnie. De son vrai nom Marcel Barokhel, il s'est fait dessouder le 11 octobre 1973, de trois rafales de pistolet-mitrailleur, alors qu'il venait rendre une visite à sa vieille mère, rue Dulong. Les deux calibres qu'il portait en permanence sur lui ne lui ont servi à rien, ce jour-là. La signature du crime porte un nom célèbre, celle des Zemmour.

« T'as couché avec lui quand ?

– Y a quatre jours.

– Voyons, qu'est-ce que tu me chantes, moi c'était y a un mois ! Je vais t'envoyer un certificat médical. »

J'ai éprouvé une peine sincère quand la nouvelle de son suicide m'est parvenue, en 1971, à Monte-Carlo. Elle sortait du casino, sa passion, son démon. Joueuse incorrigible, elle s'était, au fil des années, ruinée. Et comme sa carrière ne lui permettait plus d'engranger les substantiels cachets d'antan, quand elle était un des astres de Hollywood, ses mises au baccara, au chemin de fer, avaient eu raison de sa fortune. Peut-être aussi faut-il voir, dans cette mort volontaire à quarante-trois ans, l'aboutissement de cette longue descente aux enfers, dans le milieu si cruel du cinéma. Elle avait un projet de film, en France. Comme cela arrive fréquemment, le projet n'a pas abouti. La goutte d'eau qui a fait déborder le vase ?

Bella, du temps où elle vivait à Paris, logeait dans le 16e arrondissement, avenue Paul-Doumer, dans un immeuble très connu des membres du show-biz et de son cortège de courtisans de tous bords. Au numéro 19, s'élevait un corps de bâtiment à usage un peu particulier. Le promoteur Féaud avait eu l'idée de mettre à la disposition d'une clientèle de célibataires des studios fonctionnels comprenant une pièce de séjour avec baie vitrée donnant sur l'avenue, une kitchenette équipée et une salle de bains. Les studios se louaient sans problèmes et servaient d'habitation temporaire à de jeunes comédiens débutants.

Le concierge, un brave Espagnol qui aurait assurément fait fortune s'il avait publié ses souvenirs, surveillait tout son petit monde pour éviter les dérapages, fermant en contrepartie les yeux sur certaines allées et venues. Il tenait également le standard téléphonique qui desservait l'ensemble des studios et, en guise de distraction, passait une grande partie de ses nuits à écouter les confidences de ses locataires.

C'est dans cet immeuble que j'avais croisé la toute première fois Bella Darvi. Nous partagions l'ascenseur. Je venais de rendre visite à Mireille Darc qui occupait un studio au troisième étage et Bella descendait de chez elle, au cinquième. Sa grande beauté ne pouvait me laisser indifférent. Je me montrais sensible à ses problèmes dans les salles de jeux de la capitale ou dans les casinos de la Côte normande. Comme toutes les joueuses en situation de mauvaise passe, elle était prête à tout pour trouver de l'argent. Elle avait un art consommé du mensonge. Et savait jouer mieux que personne des charmes que dame nature lui avait généreusement offerts.

Outre Mireille Darc et Bella Darvi, occupaient aussi des studios au 19, avenue Paul-Doumer le producteur Francis Cosne, qui a eu entre autres succès *Fanfan la Tulipe*, avec l'inoubliable Gérard Philipe, Maurice Ronet, aujourd'hui disparu et dont la prestation dans *La Piscine*, aux côtés d'Alain Delon et de Romy Schneider, a fait de lui une immense vedette, Robert Hossein qui partageait le huitième étage avec Jean Lefebvre, Yori Bertin et Robert Dalban, aux testicules si gros qu'il pouvait dissimuler un réveil derrière ses attributs. Au septième habitait la belle aventurière Mitsouko, pensionnaire particulièrement recherchée et appréciée pour sa classe et son sex-appeal chez Fernande Grudet, plus connue sous le nom mythique de Mme Claude. La fringante et accorte jeune femme avait défrayé la chronique en participant au rapt du petit Éric Peugeot, héritier de la grande famille automobile. À côté, Dawn Addams, la compagne de Charlie Chaplin, qui fut la vedette féminine d'*Un roi à New York* avant de tourner avec Otto Preminger et Fritz Lang. Elle cachait à Paris ses amours coupables avec le producteur Georges Cheyko, qui fut le producteur avec Dawn Addams et Alain Delon de *La Tulipe noire*. Le grand acteur et séducteur italien Ugo Tognazzi arrivait pour sa part chaque vendredi soir pour passer un week-end charnel avec une starlette italienne à chaque fois différente. Descendez un étage. Vous voici chez le producteur de *Jeux interdits*, Robert Dorfmann. Un expert probablement en la matière puisqu'il exerçait son aura sur sa « camarade de jeux », la piquante Andréa Parisy. Les sœurs jumelles Gisèle et Marie-Pierre Sandré étaient dans l'autre aile. Leur ressemblance était telle que Jean-Louis Jaubert, le leader des « Compagnons de la chanson », amoureux de Marie-Pierre, ne savait jamais s'il avait dans son lit sa copine ou la sœur !

Tous les soirs, un gendarme motocycliste venait raccompagner sa fille, qui tenait un petit rôle très dévêtu dans une revue du théâtre Wagram, *Une femme par jour.* Tout un programme ! Elle s'appelait Nadine Tallier et occupait un studio au troisième. Quelques mois passèrent. Un beau jour, les locataires ne virent plus la motocyclette paternelle au bas du numéro 19. En lieu et place, une rutilante Rolls Phantom V la déposait. Celle du baron de Rothschild, qu'elle devait épouser plus tard, devenant du même coup la célèbre baronne Nadine de Rothschild.

Un chroniqueur très en vue habitait au premier étage. Il s'appelait Richard Balducci. Il avait fait le tour du monde avec Charles Aznavour, l'un chantant, l'autre assurant sa promotion. Balducci avait conquis de haute lutte le poste de directeur de la page parisienne d'un grand magazine. Il alimentait sa rubrique hebdomadaire en surveillant tous les déplacements des locataires de l'immeuble. Il concoctait dans sa kitchenette une gigantesque soupe de fèves au lard de marcassin, comme la mijotait sa grand-mère en Corse. Chaque dimanche, tous les copains de l'immeuble s'en régalaient.

Dans le hall, c'était aussi un va-et-vient incessant de gens venus de l'extérieur. Au milieu d'inconnus, tous sexes confondus, on notait de furtives apparitions de Johnny

Hallyday, Marina Vlady et Vadim, sans jamais savoir au demeurant chez qui ils se rendaient.

Brigitte Bardot venait souvent en voisine, du 71 où elle résidait. Principalement quand elle avait des problèmes avec Jacques Chazot. Elle arrivait parfois à l'improviste, pour participer aux fêtes que donnait Hossein ou Ronet. Lorsqu'elle croisait Alain Delon, elle ne manquait jamais de lui dire : « Il faudra bien qu'on fasse un film ensemble. » Il était patent que la star numéro un du cinéma français rêvait d'inscrire le bel Alain à son tableau de chasse. Aussi, lorsque Francis Cosne lui proposa de jouer des sketches du film de Michel Boisrond, *Les Amours célèbres*, l'inoubliable interprète de *Et Dieu créa la femme* n'accepta qu'à la condition que son partenaire fût Delon.

Connaissant les véritables raisons pour lesquelles Brigitte tenait tant à l'avoir à ses côtés pour le septième art, il se joua d'elle pendant tout le tournage qui se déroulait la plupart du temps dans une piscine, corps contre corps... Elle y mit toute sa science ès séduction. Rien n'y fit. Delon resta de marbre, joua l'indifférent. Pire, pour la mettre hors d'elle, il fit un brin de cour à Martine, la doublure image de Bardot. Tout le plateau s'amusait à voir la blonde midinette passer le plus clair de son temps disponible dans la loge de Delon.

Alain Delon, mon ami de quarante ans

Alain Delon, je l'avais connu, croisé conviendrait mieux, alors qu'il était jeune matelot, à Toulon. C'était pendant l'été 1953. Il venait de s'engager dans la marine et, après son centre de formation à Pont Réan puis un bref passage à Bormes-les-Mimosas, il s'était retrouvé à Toulon. Il fréquentait « Le Marsouin », un bar que tenait mon frère dans le quartier chaud du port, surnommé Chicago, tout proche de l'arsenal et de la vieille prison. En fait, une rue principale, avec des ruelles adjacentes pleines de bars à matelots, que fréquentaient les putes entre deux passes ou après leur temps de travail. Des bagarres parfois éclataient, que le taulier réprimait à force coups de nerf de bœuf. Des endroits comme il en existe dans toutes les villes portuaires du monde. Au fil des mois, c'est toute la famille Marcantoni qu'Alain a côtoyée. Mon autre frère, Lucien, avait ouvert un bar à Beaurencontre. Alain lui rendait visite chaque fois qu'il descendait à la plage.

Delon n'était bien évidemment pas encore acteur. Lui eût-on dit alors ce qu'il deviendrait des années plus tard, qu'il en eût été fort surpris.

Puis il mit le cap, en 1954, sur l'Indochine.

J'étais à Paris, quand mon frère, un jour, me téléphona :

« Est-ce que tu te souviens du beau gosse que je t'avais présenté au "Marsouin", un jeune matelot qui a bourlingué en Indo ? Il fait maintenant l'acteur et joue en ce moment une pièce. Tu devrais aller le voir, il se souvient de toi... »

Nous étions en 1961. Quarante ans ont passé déjà. Pour moi, c'est encore hier.

Je me suis donc rendu un soir de 1961 au Théâtre de Paris, le théâtre d'Elvire Popesco. J'étais accompagné d'un ami qui connaissait bien Alain Delon, Sauveur Chiocca. Sauveur l'avait entraîné, l'année précédente, pour les scènes de boxe de *Rocco et ses frères*, le film de Visconti. Et Sauveur était d'ailleurs dans le film, l'adversaire du dernier combat livré par Alain.

Alain Delon était dans la pièce *Dommage qu'elle soit une P.*. La mise en scène était signée Visconti. Sa partenaire était une Allemande, très blonde, très belle. Elle s'appelait Romy Schneider. Après le spectacle, je l'ai retrouvé. Nous avons parlé du passé, de ce qu'il avait fait après avoir quitté la marine, comment il était devenu artiste. Plusieurs années s'étaient écoulées depuis notre première rencontre. Au « Marsouin », mon frère vivait avec sa compagne, Rita, qui s'était tout de suite prise d'affection pour Delon. Elle lui confectionnait ses sandwiches, lui donnait à manger même quand il n'avait pas de quoi payer. Ça, Alain ne l'a jamais oublié.

Nous sommes toujours restés en relation. J'allais souvent déjeuner chez lui. J'étais toujours très chaleureusement accueilli. Tout de suite il m'a présenté à son imprésario et ami, Georges Beaume, qui l'avait repéré à Toulon et l'hébergeait dans son appartement-grenier du quai Malaquais, au numéro 3... Quand il tournait hors de France, il m'envoyait des billets d'avion. Pour les équipes des films, j'étais un ami. Ce que tous ignoraient, c'est que, au-delà d'une amitié réelle, j'assurais sa sécurité, une de mes spécialités. Ses fréquentations d'alors n'étaient pas toutes recommandables. Il pouvait arriver qu'il eût des ennuis. Et quand bien même il n'en avait pas, il avait l'art de les provoquer. J'étais donc là, confident et garde du corps à la fois. En cas de pépin, il lui fallait disposer de quelqu'un pour le soutenir. J'étais l'homme qu'il lui fallait. C'était avant l'affaire Markovic.

Lorsque Romy venait à Paris, c'est chez Georges Beaume qu'elle vivait avec Alain.

Proche de l'acteur, c'est tout naturellement que je suis devenu un familier de ses diverses compagnes. Parfois, j'en conviens, il m'est arrivé de profiter de certaines occasions que tout homme normalement constitué n'aura aucun mal à absoudre. Certaines étaient si belles. Et si déterminées à conquérir le cœur du bel Alain. Or, pour accéder d'abord à sa loge ou à sa caravane, un barrage filtrant s'opérait, pour qu'il ne soit pas incommodé par tout un chacun. Certaines croyaient qu'il leur fallait passer par moi pour accéder à la vedette. Je ne cherchais nullement à les en dissuader, tout au contraire. La plupart, bien sûr, n'avaient jamais accès à sa porte. Pour ma part, je n'avais donc pas à me plaindre d'une situation plutôt enviable.

Rien de tel, en revanche, avec Romy, dont je devins, même pas malgré moi, le confident. Je me rappelle très bien un séjour en Italie. Alain venait de terminer *Rocco et ses frères*, à Milan. À l'hôtel Principe e Savoia, il restait très peu de chambres, en raison de la foire de Milan ; il avait donc fallu qu'Alain partage l'appartement de Luchino Visconti. Plus tard, tout le monde s'est retrouvé à Rome, pour visionner les rushes.

Au restaurant de Cinecitta, la Mecque du cinéma transalpin, Visconti présente Delon à Michelangelo Antonioni. À un moment, le cinéaste prend l'acteur à part :

« Je n'avais pas pensé à vous. Mais maintenant que je vous vois, vous êtes exactement le personnage qu'il me faut pour *L'Éclipse* que je commence à tourner dans un mois.

– Dans un mois ? Désolé, mais je crois bien que ce ne sera malheureusement pas possible, je n'aurai pas terminé avec M. Visconti.

– Pas grave. Je vais retarder mon film jusqu'à ce que vous soyez libre. »

À Rome, Alain était soigné comme un coq en pâte, dans la somptueuse villa de Visconti. Qu'il devait lui paraître loin, le temps du « Marsouin », du pastis qu'il ne pouvait pas payer et de deux ou trois copains de galère.

Pour ma part, je disposais dans la villa de ma propre chambre. Dans les combles, vivait un autre habitué des films du maître, un superbe athlète que le réalisateur avait trouvé sur la plage d'Ostia, où il exerçait son activité de maître-nageur, Renato Salvatori. Pendant le tournage de *Rocco et ses frères*, le bellâtre tomba amoureux d'Annie Girardot. Un jour, s'armant de courage, il demanda la main de sa belle partenaire. À son immense surprise, la star accepta. C'est ainsi que le jeune protégé de Visconti devint le bienheureux époux d'Annie.

Le soir, nous sortions, via Veneto. Nous disposions d'une table, au « Café de Paris », juste en face de l'hôtel

Excelsior. Il y avait une troupe de danseuses de passage à Rome. Delon avait fait la connaissance de l'une d'elles. Une aventure s'était ensuivie. Sans doute avait-il dû promettre un hypothétique mariage, dans l'enthousiasme du moment. Promesse évidemment non tenue. La fille avait très mal pris la chose. Déjà la presse à potins s'était emparée de l'histoire... Un soir, j'étais dans ma chambre. Il faisait noir. Seule la télé était allumée. Soudain, une des danseuses entre sans frapper, un chandelier éclairé à la main :

« Bonsoir, je cherche Delon. »

C'était la fameuse fille qui voulait lui mettre le grappin dessus. Mais comme je l'en avais prévenu, lui ne mettait plus les pieds à la villa. Cette simple anecdote illustre bien les rapports passionnels qu'a pu susciter Alain Delon.

Une autre fois, nous nous trouvions chez Simone Paris, avenue Junot, à Montmartre. J'étais très ami avec Simone et Jacques Vildieu, son compagnon, qui était l'assistant de Lelouch, à l'époque. À cette soirée, il y avait aussi Christine, la femme de Claude. À un moment, une dispute a éclaté entre Christine et Alain. Le ton est monté. En quittant l'appartement, alors que nous étions sur le trottoir, Christine balança un pot de fleurs. Une chance, il tomba à quelques centimètres d'Alain. Il eût été dommage que la carrière de l'acteur prît fin de manière aussi insolite. Maintenant, quand j'entends ce slogan : « dites-le avec des fleurs », je repense à cette soirée... et j'en ris.

Après l'Italie, j'ai connu, toujours auprès d'Alain, l'Espagne. Il y bénéficiait d'une énorme cote de popularité. Nous séjournions, pendant le tournage de *La Tulipe noire* à Caceres, dans une luxueuse propriété. Un après-midi que je me trouvais à ses côtés au bord de la piscine, un domestique vient annoncer l'arrivée d'Ava Gardner, qui possédait une villa voisine... et une somptueuse voiture décapotable. Elle était accompagnée de danseurs ibériques, encore plus beaux qu'elle. J'admirais l'artiste. Je me dois de dire que la femme m'a plutôt déçu. Elle buvait sans cesse du gin qu'elle mélangeait avec tout ce qui lui tombait sous la main. Une heure après son arrivée théâtrale, complètement décoiffée, elle continuait à picoler sans vergogne. Jeune encore dans sa quarantaine resplendissante, il était clair qu'elle se détruisait par l'alcool, ce qui la rendait indésirable partout où elle passait. C'était l'époque où la star américaine, qui fut l'épouse de Sinatra, se liquéfiait d'amour pour un toréador au nom célèbre, Miguel Dominguin. Il y avait eu aussi Ordonez, autre star de la tauromachie. Là, elle jeta son dévolu sur Alain. Lui se défendait de céder à des avances de plus en plus précises. Et pressantes. À ses yeux, comme pour nous tous, elle était « Pandora ». On ne touche pas à un mythe. La voir s'avachir, se saouler chaque soir, nous attristait. Un soir, elle a débarqué dans un restaurant où nous étions attablés. On a appelé Alain à la réception, parce que le maître d'hôtel ne voulait pas la laisser entrer. Quelques jours auparavant, en effet, elle avait causé un scandale et le personnel en avait gardé un si mauvais souvenir qu'il avait été décidé, en accord avec la direction, de lui interdire l'accès à la salle. Malgré tous les efforts d'Alain pour faire infléchir cette décision, rien n'y fit. Ensemble, ils devaient tourner *Les Voyages de Marco Polo,* produits par Raoul Lévy. Mais le film ne s'est jamais fait.

Nous sommes revenus ensuite en Italie, où Delon était très sollicité. Dans son entourage figuraient Anna Magnani, Gina Lollobrigida, Vittorio de Sica. Ce dernier était un personnage éminemment sympathique. Quelques années après, je l'ai revu à Paris. Il venait jouer au « Grand

Cercle » que je fréquentais, tout à côté de l'Étoile. Quand il me voyait, il s'approchait et me lançait, en roulant les r :

« Oh, Francesco ! »

Souvent, avec Alain, nous nous retrouvions sur la Côte d'Azur, à Cannes, pour voir mon frère Charlie. Mémé Guerini tenait un bar, « L'Ascott ». J'ai fait les présentations. Tout de suite, le courant est passé entre eux deux... En 1964, pendant le tournage du film *L'Insoumis* d'Alain Cavalier, qu'il tournait au-dessus de Marseille, dans les Goudes, Alain a fait une mauvaise chute, lors d'une scène d'action, de mitraillage, où il courait sur un parcours de détonations. À un moment, il a basculé et est tombé quinze mètres plus bas. Un miracle, il ne s'est rien cassé. Il souffrait cependant d'un terrible hématome et ne pouvait bouger. Le comique de l'histoire, et qui montre bien le poids, en ce temps, du Milieu sur la Canebière, c'est qu'il n'a pas été fait appel aux marins-pompiers mais à Mémé ! Comme son importance dans la cité phocéenne était grande et ses relations influentes, il est venu en personne dans une ambulance chercher un Alain qui souffrait le martyre, pour le diriger vers l'hôpital, où son chirurgien personnel s'est occupé de l'acteur. Une semaine plus tard, la chute n'était plus qu'un mauvais souvenir, et le tournage pouvait redémarrer avec la star.

Cette amitié entre les deux hommes s'est encore renforcée lorsque Alain a décidé de s'installer à Aix-en-Provence. Il en avait marre de Paris, du ciel gris. Il pensait qu'une carrière pouvait se poursuivre ailleurs que dans la capitale. Il fit donc l'achat d'un hôtel particulier et imposa que les scénarios qu'on lui écrivait eussent pour cadre le Midi. Ce qui explique qu'en 1968, au moment de l'affaire Markovic, *La Piscine*, avec Romy et Maurice Ronet ait eu pour décor

Saint-Tropez. Cette parenthèse méditerranéenne dans la vie d'Alain a tout de même duré quatre ans. Avant qu'il ne s'y installât, quand Alain descendait dans le Sud, il était souvent accompagné de Nathalie, qui le menait par le bout du nez. Alain, à cette époque, était gros joueur. Il fréquentait assidûment les Casinos et autres cercles privés. Je me souviens d'un soir, à Cannes, où il ne quittait pas le tapis vert des yeux. Il gagnait. Beaucoup. Nathalie, qui avait hâte de rentrer et de se couler contre celui qui n'était pas encore son mari, lui fit une scène terrible :

« Viens, on s'en va, j'en ai marre !

– Si tu veux te tirer, tire-toi ! »

La salle était médusée. Furieuse, Nathalie a quitté l'endroit. Par la suite, Alain m'a raconté qu'il était revenu sur le coup de quatre heures du matin, avait allumé la lumière de la chambre et avait jeté sur le lit la liasse de billets gagnés dans la soirée, en lâchant simplement :

« Tiens ! »

Dans les moments de veine, même la plus belle femme du monde s'efface devant la passion du gain.

Nous retournions assez souvent à Toulon. Pas un bar où sa photo ne trônât en bonne place. Et pourtant... Un soir, nous nous pointons devant « Le Caveau », une boîte select :

« Complet, messieurs, la soirée est privée. »

J'ai crié :

« Il n'y a personne ici pour parrainer M. Alain Delon ? »

Le videur de l'entrée a rigolé. Il croyait à une plaisanterie. Ce n'est qu'une bonne heure plus tard que quelqu'un s'est enquis de lui expliquer sa gaffe :

« Mais comment tu as refusé ? C'était Delon, c'était François. »

Ils ont parcouru toutes les rues de la ville, pour nous

retrouver. Cette fois, c'est nous qui devînmes les invités. Mais nous n'y avons plus remis les pieds.

J'ai personnellement regretté qu'Alain ait mis un terme définitif à sa romance avec Romy. C'était une femme d'une très grande sensibilité. Elle a beaucoup souffert de cette rupture. Je me rappelle que quand elle venait retrouver Alain en Italie, il lui est plus d'une fois arrivé de pleurer au creux de mon épaule. Quand il l'a quittée pour Nathalie, en 1964, l'interprète de *Sissi* s'est fâchée avec moi. Comme si elle me rendait responsable de son malheur. Pourtant, outre qu'il ne m'appartenait pas d'intervenir dans la vie privée des êtres, comment aurais-je pu convaincre une seule seconde Alain de revenir contre une décision qu'il avait prise ? Il n'a jamais été dans le caractère de M. Delon de se plier aux desiderata d'autrui. Je me souviens, en revanche, parfaitement de la scène et de son décor. Nous étions dans l'hôtel particulier d'Alain, au 22, avenue de Messine, dans le 8e arrondissement. Il était dix-sept heures. Alain m'a dit :

« Je pars au Mexique avec Nathalie. »

Il avait déposé sur la table un énorme bouquet de roses à l'intention de Romy.

« Alain, réfléchis, tu fais peut-être une c...

– Non, j'ai bien réfléchi. J'ai choisi. C'est fini. »

Il est donc parti pour l'Amérique du Sud. Quand Romy est rentrée, elle a trouvé le bouquet. Et un mot « Adieu ». Mais elle savait déjà. Georges Beaume, qui était aux États-Unis avec Romy où elle tournait *Good Neighbour Sam*, de David Swift, lui avait remis là-bas une lettre de rupture glissée par Alain dans les papiers de l'agent.

Alain et Nathalie se sont mariés le 13 août 1964, près de Vendôme. Pourquoi cette localité ? Le médecin d'Alain était un ami du maire et ce dernier avait accepté le mariage, sans publication de bans, pour prévenir toute curiosité des médias, même si ceux de l'époque étaient un peu moins inquisiteurs que maintenant. Georges Beaume, l'agent de Delon, et moi-même étions témoins. Les heureux mariés sont, sitôt la cérémonie terminée, partis pour Le Havre, pour l'une des premières traversées du *France* vers New York. Alain était attendu à Los Angeles pour tourner *Once a Thief* (« Les tueurs de San Francisco ») de Ralf Nelson, avec la plantureuse Ann-Margret. Comme il espérait poursuivre une carrière en Amérique, il y avait sur le *France* outre les deux époux, Loulou, la future nurse d'Anthony, puisque Nathalie était enceinte de huit mois, un cuisinier maître d'hôtel, son dogue allemand, une de ses passions avec les mâtins de Naples, et sa Ferrari. Alain est resté deux ans à Hollywood, sa première expérience américaine, avant une seconde en 1966 avec *Texas across the River* (« Texas nous voilà »), de Michael Gordon, avec Dean Martin. C'est dans cette terre lointaine qu'est né leur fils Anthony.

Tout comme j'avais présenté l'acteur à Mémé Guerini, c'est également par mon entremise qu'il fut introduit auprès de la famille Carbone. Alors que j'étais en prison à Versailles pour l'affaire Markovic, Delon a tourné le premier *Borsalino* à Marseille. Mais il n'a pu obtenir les autorisations sur la famille Carbone que parce que je connaissais bien les frères de Paul Venture, que j'étais même très ami avec eux. Ils lui ont dit :

« Tu es un ami de François, il n'y a pas de problèmes. »

Ils lui ont passé des photos de l'époque et lui ont expliqué l'histoire en détail.

L'idée lui était venue pendant le tournage de *La Piscine*, durant l'été 68, en lisant l'ouvrage d'Eugène Saccomano : *Bandits à Marseille*. Le chapitre consacré à Carbone et Spirito commençait par ces quelques mots :

« Leurs tribulations firent rire et pleurer la France entière. »

Cette phrase l'a accroché et c'est comme ça qu'a germé l'idée de faire un film qui devait s'intituler Carbone et Spirito. Le soir, après le tournage de la journée, Alain et Jacques Deray parlaient de ce projet, qui a fini par devenir la première grande superproduction de Delon. Un beau jour, s'est posé le problème des ayants droit, des droits, des héritiers, etc. Alain m'a alors demandé de lui faire rencontrer les héritiers Carbone. Du côté de Spirito, en effet, tout le monde avait disparu. Je l'ai mis en relation à Paris avec un des derniers frères de Carbone, à qui il a expliqué son projet. Il a obtenu l'autorisation d'utiliser l'histoire et la permission de tourner à Marseille à la seule condition que le patronyme ne figure pas dans le film. C'est pour cela que les deux héros se sont appelés Capella et Sifredi. Mais donner à un titre de film le nom « Capella et Sifredi » sonnait on ne peut plus mal. Quelqu'un, en référence aux chapeaux que portent les truands, a suggéré « Borsalino ». On sait le succès que ce fut.

À ma sortie de prison, après l'affaire Markovic, j'ai connu Mireille Darc, qui avait succédé à Nathalie dans la vie d'Alain. Alain et Nathalie avaient officiellement divorcé le 15 février 1969. J'ai vécu les différentes vies d'Alain, avec ses différentes femmes et les différentes époques de sa vie. C'est là toute la différence entre l'amitié et l'amour. L'amour ça change, l'amitié ça reste. La nôtre est restée.

J'ai habité quatre ans chez Mireille Darc, à deux pas de l'appartement que la comédienne et Alain avaient acheté ensemble, au 42, avenue du Président-Kennedy, près de la Maison de la Radio. J'appelais Mireille « la cousine » et nous avions, nous avons encore, beaucoup d'amitié et d'estime l'un pour l'autre. Nous étions très proches, souvent complices. Un jour, dans l'ascenseur, j'ai rencontré Valéry Giscard d'Estaing. Nous sommes montés ensemble et il m'a immédiatement demandé à quel étage j'allais. Il ne souhaitait sûrement pas qu'on sût là où il se rendait :

« Au même étage que vous. »

Il était plutôt gêné… une fois chez Mireille, je me suis éclipsé et ne me suis pas occupé du reste. Comme le disait Alain, VGE vouait une grande passion à Mireille, qu'il appelait « Merveille » quand il lui téléphonait. Il m'est arrivé une fois d'être présent à un moment où l'ancien Président passait un coup de fil à « la grande sauterelle ». La conversation s'éternisait. Sur ses lèvres, j'avais compris qui était au bout du fil. À intervalles réguliers, elle levait les yeux vers le plafond, puis laissait aller sa main sur ses joues de haut en bas, comme pour dire « qu'est-ce qu'il me rase ! ». Au moment de l'affaire Markovic, alors qu'elle se trouvait chez Delon dont le téléphone était branché sur table d'écoute depuis le début, voilà la sonnerie qui retentit. Mireille décroche. La voix désormais familière de l'homme d'État, alors ministre, lui parvient. Après les banalités d'usage, la conversation prend un tour plus intimiste, pour ne pas dire intime. Brusquement, elle l'interrompt :

« Vous savez que j'ai été entendue par la police à propos du meurtre de Markovic ? Si M. Marcellin, votre collègue de l'Intérieur, vous entendait, il ne serait peut-être pas content. »

Les archives révéleront-elles un jour le secret de ces conversations très privées ? La France n'est pas encore l'Amérique, où les frasques sexuelles d'un Président en exercice tiennent en haleine, des mois durant, l'opinion par médias interposés ! Jusqu'à quand notre pays résisterat-il à la levée des secrets d'alcôve, plus jalousement gardés, semble-t-il, que les secrets d'État, fussent-ils classés « confidentiel Défense » ? Au demeurant, il ne s'agissait là que de conversation téléphonique. La bande de cette conversation, j'en ai eu naguère l'assurance, fut discrètement mise à l'abri par l'un des commissaires de la première brigade mobile. Il serait bien étonnant qu'elle fût la seule ! Un conflit avec sa hiérarchie ? Le dossier peut alors ressortir. Et ainsi la loi du silence est totale. Pour ce qui est donc de Mireille Darc, elle aurait pu faire faire le tour du monde à notre ancien Président si elle l'avait souhaité !

Même si l'on a beaucoup dit, beaucoup écrit aussi, qu'Alain Delon était l'ami de vedettes du Milieu, je crois que le grand ami des voyous était un autre de mes amis, Michel Simon. Ami des voyous et... des femmes légères.

J'ai le souvenir d'une sortie en voiture avec Michel, un beau jour d'été. Nous étions avec le réalisateur Daniel Vigne et sa compagne de l'époque, qui s'étaient installés à l'arrière de ma superbe Chevrolet Impala décapotable. Michel bougonnait à côté de moi, jusqu'à ce qu'on croise un flic à un carrefour :

« Écrase-moi ce con-là ! »

Il avait hurlé avec sa voix inimitable, assez fort pour que l'intéressé l'entende distinctement. Provoquer, c'était dans sa nature. Son mode de vie même. Michel Simon parlait très volontiers de toute sa vie avec les filles. Je pense qu'il n'avait du respect que pour les femmes qu'on payait. Lui, il se trouvait en dehors de tout. Il se sentait laid, mais avait cet esprit, cette intelligence incroyable qui le rendaient beau. Il était grand, il avait fait de la danse acrobatique, il avait une belle tête.

Un jour, à Genève, il m'a fait voir la boucherie et la chambre qui était au-dessus, où il était né. Nous sommes ensuite partis à pied, dans les rues de la ville. Nous redescendions vers notre hôtel qui se situait au bord du lac. Il avait évidemment emprunté la rue où les prostituées faisaient le pied de grue, dans l'attente du client. Et là, il y avait des jeunes filles qui venaient et qui s'ébahissaient :

« Oh, monsieur Simon », « Bonsoir, monsieur Simon ».

Là, il buvait du petit-lait. Puis il se dirigeait vers l'une d'elles :

« Et comment tu t'appelles, toi ? »

La fille répondait :

« Moi, c'est Micheline ! »

Et lui, du tac au tac :

« Oh, j'ai bien connu ta maman, ma poulette, elle me faisait des pipes superbes. »

En fin de soirée, nous nous sommes retrouvés avec sept ou huit prostituées qui avaient quitté le tapin pour venir avec nous. Il avait invité tout le monde. Il nous a raconté des histoires des années 1920, 1925, son premier film qu'il avait tourné sous la direction de Choux, un cinéaste suisse, en 1923. Michel Simon était venu ensuite à Paris pour une histoire d'amour. Il vivait avec une fille qui tapinait aux fortifications. Lui, pendant ce temps, faisait de la danse acrobatique. Ensuite, il a commencé à travailler au théâtre comme hallebardier dans une pièce d'André Gide. C'était la vie avec les Marlous, les Apaches, comme on appelait alors les voyous. Je crois qu'il était content de me rencontrer car cela lui rappelait sa jeunesse, et puis cette vie en marge quand même de la société. Il n'aimait que les marginaux, il disait que c'était le ferment des sociétés, que ces gens-là faisaient beaucoup plus de bien pour l'humanité qu'un directeur de banque ou un industriel.

J'ai été très touché par sa mort en 1975 et par les circonstances de celle-ci. Il est mort un soir en partant, seul, du restaurant « Le Louis XIV ». En rentrant à son appartement près de la porte Saint-Martin, il a glissé dans un caniveau glacé et s'est cassé le col du fémur. Il a été hospitalisé à l'Hôtel-Dieu. Là, on lui a demandé sa carte d'identité ainsi que sa carte de Sécurité sociale. Il n'avait rien, fidèle à son habitude de n'avoir jamais rien sur lui, si ce n'est une poignée de billets dans sa poche. On l'a laissé dans un couloir, comme ça, à souffrir.

Et Michel Simon disait :

« Mais comment ? En ce moment, il y a des gens à Tokyo qui font la queue pour voir mes films... »

Finalement, un interne moins sot que les autres a dit :

« Attendez, il faut le soigner d'abord. »

Je crois qu'ensuite il est mort de chagrin et s'est laissé mourir, tellement il était écœuré de la vie et des hommes. Lors de son enterrement, une messe a été célébrée à la Madeleine, à laquelle presque personne n'assistait. L'année suivante, pour Gabin, l'église faisait salle comble.

Alphonse Boudard, j'ai eu le plaisir de lui présenter mes vœux pour l'an 2000, peu de temps avant sa disparition. Nous avions d'ailleurs mangé ensemble quelques jours seulement avant sa mort. Il était en parfaite forme. Je l'avais ramené chez lui dans ma voiture, rue Monier, à Pigalle, où il résidait. J'avais téléphoné quarante-huit heures avant, ça sonnait toujours occupé chez lui. Et j'ai appris la nouvelle à la radio. J'avais présenté Alphonse à Mme Vasseur, ce médecin-chef qui, très humainement, a écrit le best-seller sur les prisons. Je l'aimais beaucoup, il avait beaucoup de talent. Je l'avais rencontré pour la première fois juste après la guerre, à la Libération. Comme Dédé Pousse, lui aussi un ami. L'amitié, pour moi, ce n'est pas comme le coup de foudre amoureux ; ça se gagne. Quand, personnellement, j'ai de l'amitié pour quelqu'un, je suis capable de beaucoup de choses. Je crois qu'Alain Delon est de la même trempe.

Bien que je ne puisse introduire le personnage dont il va être question dans les quelques lignes à venir dans un chapitre show-biz, puisqu'il est question d'amitié, il se doit de trouver place dans cet ouvrage, et pourquoi pas là ? Cet homme, dont je tiens à évoquer la mémoire, a été sali, traîné dans la boue, alors même que ceux qui se sont révélés ses plus ardents contempteurs lui baisaient la main, du temps de sa splendeur. Jean-Bedel Bokassa, puisque c'est de lui qu'il s'agit, a été un soldat français avant toute autre chose. Il a aimé le drapeau, et sa fierté, à mon sens, était encore plus grande d'avoir servi la patrie tricolore que d'avoir été empereur dans son propre pays, le Centrafrique. Je l'ai connu déchu. Il aimait beaucoup les Corses. J'avais fait la connaissance de son beau-fils, Jean-Marie. Un type qui avait fait Sciences Po et qui était le pilote de son avion personnel. Nous nous étions rencontrés au Frantel. Nous avions sympathisé. Nous avions parlé affaires. Puis un jour, il m'a dit : « l'empereur veut vous connaître ». Et me voilà à prendre rendez-vous.

J'arrive chez Bokassa et je trouve un homme très gentil. Entre nous deux, le courant est tout de suite passé. Ses affaires ne s'arrangeaient pas. J'ai fait un peu de ravitaillement mais ça c'est humain. J'ai gardé d'excellentes relations avec lui. J'allais le voir souvent chez lui. Un soir, je me trouvais dans l'entrée, il y avait toute une tripotée d'enfants bien alignés et chaque fois il me les présentait :

« Prince ceci, princesse cela. »

J'en avais mal au bras. Une autre fois, il est venu chez moi, à Goussainville, en fin de soirée. Il ne voulait pas être vu et reconnu. Il était venu avec son beau-fils, dans la Mercedes qu'il conduisait lui-même. Ce dernier s'était installé à la cuisine à boire un apéritif, alors que Jean-Bedel sacrifiait à sa boisson préférée, le cognac. Il avait garé la voiture devant la porte et ne cessait de jeter des coups d'œil furtifs en direction de la porte d'entrée. Il était très inquiet qu'on le repère. Je lui ai dit :

« Oh, ici vous ne risquez rien, il fait noir ! »

Il m'a ri au nez, il était hilare. Je lui ai rendu beaucoup de visites, lui ai présenté de nombreux amis à moi. Et puis, nous avons commencé un peu à parler politique. Nous avions une admiration commune, le général de Gaulle. Et un ami commun, disparu tout récemment et, comme nous, subjugué par l'homme de Colombey, l'académicien Michel Droit. La DST essayait de le mouiller. Quelque temps avant son départ pour retourner en Centrafrique, je suis allé chez lui avec un grand ami à moi, Jean, qui n'est plus de ce monde aujourd'hui. Nous lui avons apporté un bon colis. Une de ses femmes était là, ainsi qu'un de ses fils, âgé à l'époque de dix-huit mois. À un moment, il se campe devant moi et s'exclame :

« Voilà, je veux qu'il soit élevé à la corse, je veux qu'il parle corse. »

Souvent, quand nous discutions devant une bonne bouteille, il me parlait de Giscard. Il me disait :

« Vous voyez, mon frère, mon "cousin" couchait là-haut avec ma femme, au premier. »

Et il joignait le geste à la parole. Il est vrai que, sur le chapitre des femmes, il en avait tant à dire. Lui-même était grand consommateur de jolies filles, qu'il payait à prix de diamants.

Dans son livre, *RG, la machine à scandales*, l'ancien commissaire principal Patrick Rougolot (Albin Michel) corrobore ce que j'ai entendu de sa bouche. Voici ce qu'il écrit :

« Du haut de l'escalier, Jean-Bedel apparaît en tenue ordinaire. Veste grise, col Mao fermé par un aigle impérial en diamants, pantalon en chiné noir. D'une main, il brandit une chemise, de l'autre, un caleçon. Tout en descendant l'escalier, il m'apostrophe d'emblée au sujet du propriétaire de ces deux vêtements, retrouvés selon lui dans la chambre d'une de ses épouses, l'"impératrice" Catherine.

« Vous vous rendez compte, commissaire, me faire cela à moi, un cousin.

« En quelques bonds, le voilà devant moi, et il me glisse sous le nez les prestigieuses initiales cousues au caleçon et au col de chemise en question... » (page 62).

C'est au cours d'une de ces soirées qu'il m'a dit combien l'ancien Président avait été ignoble avec lui, que tout ce qu'il y avait de prix pour son couronnement était parti dans un avion pour Paris. Les services spéciaux de la République avaient fait le ménage ! Un beau jour, j'ai pris ça à la rigolade avec mon ami Jean, alors que lui pensait retourner dans son pays et y être de nouveau en état de sainteté. Tout à plaisanter, il me dit tout de go :

« Vous serez mon Premier ministre !

Je me suis écrié :

« Ah, écoutez, Majesté, c'est me faire beaucoup trop d'honneur. Si vous voulez vraiment m'être agréable, je ne vous demande qu'un modeste poste de surveillant à la mine des diamants ! »

Il a été pris d'un fou rire !

Et puis, parti là-bas, il a été aussitôt arrêté, jeté en prison, condamné à mort. Puis gracié et placé en résidence surveillée. Un soir, je lui ai téléphoné.

« Ah, mon frère, quand est-ce que vous venez me voir ? »

J'ignorais alors que j'étais sur la table d'écoutes. Il y a donc eu, captés par les zonzons de l'État, Michel Droit, Belmondo, Bokassa. Il a été arrêté, il y a à coup sûr du Giscard par là-dessous.

L'affaire Markovic

La découverte d'un cadavre dans une décharge

J'allais souvent chez Alain Delon, avenue de Messine. Nous nous retrouvions entre amis pour jouer au poker, nous amuser. Alain nous accueillait toujours chaleureusement. Ce n'était pas un grand joueur, c'était plutôt le propriétaire de la salle de jeux ! C'est là que j'ai connu Annie Girardot, Renato Salvatori, qui était alors son mari et avait tourné plusieurs films avec Alain, dont *Rocco et ses frères*, Brigitte Bardot et Bob Zaccouri, qui partageait à l'époque l'existence de BB. Brigitte m'y a tiré les cartes un jour. Nous avions parlé de chiens, c'était déjà sa passion. Elle avait voulu marier l'un d'eux, Charlie, avec une de mes chiennes. Quand je suis allé voir Brigitte avec mon chien à Bazoche, où elle avait sa propriété, j'ai vu l'animal. Il était énorme, haut sur pattes, ce n'était pas un chien de race. Moi, j'avais une chienne de race, je ne voulais pas la faire saillir par n'importe quel quadrupède. J'ai donc refusé et je lui ai dit :

« Mais il n'est pas de race, vous n'avez pas de pedigree... »

C'est alors que Brigitte m'a répondu :

« Eh bien, si, pour faire l'amour, il fallait des pedigrees... ! »

C'est donc avenue de Messine que Delon m'a présenté, comme un ami qui habitait chez lui, Stephan Markovic. Je connaissais déjà un autre Yougoslave proche d'Alain, le Serbe Milos Milosovic. Quelqu'un de très bien d'ailleurs. Milos, c'était la doublure de Delon. Il l'avait accompagné aux États-Unis, quand Alain était parti tourner là-bas *Texas across the River*. Milos, à Hollywood, avait fait la connaissance de la femme de l'acteur Mickey Rooney. Il était devenu son amant puis, à la suite d'une crise de jalousie, il avait tué Barbara Rooney parce qu'elle voulait retourner avec son mari. Milos s'était ensuite suicidé. Alain est un homme pour qui l'amitié est indéfectible. C'est lui qui s'était occupé de toutes les formalités pour rapatrier le corps de Milos en Yougoslavie, qui l'avait mis dans l'avion. Ça, les Américains ne le lui ont pas pardonné. Delon ne s'intéresse qu'à l'assassin de Barbara Rooney ? Ils n'ont pas compris. Et je crois bien que cette amitié post mortem lui a coûté sa carrière américaine.

La mort de Milos a été largement relatée à l'époque par tous les tabloïds. Mais cela n'a pas empêché plus tard le juge d'instruction de l'affaire Markovic, le juge Patard, et l'entourage des Yougoslaves, de déclarer qu'en réalité c'était moi qui avais tué Milos, alors que je n'ai jamais mis les pieds en Amérique ! Dans leur imagination débridée, le cheminement devenait pervers ! Pensez donc, puisque Mickey Rooney était un ami de Frank Sinatra et que l'acteur, chanteur, interprète de l'inoubliable *Stranger in the*

Night était, lui, connu pour ses relations dans la Mafia, il fut expliqué qu'il m'aurait envoyé des billets d'avion pour venir à Hollywood. J'avais beau expliquer au juge Patard, passeport en main, que je n'avais jamais quitté la France, il ne démordait pas de son idée :

« Vous avez très bien pu voyager sous une fausse identité et votre copain Sinatra vous a sûrement logé incognito à Los Angeles... entre mafiosi ! »

Comme quoi l'imagination n'a parfois pas de limites.

Stephan Markovic, je l'ai rencontré à trois reprises chez Delon. Il n'avait pas l'envergure de Milos. C'était un menteur, un voleur, un trafiquant de drogue. Nous nous sommes croisés quelquefois sur les champs de courses. Il était toujours entouré de plusieurs personnes. Lorsqu'il me voyait, il se précipitait toujours au-devant de moi pour me serrer la main et me saluer. Il disait à ses amis :

« C'est François Marcantoni... C'est un copain. »

Il m'appelait « le Corse » ou « François le caïd ». Jamais, tout au long de ma vie, à part lui, personne ne m'a jamais affublé de tels surnoms. On l'aura compris, pour briller au sein du milieu yougoslave, dont il se vantait d'être une personnalité, il me « mouillait », à mon insu, et alors que j'ignorais tout des différentes malversations auxquelles il se livrait.

Un jour de septembre 1968, sa vie de crapule a pris fin. Aujourd'hui, plus de trente ans ont passé. Il ne m'inspire toujours aucune pitié.

Retracer dans ses moindres détails cette sordide affaire, que de Gaulle, en d'autres temps, aurait volontiers qualifiée de vulgaire et de subalterne, plonger au cœur des méandres d'une instruction qui, de suite, a dévié des vrais objectifs, pour, au bout du compte, devenir, par la volonté de quelques policiers, soucieux de leur carrière au plus haut niveau, et d'une partie de la classe politique, une chasse à l'homme dont la seule visée sera de barrer la route de la présidence de la République à l'une de ses personnalités les plus éminentes, Georges Pompidou, à travers son épouse, je m'y suis risqué « à chaud ». Force m'est de constater que les deux ouvrages que j'ai commis dans les années 1970 ont connu, sans doute fruit d'une malencontreuse coïncidence, beaucoup de difficultés à être diffusés. Lors d'une séance de signature, alors que se pressaient de nombreuses personnes à mon stand, je ne pus disposer, à ma grande stupéfaction, que de… sept malheureux exemplaires.

Invité à une émission de Philippe Bouvard, Mme Marie-France Garaud, alors toute-puissante conseillère politique de Jacques Chirac, avait écrit une lettre au célèbre « père » des « Grosses Têtes » pour lui demander de ne pas me recevoir. Ce qui avait valu à son expéditrice une réponse cinglante de M. Bouvard. Elle se vantait alors de connaître tout de cette ténébreuse affaire. Comme je le lui avais écrit dans une lettre restée de sa part sans réponse, pourquoi avais-je donc purgé une peine de prison préventive d'un an ? Ou j'étais coupable, auquel cas je devais comparaître aux assises, ou j'étais innocent. Mais quand on dit détenir la vérité, on se doit de la révéler aux juges. Ce dont elle s'est toujours gardée. Au demeurant, et bien que je ne sois en rien coupable du meurtre de ce malfrat sans envergure, je pense connaître la vérité bien davantage que cette dame dont l'actuel Président s'est depuis maintenant plusieurs années séparé.

Je me contenterai donc, dans ce nouvel ouvrage, qui sera le dernier d'une vie on ne peut mieux remplie, et par respect pour le lecteur, de rappeler les grandes lignes de cette nébuleuse affaire Markovic.

Bien que bénéficiant d'un statut de réfugié politique pour avoir fui le régime de Tito, Markovic a connu la prison à l'Ouest pour de nombreuses autres raisons en 1964, en Belgique, à Liège, pour vol qualifié ; en 1967, à Annecy, pour le braquage d'une bijouterie. Ses complices ont alors écopé de lourdes peines. Pas Markovic, que Delon avait fait sortir en se portant caution morale. Il respectait en somme la promesse faite à Milos de s'occuper de ses amis. C'est ainsi que Markovic a commencé à travailler pour Alain, au sein de sa société de production de films. Cela ne l'empêchait pas de se livrer, à côté, à des activités beaucoup moins recommandables. Plutôt beau gosse, il était très recherché par la gent féminine et il avait compris qu'il pourrait en tirer parti. D'autant que la rumeur lui attribuait des performances sexuelles hors du commun, dont il se vantait également. Très rapidement, Markovic a été un proche des Delon. Il habitait d'ailleurs lui aussi avenue de Messine, dans un petit studio au rez-de-chaussée de l'hôtel particulier. On peut même dire qu'il est devenu inséparable du couple. Puis les relations entre Stephan et Alain se sont dégradées, début 1968. Les Delon ont quitté l'avenue de Messine, en y laissant Stephan, pour un appartement de la rue François Ier. Que s'est-il alors passé entre les deux hommes ? Au cours de l'instruction, j'ai appris que Nathalie avait déclaré que Stephan avait été son amant, début 68, et qu'elle l'avait ensuite avoué à Alain. Le déménagement, la rupture viennent sûrement de cet affront de Markovic à l'égard de son protecteur.

En tout cas, cette mise sur la touche, Markovic ne l'a pas supportée. Plus question de participer aux sorties, de côtoyer le clan Delon. Quand Alain est descendu à Saint-Tropez, en août 68, pour tourner *La Piscine* de Jacques

Deray, avec Romy Schneider, Markovic, lui, est resté à Paris.

Je n'ai plus entendu parler de lui pendant des semaines. Jusqu'à ce curieux coup de fil, le 25 septembre 1968. Il était trois heures du matin, j'étais dans mon appartement du boulevard Gouvion-Saint-Cyr. Je m'étais couché de bonne heure la veille, car je devais prendre le lendemain matin un avion à sept heures trente, pour Toulon, afin de régler des affaires de famille.

« Allô, ici Uros Milicevic, où est Stephan ? »

Je dois avouer que j'ai eu un peu de mal, en pleine nuit, à remettre mes idées en place. Je ne connaissais aucun Uros, et ce Stephan, sur le coup, ne me disait rien non plus.

« Stephan ? De qui parlez-vous ?

– Stephan Markovic. Depuis le rendez-vous que vous avez eu avec lui, il n'est pas rentré. Où est-il ?

– Je n'ai jamais eu de rendez-vous avec ce Stephan. Et puis, laissez-moi dormir !

– Sachez que je vous connais. Et on vous coupera la tête. Vous allez souvent à "La Passée", n'est-ce pas ?

– C'est là que je joue au PMU.

– J'y serai demain.

– Pas demain, je pars pour Toulon, mais après-demain.

– D'accord. »

Ce coup de fil m'a laissé perplexe. Je ne voyais pas comment j'aurais pu être au courant de l'emploi du temps de Markovic. Et ce rendez-vous imaginaire rendait le tout encore plus mystérieux. Deux jours plus tard, après mon aller-retour à Toulon, le 27 septembre, je me suis donc rendu, comme à l'accoutumée, à « La Passée ». Personne ne m'y attendait, excepté mes camarades de PMU et d'apéritif. Le temps de discuter autour d'un verre, j'ai soudain vu entrer un inconnu qui commença à détailler les clients. Ce devait être mon homme. Ce que me confirma le patron du bar, qui me glissa qu'il était déjà venu la veille. L'individu se dirigea vers moi :

« Monsieur Marcantoni ? Uros Milicevic. Il faut m'excuser pour le coup de téléphone de l'autre nuit. Je m'étais trompé. Vous n'étiez pas le type du taxi.

– L'homme du taxi ? Quel homme ? Et quel taxi ? »

Sans répondre, il me prit par le bras et m'entraîna vers le fond de la salle. Nous nous assîmes l'un en face de l'autre. J'allumai une cigarette et lui en offris une qu'il accepta. Je me mis alors à détailler le visage de ce personnage énigmatique, dont l'accent yougoslave faisait prononcer drôlement les mots qu'il me disait. Il m'intriguait. Vêtu d'un costume sombre froissé, sans cravate, il paraissait très négligé. Son visage fin et pâle, pas rasé depuis plusieurs jours probablement, portait tous les signes de la fatigue mais aussi de l'anxiété. Il m'avoua d'emblée ne pas avoir mangé depuis quarante-huit heures. Aussitôt, je nous fis apporter deux bières et deux sandwiches qu'il engloutit en quelques instants tant la faim devait lui tirailler l'estomac. Peu à peu, sa voix s'apaisa et ses idées me semblèrent moins confuses.

« Vous connaissez Stephan Markovic ? »

Je remarquai un léger tremblement dans ses mains. La cigarette, peut-être ? Ou autre chose que j'ignorais encore à ce moment-là...

« Oui. Un peu.

– Il est mon ami. Depuis la nuit du 22 septembre, on ne l'a pas revu. J'ai été le dernier à le voir. Il m'a quitté aux alentours de sept heures. Il m'a remis les clés de son appartement. Et depuis, silence. Il a disparu. Il m'avait simplement dit qu'il allait jouer aux cartes chez François, alors j'ai pensé que c'était vous, François Marcantoni. Je l'ai accompagné. Un taxi est venu le prendre, dans lequel se trouvait un homme. Cet homme, j'ai eu le temps de le voir, mais il ne vous ressemblait pas. Il doit s'agir d'un autre François, à moins que Stephan ne m'ait donné un faux nom. »

C'était certainement le plus vraisemblable, car je ne me rappelais pas avoir eu le moindre rendez-vous récent avec Markovic. En revanche, j'avais très présent à l'esprit qu'il m'avait proposé à deux ou trois reprises des « coups » pas très réguliers, que j'avais poliment déclinés. D'abord parce que je ne voulais pas « replonger » dans les affaires. Et ensuite, si j'en avais eu la moindre velléité, parce que Markovic ne m'inspirait guère confiance. Quand on décide d'un travail sérieux, il faut quand même bien s'entourer de gens sérieux, non ?

Je n'étais pas le François évoqué par le Yougoslave. Tout rentrait donc dans l'ordre, et j'aurais vite oublié Markovic et l'inquiétude d'Uros si ce dernier n'avait continué à m'appeler tous les jours à « La Passée ». J'avais l'impression que, perdu sans son Stephan, je lui servais d'ami de substitution, ou à tout le moins de relation auprès de qui il pouvait s'épancher.

Le 2 octobre 1968, comme tous les lecteurs des quotidiens, en préparant mon tiercé, j'ai lu dans mon journal les quelques lignes consacrées à un fait divers. On avait découvert la veille le corps d'un homme, dans la décharge municipale d'Élancourt, dans les Yvelines. Je dois avouer que c'est le nom d'Élancourt qui a attiré mon attention. Ce village est sur la route qui mène à ma campagne et Goussainville n'est guère à plus de cinquante kilomètres d'Élancourt, En fait, appris-t-on ensuite, ce cadavre était là depuis au moins quatre jours. Le 27 septembre, Mlle Brisse, qui promenait son chien, avait déjà repéré un étrange paquet, accroché à un buisson à trois mètres à peine du bord de la route. Une paire de chaussures trônait juste à côté. Le lendemain, Mlle Brisse et son chien repassaient une nouvelle fois devant le colis. « Tiens, les chaussures ont disparu ; encore un clochard qui est passé par là », s'étonna la brave demoiselle. Par ailleurs, le sac avait légèrement basculé vers la droite. Et elle passa son chemin. Le 30 septembre, le cantonnier d'Élancourt, M. Joret, depuis la route, apercevait également le paquet. Mais il ne s'en approchait pas. Le 1er octobre, un ferrailleur, M. Haro, eut, lui, la curiosité d'ouvrir ce colis. Il eut un haut-le-cœur. Enveloppé dans une housse en plastique, un cadavre le fixait, le front défoncé. Un morceau de coton était fiché dans la bouche. Il ne lui restait qu'une solution, courir chez les gendarmes les avertir de la macabre découverte. Ce qu'il fit sans plus tarder.

Ce n'est que le 4 octobre que la presse révéla la personnalité de la victime qui d'un coup se vit propulsée des pages intérieures à la « une ». Pensez donc, selon les quotidiens, on venait de retrouver assassiné le secrétaire-gorille d'Alain Delon. Une belle enquête en perspective !

Depuis le 1er octobre, Uros avait cessé de m'appeler, sans explications. En revanche, Alain Delon me téléphona depuis Saint-Tropez où il était toujours en plein tournage, pour m'avertir de la mort de Markovic. Il venait d'être prévenu par la police. Bien sûr, si je ne pouvais pas ne pas être troublé par la mort tragique d'un homme que j'avais vu auprès d'Alain et de Nathalie, je ne m'imaginais pas un instant que cette mort puisse me concerner. Markovic, chez les Delon, comptait si peu, du moins en apparence. Pour moi...

Les enquêteurs s'empressèrent bien entendu, après l'identification de la victime, de se rendre à son domicile, en l'occurrence avenue de Messine, où il occupait un studio au rez-de-chaussée. Là, en présence de Georges Beaume et de la secrétaire d'Alain Delon, Mlle Rey, quelques objets furent saisis le 2 octobre, vers dix-sept heures, dont un agenda paraît-il bien garni en noms du show-biz, notamment. Je dis bien paraît-il, car, curieusement, le juge René Patard, chargé de l'instruction, ne jugera pas utile de le joindre au dossier. Son contenu était-il si explosif ? Parmi les autres découvertes des policiers, des négatifs photo ainsi qu'une pellicule non développée. Stephan avait en effet l'obturateur facile... Mais, là encore, ces documents ne devaient pas être plus intéressants pour le juge Patard que l'agenda ! À la fin de la perquisition, Georges Beaume avisa les policiers qu'il avait été informé téléphoniquement par Alain Delon, alors à Saint-Tropez, qu'un ami proche de Markovic, Uros Milicevic, était susceptible de résider au domicile d'une certaine Claudie Hoss, demeurant Résidence d'Auteuil, rue Chanez, dans le 16e arrondissement.

Les inspecteurs se rendirent donc à l'appartement de la jeune femme, qui avait été la maîtresse de Markovic durant quatre ans. La perquisition ne donna rien d'important. La jeune femme ne savait pas grand-chose non plus sur la disparition de Markovic, si ce n'est qu'il lui avait téléphoné le 22 septembre, vers dix-neuf heures, lui expliquant :

« Je ne pourrai pas te voir ce soir, j'ai un rendez-vous très important à vingt heures. Je serai libre vers minuit. Tu sais, je suis sur un coup énorme. »

Dès le 3 octobre, les flics ont mis la main sur Uros Milicevic, celui-là même qui m'avait fixé rendez-vous à « La Passée », pour me parler de l'homme du taxi confondu avec moi. Au commissariat où il a été conduit, il parle. Beaucoup. Même si, comme l'a noté le commissaire Bardon, « ses déclarations ont souvent été peu ordonnées ». C'est pourtant à partir de ces déclarations-là que je me suis retrouvé impliqué dans l'affaire.

Milicevic explique qu'il a vu Markovic pour la dernière fois le dimanche 22 septembre, avenue de Messine. Stephan lui a remis les clés de l'appartement, en lui expliquant qu'il ignore à quelle heure il sera de retour. Il doit passer toute la soirée avec un certain François, afin de préparer un gros coup dans une maison de la banlieue parisienne. Un « repérage » des lieux est prévu pour cette opération qui doit rapporter à chaque protagoniste environ sept cent mille francs. Selon Uros, Markovic était pourtant extrêmement nerveux et il lui avait déclaré craindre pour sa vie. Pourtant, la soirée s'annonçait calme puisqu'il s'agissait d'abord de « plumer » au poker deux « pigeons » dans la maison de campagne de François, art dans lequel excellait Markovic.

Dans l'après-midi, Uros avait joué au facteur, en allant porter une lettre de Stephan au domicile d'Alain Delon, rue François Ier. Et c'est de retour avenue de Messine qu'il avait retrouvé Markovic. Là, les deux hommes étaient descendus sur le trottoir où Stephan avait hélé un taxi qui devait l'attendre, puisqu'un gros homme au double menton, d'une cinquantaine d'années, était déjà assis à l'arrière de la 404.

Retourné dans le studio de Markovic, Uros attendit vainement le retour de son ami, la nuit, puis le lendemain. Le 24 septembre, il décida de se lancer, tout seul, à la recherche de Stephan. Comme il avait quand même peu d'éléments entre les mains – c'est le moins qu'on puisse dire – il se rendit chez Claudie Hoss. Celle-ci ne savait rien de plus. Les deux enquêteurs en herbe allèrent alors chez Vuk Blagogevic, un ami d'enfance de Stephan. Vuk n'avait pas de nouvelles non plus depuis le 22. Décidément, ce jour-là, Stephan avait eu la plume facile, puisqu'il lui avait remis une lettre à transmettre à son frère Alexander, en Yougoslavie, au cas où il lui arriverait malheur. Uros décida que c'était le cas. Mais il prit bien soin de lire le courrier avant de le poster.

Uros se rendit ensuite chez Alain Delon, où il rencontra Georges Beaume. L'imprésario de l'acteur ignorait tout des activités de Stephan. Uros se fit alors menaçant, expliquant que Markovic s'apprêtait à publier un livre sur la vie du couple Delon. À l'en croire, les révélations qu'il serait à même de donner sur leur sexualité vaudrait à l'ouvrage un fort tirage... et pour lui, de solides rentrées d'argent. Georges Beaume éclata de fureur. Mais, alors qu'il allait mettre à la porte son visiteur, Nathalie, présente lors de l'entretien, eut un tête-à-tête avec Uros. Elle téléphona alors à Alain, qui proposa que le jeune homme prenne un avion pour le rejoindre sur le lieu du tournage. Après qu'il lui eut donné un peu d'argent, Uros revint à Paris. Le 27 septembre, il me rencontrait à « La Passée ». Un entretien dont il fit un curieux compte rendu à la police. Tout en démentant que je sois l'homme assis à l'arrière du taxi, il expliquait en même temps que je l'aurais menacé d'un pistolet en lui martelant « si tu avais reconnu en moi l'homme du taxi, tu ne serais pas sorti d'ici vivant ». Histoire sans doute de donner un côté plus réaliste à cette déclaration, il ajoutait même que je m'étais fait accompagner d'une vingtaine d'hommes de main pour me protéger, au cas où. Uros devait être bien terrible, pour que je prenne ainsi de telles précautions !

Les lettres « testament »

C'est un vague cousin du défunt, Georges Markovic, qui a prévenu Alexander Markovic de la mort de son frère Stephan. Alexander arrive en France et se présente aux services de police le 5 octobre 1968. Il déclare alors que son frère lui a fait savoir que sa vie était en danger et qu'il lui a adressé trois lettres dans le courant du mois de septembre. Il remet à un inspecteur la dernière, qui fut postée le 25 septembre 1968. Il signale qu'il fera parvenir par la suite les deux autres missives, postées respectivement les 17 et 20 septembre. Ce qui sera fait le 15 octobre, par le canal de son père.

Que disent ces lettres ?

Dans la première, il est écrit, je résume :

« Cher frangin,

Les circonstances et ma situation sont, en ce moment, telles que quelque chose peut facilement m'arriver, quelqu'un m'aura comme on a eu Milos, mais là, frangin, il y aura assez de sang, car je ne suis quand même pas né de la dernière pluie, et je dois aussi tout déclarer, tout mettre en mouvement moi-même, car mon honneur est en jeu, et puis attendre le reste. Ces voyous, ici, eh bien ce sont des ordures, tous jusqu'au dernier, et ceux qui ne le sont pas ne peuvent me venir en aide. Et moi j'ai besoin d'aide, mais qui attraper et comment ? Je suis de l'ancienne époque et tel je mourrai. Il fut chevalier et chevalier resta. Sur un million de lutte, jamais je n'ai été battu, et c'est bien ce qui m'incite à réfléchir en me disant que quand je serai battu ce sera pour toujours, et puis, je ne sais pas, mais je crois que je préfère cela à des petites pertes, je n'aime pas les pertes et encore moins les échecs. Les hommes sont malins, et je me demande si je ne suis pas trop pur, ou, alors, on m'a simplement sali et la partie de moi qui est restée propre lutte encore avec ses dernières forces... on joue avec moi, mais quand je me "cabre" ils ont peur de moi et c'est moi qui suis coupable uniquement pour qu'ils puissent continuer d'être ce qu'ils sont, c'est-à-dire sales, et pour qu'ils puissent dire qu'ils ont raison. Mais tout cela me ronge et m'effrite à la longue... En tout cas, mes affaires, je les termine seul, et m'advienne que pourra, je verrai, si tout marche comme il faut, je te dirai ce que je pense depuis un certain temps déjà ; quant à toi, si un travail t'intéresse et si tu peux, et si tu connais un journaliste puissant, si possible Amérique ou Espagne, pour que je fasse quelque chose avec les conseils d'un conseiller littéraire, etc., je te serai très reconnaissant et dans le travail nous ferons moitié-moitié. Sinon, je verrai tout, tout seul; seulement ne parle de rien, seulement si c'est un homme sûr et de confiance et suffisamment fort, etc. Je t'écrirai plus longuement à ce sujet. Vous aime. Steva »

Dans la deuxième, qu'écrit-il ?

« Aco, je vais te donner quelques détails dont tu auras peut-être besoin un jour, si quelque chose m'arrivait si je me trouvais en taule, à première vue ce serait normal, mais en réalité, derrière cela, se cacheraient mille détails que tu dois connaître, et tu dois me croire moi, moi seulement, car je ne suis quand même pas fou pour te faire tomber tout à coup dans l'embarras, n'est-ce pas ? Et surtout s'il m'arrivait quelque chose de semblable à ce qui est arrivé à feu Milos. Je veux te dire que je suis en guerre et que je connais les règles et que je sais tout, de sorte que je veille à tout, même si quelqu'un me giflait, je ne me battrais pas, car je soupçonnerais que c'est un coup monté, et quoi que ce soit d'autre, encore moins. Donc, si je vais en taule à cause de quelque chose, et quoi que cela soit, tout n'est que mensonge et cela ne peut être qu'un coup monté. Qui ? Je te cite les coupables, la famille dans laquelle je vis et certainement A.D. lui personnellement, homme faible d'esprit et malade, dans l'opinion varie à tout sujet suivant l'intrigue, et qui se soumet à toute personne dont le caractère est plus fort que le sien, et puis son associé qui en ce moment feint d'être mon associé. Pour le fric, alors c'est peut-être un doublage... Donc A.D. et sa famille avec ce type, est responsable François Marc Antony, corse boiteux, gangster etc. il habite au 42, boulevard Gobelins à Saint-Cyr, angle du boucher, porte en bois jaune 3e ét. gauche, essuie-pieds avec initiales F.M. tél. CAL 01.88., ou café où il se rend ETO 04.26 ; il a une maison à la campagne, seulement si quelque chose m'arrivait, il n'y a pas à discuter avec lui mais seulement régler les comptes lui et A. ensemble la même chose. Kopé connaît l'adresse de mon copain pour cela il vaut 10, Boja "Sivac" le nerveux. Il faut l'acheter, pour cela assure-moi chez Lloyd et Cie, afin que nous ayons du fric..., je sais tout et je connais le danger qui vient à la rencontre, mais rien ne devrait m'arriver car je suis conscient du fait que je dois prendre garde à moi et prêter attention à chaque petite chose, mais s'il m'arrive ce dont j'ai le pressentiment obsédant, alors tu demanderas compte aux responsables... je t'en conjure. Garde cette lettre chez quelqu'un, ne te confie à personne, ni à qui que ce soit. Si tout se termine bien, alors je te verrai et je te raconterai tout en détail. L'issue, je devrais la connaître sous peu peut-être ? Vers le 10-15 octobre : aime. Steva. »

Enfin, dans la troisième, que narre le brillantissime écrivain ?

« Aco, je ne sais pas ce qu'il m'arrive, mais je me sens obligé de t'écrire, éventuellement cela est comme mon testament si quelque chose m'arrivait pour que tu saches comment et à qui en demander l'explication, je sais que cela n'existe presque plus dans le monde, mais je suis pour cela et je pense toujours que les autres le sont aussi, en réalité je désire être sincère, quant à toi tu prendras cette lettre comme tu le voudras, mais tu n'as pas le droit de ne pas réaliser mon désir... Je m'énerve toujours quand j'écris, et toujours quand l'homme se confie à quelqu'un, il se trouve dans un état psychique tel qu'il est confus. Donc, il faudra essayer de bien me comprendre et les choses se présentent de la façon suivante. La cause de la guerre est ma fierté et ma vanité blessée au maximum, et la raison en sont les intrigues qui ont toujours été les points faibles de ma personne... Et à la guerre comme à la guerre, le sophisme se trouve pour la première fois à la lumière et voilà pourquoi j'écris, quoi qu'il m'arrive peu importe, mais si les hommes me font sombrer dans le gouffre uniquement parce qu'ils sont bien installés, et suivant la ligne la plus facile pour m'exprimer clairement, si quelqu'un t'a battu à coups de poing et que toi tu as la même arme, c'est en ordre, mais si quelqu'un a été battu par toi et qu'après ce même homme cherche à se venger avec un bâton, derrière un coin, celui-là est à tuer... donc, je suis en guerre et que je périsse si cela est juste et je te conjure, au nom de tes enfants, sois un homme comme je le pense, mais si je me fais avoir par les "copains" et qu'ils utilisent d'autres éléments en dehors de ceux qui sont permis, alors que tes enfants errent nus si tu ne te saisis pas de cela pour le régler pendant autant de temps et de vie qu'il le faudra... L'histoire tout entière, tu l'apprendras de chacun, par petits bouts, et ton intelligence devra choisir et reconnaître la vérité, la vraie vérité... ceci sonne, c'est-à-dire donne beaucoup l'effet d'une tragédie en trois actes, non, Aco... Alors, pour tous mes "trucs", ou mésaventures, s'adresser à Alain Delon, en tant que responsable de cela à 10 000 %. Son associé, qui me joue le jeu maintenant comme s'il était le mien et il l'est peut-être, seulement je prends cela comme une précaution, est un voyou qui peut me jouer et travailler pour A. et moi il me vend des cacahouètes pour de la crème de choix ; ce jeu, je dois le jouer, car ce n'est peut-être pas vrai, mais je dois prévoir cela aussi, car si cet homme est avec moi, c'est uniquement à cause du fric, et pour le fric, il peut travailler pour A. aussi. Lui, c'est François Marc Antony, corse, véritable gangster..., il est boiteux et opéré à la tête, cicatrice sur (suit un mot illisible) autour de toute la tête d'une oreille à l'autre, il a une propriété, recevez facilement renseignement. Pour le reste, N. la femme d'Alain est fautive, ne jamais parler avec elle, c'est la plus grande menteuse du monde... tu vois, cela serait suffisant si quelque chose m'arrive et que je ne puisse pas me défendre prends cela de la façon la plus sérieuse... cette lettre donne-la à un avocat pour qu'il te la garde comme secret professionnel. A, encore ceci, je ne dois même pas tomber en taule à moins qu'ils ne m'y installent, ce que je pense momentanément. Et alors, prends le même procès. »

N'allez surtout pas vous imaginer que le traducteur de serbo-croate soit un illettré, qu'il connaisse mal le français. Au contraire, il a fait de son mieux pour être fidèle au jargon de Stephan. Évidemment, nous étions sacrément mouillés, Alain, Nathalie et moi-même, désignés de la façon la plus formelle comme les responsables, à coup sûr, de tout ce qui pouvait arriver à Stephan. Comme ça, au moins, en cas de malheur, on ne pourrait pas passer à travers. Même si Stephan avait été en prison, à l'en croire, j'aurais contribué à l'y envoyer. Ça, c'était le plus drôle : ce n'est franchement pas le genre de la maison, le commissaire Bardon et tous ses collègues le confirmeraient. Ils ont assez pris l'habitude de dire à tout propos que je suis capable de descendre les gens pour un oui pour un non. Quand viendra le tour du juge Patard de mener les interrogatoires et de m'impliquer dans des affaires où je serais intervenu comme « juge de paix » dans le Milieu, il me dira un jour :

« Vous arrangez les affaires des autres, monsieur Marcantoni, mais cela fait toujours des victimes.

– J'espère que ce ne sera pas le cas ici », lui avais-je rétorqué du tac au tac.

Sur la foi des déclarations d'Uros aux policiers, dès le 4 octobre 1968, les enquêteurs s'adressent aux organismes syndicaux des chauffeurs de taxi et ces derniers font paraître dans leurs différents journaux la photographie de Stephan Markovic et les indications concernant le taxi 404 Peugeot de couleur claire utilisé par la victime le 22 septembre. Il faudra attendre le 17 octobre pour que M. Eugène Dahmani, artisan taxi, se présente à la brigade mobile et confirme avoir bien transporté Stephan Markovic le soir de sa disparition :

« Le dimanche 22 septembre 1968, à la tombée de la nuit, vers 19 h, je suis en "maraude" et me dirige vers la gare de l'Est. Rue Lafayette, peu avant la rue Taitbout, j'ai été hélé sur la gauche par un homme qui a bondi du trottoir et qui s'est installé à l'arrière de mon véhicule. »

Aux policiers qui lui demandent une description de cet individu, Dahmani précise :

« Mon client est un homme aux alentours de la cinquantaine, de type levantin, israélite oriental, avec un visage rond, une calvitie très prononcée. Relativement grand, il est assez carré d'épaules. Il semble appartenir à un milieu bourgeois, s'exprime d'une manière affable, avec une légère pointe d'accent. Le soir où je l'ai chargé, il était vêtu d'un costume bleu marine, avec gilet, et d'un long pardessus lui aussi bleu marine. Enfin, je me souviens qu'il avait une démarche chaloupée et avançait en se balançant, le corps légèrement penché en avant. L'homme s'est fait conduire au 22, avenue de Messine. Là, un jeune homme est sorti rapidement de l'immeuble, a pris place à l'arrière, et le premier client, après m'avoir demandé d'aller à l'Étoile, rue de Tilsitt, m'a fait tourner à droite dans la rue de Presbourg et stopper aussitôt dans cette rue après la traversée de l'avenue de la Grande-Armée et avant celle de l'avenue Foch.

– Vous reconnaissez cette personne ?

– Oui, c'est l'homme que j'ai chargé avenue de Messine, monsieur l'inspecteur.

– Vous souvenez-vous de ce qu'ont dit les deux passagers ?

– Non, pas vraiment. Ah si, à un moment, le plus âgé a demandé à l'autre s'il aimait la chasse. Il lui a précisé qu'il l'inviterait prochainement dans un département proche de Paris, Désolé, mais je ne me souviens plus duquel. »

L'inspecteur lui mit alors sous les yeux un jeu de six photographies. Parmi les visages qui lui étaient soumis, le mien.

« Pourriez-vous reconnaître l'homme âgé ?

– Il faisait sombre, très franchement, je ne saurais dire si l'un de ces messieurs pourrait être mon client.

– Regardez bien... Cet homme-là, il ne vous rappelle rien ? »

Avec dextérité, l'inspecteur avait glissé une photo devant l'artisan.

« Essayez de vous souvenir, monsieur Dahmani. Ce visage ne vous rappelle rien ?

– Peut-être... Euh... il y a bien une petite ressemblance. Honnêtement, monsieur l'inspecteur, je vous le répète, dans le sombre, je n'ai guère prêté attention au visage de mon passager. Bien sûr, si j'avais su... Mais, bon, il n'arrive pas des crimes tous les jours. »

Le 12 octobre, je fus entendu par la police, à deux pas de chez moi, dans les locaux qui ont depuis cédé la place à l'hôtel Concorde-La Fayette, boulevard Gouvion-Saint-Cyr. Durant cinquante-deux heures, les commissaires Samson, Redonet et Bardon m'ont interrogé sans relâche. Heureusement que la garde à vue, légalement, n'est que de quarante-huit heures ! Ah, comme ils auraient aimé me faire passer de suspect à coupable ! Mais c'était peine perdue d'avance. Je n'avais pas parlé sous la torture des agents de la Gestapo. Je n'allais pas commencer maintenant à faire des révélations... que j'aurais été bien incapable de faire. Aussi, il leur fallut bien faire contre mauvaise fortune bon cœur : ils me relâchèrent. En passant devant la brasserie « L'Arbois », j'avisai au comptoir un ami, Antoine. Pour me remettre de toute cette série de questions qui s'étaient abattues sur moi comme un roulement ininterrompu de tambour, je poussai la porte. Nous nous sommes mis à parler de ma garde à vue, un verre à la main. Puis je lui ai proposé de venir en prendre un dernier chez moi, à quelques mètres. Nous montions les escaliers quand j'ai entendu en bas de mon immeuble des bruits de pas. J'avais compris. Je passai mon étage. Rien n'y fit.

« Police. »

C'était Bardon, avec une escorte de sbires.

« On ne connaît plus son appartement ?

– C'est vrai, j'avais pas remarqué que j'étais à l'étage supérieur ! »

Ma réponse, faussement naïve, n'avait trompé personne.

« Affaire Markovic, j'ai un mandat de perquisition. »

Ils ont tout mis sens dessus dessous, pour finalement n'embarquer dans leurs locaux que de la correspondance et mon carnet d'adresses. Un carnet bien rempli, soit dit en passant... et qui ne me sera jamais rendu ! Une imprudence de ma part, mais qui m'a servi de leçon. Plus jamais je n'ai inscrit les coordonnées de mes amis sur un agenda. Nombre d'entre eux furent en effet importunés. Des gens qui n'avaient rien à voir évidemment avec cette affaire de meurtre. À la fin de la perquisition, inutile de préciser que mon camarade et moi fûmes reconduits dans les locaux de la Sûreté, d'où je sortais. Georges Beaume, lui aussi convoqué, mais sans doute plus poliment, était assis sur un banc. Il était plongé dans la lecture de Proust, *Du côté de chez Swann.* À la recherche du temps perdu, dans l'attente de son interrogatoire ?

Quand ces messieurs de la police ont une idée en tête, qu'on se le dise, tout est bon pour qu'ils l'imposent selon leur plan. Pour eux, il importait que je sois l'homme au taxi, il leur fallait donc coûte que coûte aboutir à cette conclusion. Pour ce faire, ils envisagèrent de me confronter au chauffeur de taxi. Ce que ce dernier refusa tout net. Pour lui mettre une pression dont il se serait bien passé, il fut conduit devant le commissaire divisionnaire Camard, qui dirigeait le SRPJ de Versailles. Là, il fut expliqué au brave homme que cette confrontation était indispensable, capitale même pour la poursuite de l'enquête, car il importait de savoir si j'étais ou non l'inconnu du 22 septembre au soir. M. Dahmani, c'est tout à son honneur, refusa de jouer le rôle du dénonciateur. C'était mal connaître l'entêtement des poulets. M. Camard s'entêta :

« Monsieur Dahmani, acceptez au moins d'apercevoir Marcantoni afin de pouvoir nous dire si vous reconnaissez ou non votre client.

– Monsieur le commissaire, permettez-moi de vous le dire, je trouve ce procédé tout à fait dénué de franchise. »

Que pouvaient bien importer les dires du chauffeur ! Le 24 octobre 1968, contre son gré, il lui fut imposé de m'observer dans l'entrebâillement d'une porte. On m'avait placé dans un angle d'excellente visibilité pour le témoin, dans les locaux du ministère de l'Intérieur. À l'issue de ces observations, où il m'avait été demandé expressément de me déplacer pour mieux juger de ma démarche, voici ce que déclara sur procès-verbal M. Dahmani :

« L'homme que vous venez de me présenter ici et que je viens de voir parfaitement pourrait être le client que j'ai chargé le 22 septembre 1968, rue Lafayette, si on s'en tient à son allure et à sa démarche. Toutefois, en mon âme et conscience, je n'ai pas assez vu son visage pour le reconnaître d'une façon affirmative. »

Plus tard, M. Dahmani apportera de nouvelles précisions, et donnera au juge Patard un signalement qui ne me correspondait pour ainsi dire en rien. Enfin, à l'issue d'une présentation qu'il avait finalement acceptée sous la pression policière, où une quinzaine de chauves figuraient en ma compagnie, il ne me reconnut nullement comme ayant été l'homme du taxi. Une surprise de taille m'attendait. Quand il quitta la pièce où nous avions été rassemblés, je vis tous les chauves se presser vers le couloir. J'en demandai la raison à l'un d'entre eux :

« Nous allons chercher notre prime. »

Tous, en fait, étaient des policiers qu'on avait fait venir des quatre coins de France.

Une autopsie en cache une autre

Durant le premier mois des investigations, les enquêteurs se sont efforcés de rechercher dans quelles circonstances Stephan Markovic avait bien pu se battre et recevoir, au cours d'une rixe ou d'une discussion ayant mal tourné, un coup d'un objet lourd et contondant sur le crâne. Ce à quoi étaient arrivés les deux experts nommés, MM. Lecœur et Bailly, des as pourtant de la médecine légiste. Or, le fait qu'aucune autre trace de coups n'ait été remarquée sur le corps de la victime gênait ce raisonnement. Fallait-il envisager que Markovic, lutteur redoutable, ait été préalablement drogué puis séquestré et ensuite assommé ?

Dans cette hypothèse, le magistrat instructeur demanda qu'une analyse toxicologique soit effectuée. De leur côté, les deux légistes qui avaient pratiqué la première autopsie, le 2 octobre, réclamaient eux-mêmes une nouvelle autopsie car ils n'avaient pas pu effectuer à l'hôpital de Versailles l'examen radiologique du corps, cet établissement ne possédant pas les installations techniques voulues. Le corps du Yougoslave fut donc exhumé et une seconde autopsie fut effectuée le 26 octobre à l'institut médico-légal de Paris par les mêmes praticiens.

Le nouvel examen du cadavre, effectué en présence des docteurs Lebreton et Carat, chargés de l'analyse toxicologique des viscères, et du docteur Dehouve, radiologiste de l'institut médico-légal, amena la découverte d'une plaie par balle, avec orifice d'entrée au niveau de la région haute et gauche de l'écaille occipitale, le projectile étant resté inclus dans la matière cervicale. Par contre, le délabrement crânien antérieur d'avant en arrière aurait bien été effectué par un objet contondant, volumineux et pesant, et ne saurait être en rapport avec l'entrée de la balle dans l'occiput.

Cette balle restée dans l'encéphale, sans avoir atteint une paroi crânienne, n'aurait pas pu provoquer un enfoncement crânien d'avant en arrière, si elle avait atteint la région frontale. Le juge Patard, en charge de l'enquête, confia alors une nouvelle expertise au professeur Ceccaldi, directeur du laboratoire de police scientifique à Paris, et à M. Besançon, armurier à Paris, expert près la cour d'appel, aux fins :

1. d'identifier les débris de métal prélevés sur le bord de l'orifice provoqué par la balle dans la calotte crânienne de Markovic ;

2. d'identifier les débris de métal se trouvant encore sur les bords de cet orifice et visibles sur les radiographies pratiquées par le professeur Dehouve ;

3. d'identifier le projectile extrait du corps de la victime ;

4. de rechercher à quelle distance le coup de feu avait été tiré.

Je ferai volontiers grâce aux lecteurs des conclusions apportées par les éminents experts. Je retiendrai seulement que la balle en plomb était vraisemblablement de calibre américain 38 spécial, que cette balle avait été tirée par un revolver dont les caractéristiques pouvaient permettre de dire de manière quasiment certaine qu'il s'agissait d'un Smith & Wesson, Une arme assez sophistiquée, qui coûte cher... et que je n'ai jamais possédée.

Selon les nouveaux hommes de l'art, les plaies frontales relevées sur Markovic résultaient de coups portés après le tir. Cette hypothèse allait à l'encontre des conclusions des docteurs Lebreton, Bailly et Lecœur, formulées après l'autopsie du 26 octobre, lesquelles précisaient que le délabrement crânien antérieur dirigé d'avant en arrière était sans relation avec la balle restée dans l'encéphale sans avoir atteint la paroi crânienne, et n'aurait donc pu provoquer un enfoncement crânien antérieur d'avant en arrière. Si les experts se contredisent entre eux, on comprend qu'il puisse y avoir des erreurs judiciaires.

Mais moi, qu'allais-je donc faire dans cette galère ? Foin de bataille d'experts, pour les enquêteurs, les faits étaient nets. Markovic avait succombé à une blessure par balle. L'hypothèse initialement retenue d'une mort survenue au cours d'une bagarre même inopinée était donc à écarter. Si l'on apportait quelque crédit au récit fait par Uros aux policiers, Stephan Markovic avait été attiré dans un guet-apens et exécuté le 22 septembre 1968 selon les règles habituellement en vigueur dans le Milieu. Dès lors, en concluaient finement les limiers de la PJ, le rendez-vous de la victime ce même 22 septembre avec François Marcantoni devenait évident. Eh ben voyons !

Markovic, un gars bien sous tous rapports

Puisqu'il semblait si évident que le crime était crapuleux et prenait sa source dans le Milieu, que ne s'est-on intéressé davantage à ce Milieu yougoslave qui gravitait autour du beau Stephan ? Car en fait, parmi ses fréquentations, on ne compte pas moins d'une trentaine d'individus tous condamnés pour des agressions à main armée, des vols à la tire, des escroqueries, des homicides volontaires, que sais-je encore ? Quelques noms ?

Dragan, auteur de vol par effraction à Bruxelles, de recel de vol à Paris, d'agression de personnes et d'usurpation de fonction ;

Grujic Milan, auteur de vols avec effraction sur la Côte d'Azur ;

Lapcevic Peter, auteur de vol par effraction à Annecy et vols à la tire à Paris ;

Marjanovic Milorad, spécialiste du vol à la tire sur les champs de courses de la région parisienne ;

Markovic Victor, auteur de vol par effraction et recel à Paris ;

Milosevic Ljubomir, auteur de vols à Paris. Qui sait, peut-être un parent de l'ancien dictateur yougoslave...

Inutile de citer davantage de noms, si ce n'est pour épaissir cet ouvrage...

Au fur et à mesure que l'enquête progressait, apparaissait clairement aux policiers que le play-boy yougoslave appartenait à la pire des espèces qui soit. Entré clandestinement en France, en octobre 1958, tout juste âgé de vingt et un ans, venant de Yougoslavie où son père était fonctionnaire, et non ambassadeur ou ancien ministre, comme il s'en vantait souvent, le statut de réfugié politique lui avait été accordé à partir de novembre 58. Jusqu'en 1966, ses occupations essentielles avaient consisté à jouer, par intermittence, les photo-stoppeurs ambulants. Il se postait aux endroits fréquentés par les touristes, comme le Trocadéro, et là, il mitraillait à tout-va. Un Noir solitaire était-il en peine de sa photo « petite femme de Paris » ? Pas de problème. Une accorte jeune femme blonde, amie de Stephan, prenait le bras du monsieur... pour quelques billets de plus, il va de soi ! Au besoin, un baiser sur la bouche, en fonction de la liasse que pouvait glisser l'homme au « photographe »... et l'autre s'en repartait, heureux à l'idée que, de retour au pays, il exhiberait le tendre cliché avec sa blonde, souvenir de Paris et témoignage indubitable de son habileté à tomber « les plus jolies pépées du monde ». Qu'importe qu'il se fût délesté de quelque argent.

Hors cette activité qui lui rapportait des fins de mois parfois confortables, s'appuyant sur un indéniable rayonnement naturel et une force physique assez impressionnante, il s'était fait, dans le milieu frivole et cosmopolite où il évoluait, une réputation de séducteur dont il tirait habilement parti... et profit. À en croire certaines personnalités qui côtoyaient à l'époque les salons très privés de Mme Claude, le jeune homme était très recherché pour ses prouesses amoureuses. Ne disait-on pas qu'une fois il avait comblé cinq jeunes pensionnaires de la pasionaria du sexe chic à la suite, devant un parterre des deux sexes fortement impressionné. Que, pour de l'argent, il ait accepté les hommages de quelque grison en mal de sensations, c'est certain.

Outre ces activités d'un genre assez particulier, Markovic tirait ses subsides de gains incertains, notamment des jeux de cartes, où il était difficile de trouver tricheur qui le surpassât, mais aussi de dames qui savaient se montrer généreuses en échange de caresses que leurs maris, industriels, notables, toujours en voyages d'affaires, avaient cessé de leur prodiguer depuis des lustres. Ne pas oublier non plus maints trafics suspects, actions délictueuses qui le conduisirent à trois reprises en prison, pour vol, violences diverses et infractions à la législation sur les étrangers. On aurait pu penser que la gentillesse, la générosité même d'Alain Delon à son endroit, depuis janvier 1966, où l'acteur, pour être fidèle à la promesse faite à Milos – sa première doublure yougoslave, dont on a déjà vu la triste fin cette même année 1966 –, l'avait tiré de sa geôle d'Annecy et pris à son service, allaient l'aider à retrouver le droit chemin. Qui, dans sa jeunesse, n'a pas eu quelques errements ? Cette présence nouvelle auprès d'un acteur en pleine gloire, qui mettait fin à ses difficultés financières tout en lui assurant un prestige certain, principalement aux yeux de ses nombreux compatriotes, aurait dû avoir un effet bénéfique. Il n'en fut rien. L'instruction apprendra que la belle Nathalie Delon eut une liaison avec lui. C'est le chauffeur garde du corps Marcel Gasparini, un ancien catcheur, une véritable armoire à glace, qui en fera mention au cours d'un interrogatoire. Un témoignage qui sera confirmé par l'épouse d'Alain, qu'elle avait au demeurant mis au courant six mois plus tôt et qui, c'est dans son caractère, avait pardonné. Moi, j'aurais plutôt eu tendance, dans des circonstances pareilles, à sortir mon calibre. Mais je suis corse !

Allô tonton, pourquoi tu tousses ?

Le lecteur se souvient peut-être, du moins je l'espère, que l'ami de Stephan, le fameux Uros, dans sa déposition chez les policiers, le 3 octobre 1968, s'était montré fort bavard. Steva, selon lui, lui avait fait part du danger qu'il pensait courir en allant participer avec un certain François « à un coup dans la banlieue parisienne ». Un cambriolage qui devait rapporter à ses auteurs quelque soixante millions de centimes. Selon la déposition d'Uros, c'est à la demande de Stephan qu'il avait rejoint ce dernier dans l'après-midi du 22 septembre, avenue de Messine. Il l'avait ensuite accompagné jusqu'à l'angle de l'avenue et de la rue de Lisbonne où là il avait pris place dans le taxi Peugeot 404. À l'arrière du véhicule, Uros se souvenait d'avoir aperçu un passager dont il était capable de donner le signalement, une cinquantaine d'années, le visage gras, portant un chapeau de couleur foncée et une veste grise. Ce dernier détail n'est pas sans importance. Dois-je le rappeler, dans sa déclaration aux mêmes policiers, le chauffeur du taxi affirmera que l'homme qui se trouvait ce soir-là dans son véhicule portait une veste bleu marine avec gilet et un pardessus de la même teinte. C'est dire la fragilité des témoignages ! Mais sur la foi desquels, lorsque vous êtes dans l'œil des pandores, vous pouvez en prendre pour vingt ans, voire perpète ! À vous donner froid dans le dos.

Le bon Uros, cependant, dans son désir de faire avancer l'enquête et permettre aux policiers de mettre la main sur l'assassin, ou les assassins, de son ami Stephan, une amitié toute fraîche, soit dit en passant, puisqu'elle datait de cette même année 1968, alors que les deux hommes s'étaient rencontrés fortuitement dans Paris, omit une information capitale. Sa mère, chez qui il logeait officiellement, était remariée à un certain Miroslav Stanogevic. Or son beau-père donc, à lui Uros, l'avait mis en contact avec une de ses relations, un dénommé Borislav Mesarovic, dit Bora. De quoi avait-il été question entre les trois hommes ? Mesarovic souhaitait trouver preneur de cinq kilos de drogue. Il s'en était ouvert à Stephan Markovic, pensant qu'il était le plus à même, à travers le milieu des artistes où il avait ses entrées, de trouver acquéreur. Stephan s'était donc chargé de trouver un client. Le 18 septembre, il avait remis à un destinataire alors inconnu une première livraison d'un kilogramme. Le lendemain, le 19, un deuxième kilo était remis au même destinataire dans des circonstances identiques. Le samedi 21, dans l'après-midi, les trois derniers kilos étaient livrés, toujours à la même personne. Le 22 au soir, Stephan s'évanouissait dans la nature. Avant que son corps ne soit retrouvé, une balle dans la tête. C'est Alain Delon lui-même, au cours d'une audition chez les policiers le 12 octobre, qui révéla ce trafic. Il en avait reçu la confidence d'Uros. Ce dernier devait confirmer les propos de l'acteur.

Il est permis de se demander pourquoi, alors que lui-même semblait avoir joué un rôle, ne serait-ce que d'intermédiaire entre Stephan, son ami, Stanogevic, son beau-père et Bora, le fournisseur, les policiers ne jugèrent pas utile de mettre Uros à la disposition du magistrat instructeur et le laissèrent, tout au contraire, sortir libre de leurs bureaux. Une raison à cela, Uros n'ayant guère le choix, vu la peine qu'il encourrait, qu'entre être déféré devant la justice ou devenir le collaborateur zélé de la police, bref un indic, on se doute aisément vers quel plateau de la balance il orienta son devenir.

Mais ce que ce trafic de drogue a de plus cocasse, c'est que l'héroïne que « fourguait » Stephan à son inconnu était en réalité... de l'amidon. La substance avait été placée dans des sachets de cellophane portant la marque d'une usine de Skoplje. On peut imaginer la colère du destinataire, une fois le pot aux roses découvert. Qu'il n'ait eu qu'une envie, faire payer à Markovic son marché de dupes. Et alors même que le corps de ce dernier était retrouvé, le 2 octobre, dans la décharge d'Élancourt, Bora, le fournisseur d'amidon, avait le culot de relancer Uros pour toucher son argent, qu'il prétendait s'élever à cinquante mille francs d'aujourd'hui. Une vraiment bien belle mentalité, tous ces Yougos ! A-t-il finalement été monnayé de cette escroquerie sur la marchandise ? Je l'ai toujours ignoré. L'argent, c'est une évidence, a bien dû atterrir dans quelque poche.

L'enquête, menée mollement en raison du nouveau rôle imparti à Uros, n'a jamais permis d'élucider ce mystère. Oh, certes, les enquêteurs sont remontés jusqu'à Stanogevic et l'ont interrogé. Qu'ont-ils appris ? Que celui-ci s'était rendu à la gare de l'Est en compagnie du fameux Bora pour retirer à la consigne deux valises qui avaient été la propriété de Stephan et qui contenaient, selon eux, des effets personnels du défunt. Uros, on ne sait trop pourquoi, les y avait déposées en personne. Pourquoi remiser dans une consigne de gare des vêtements ? Et de quels effets personnels il pouvait s'agir ? Il ne semble pas que la question, en apparence élémentaire, ait effleuré trop longuement les superflics enquêteurs. Ils se sont contentés de déclarations aussi farfelues et peu crédibles que celle-ci : « c'était de vieux vêtements que Bora devait donner à des Yougoslaves gitans ». Des gitans fantômes, assurément, puisqu'ils n'ont jamais été retrouvés. Le commissaire Bardon, qui n'aura de cesse de me poursuivre de sa haine tout au long de l'instruction, ne fut en rien ému de ces témoignages. Et pour cause. Il avait besoin d'Uros pour servir ses intérêts. Entre ses mains de flic déjà habile, ce qui lui vaudra de nombreuses années plus tard de devenir le patron des RG de la police parisienne. Uros allait devenir la marionnette idéale, qu'il sut actionner à merveille chaque fois que le besoin s'en est fait sentir.

Où la politique s'en mêle

L'opinion, chaque jour qui passait, était tenue informée de l'évolution de l'enquête. Non qu'elle ait pu s'intéresser en quoi que ce fût du meurtre de ce petit truand yougoslave qui avait peut-être voulu jouer dans la cour des grands, où il n'avait pas été admis. Ce qui la tenait en haleine, en revanche, c'était le fait que, de la mort même de cet individu, se trouvait sous le feu des projecteurs médiatiques le grand Alain Delon lui-même, et son épouse Nathalie, qui n'avait pas encore commencé une carrière au cinéma. Déjà, à mots couverts, se chuchotait que la star, naguère protégée de Visconti, avait eu à connaître la prison, à l'armée. Ses traits de dur l'identifiaient plus ou moins aux truands implacables qu'il interprétait à l'écran. Il aurait été vu, disait-on, dans tel ou tel établissement de nuit, tenu par quelque sommité du Milieu. Alors que l'attention du public commençait à se focaliser sur Alain, accessoirement sur moi, le truand gravitant dans l'ombre de l'idole, c'est *Le Figaro*, le premier, qui publia en novembre un article dans lequel, sans la nommer, il révélait qu'une personnalité politique de premier plan serait mêlée à ce qui n'était plus désormais évoqué dans les journaux que comme l'affaire Markovic. Mais je laisse à l'ancien ministre Michel Jobert le soin de présenter les choses telles qu'elles se sont passées et telles qu'il en a rendu compte dans son livre *Mémoires d'avenir*, paru aux éditions Grasset en 1974 :

« Quand, un matin d'octobre, on découvrit sur la décharge publique d'Élancourt, petite commune des Yvelines, point trop éloignée d'Orvilliers, le corps de Stephan Markovic, enveloppé dans une housse en plastique, qui pouvait penser que débutait ainsi un de ces grands jeux dont parfois la politique – et ce qui gravite autour – a la frénésie et l'impudeur ?

« Quelques jours après, dans un cocktail, deux professionnels des nouvelles chuchotaient, en attirant l'attention sur ce fait divers : "Eh bien, ce sont les Pompidou qui vont trinquer !" Étrange réflexion qui conduisait à croire que Markovic avait été tué parce qu'il fallait un cadavre, ce qui paraît excessif, ou mieux qu'une démonstration pouvait être bâtie à partir d'un cadavre providentiel. J'ai la naïveté peut-être de m'en tenir à cette dernière hypothèse, quoique les ressources de l'esprit soient infinies quand le mal l'aiguillonne. »

Et le même Michel Jobert d'ajouter ces deux précisions :

« Georges Pompidou, sur une feuille gainée de cuir qu'il garda longtemps dans sa poche, et je crois jusqu'à sa mort, dressait la liste de ceux qui, par sottise, méchanceté ou intérêt, piétinaient ainsi son honneur. Peu de temps après sa mort, son fils a voulu que moi aussi j'aie les noms de cette liste. C'était bien inutile. Je ne les ai pas oubliés, et d'autres encore, qui n'y étaient point.

« L'attitude prise par l'Élysée dans cette affaire fut vite portée à la connaissance de Georges Pompidou. Il n'y pouvait croire. Il ne pouvait croire qu'à tant de dévouement de sa part répondît tant d'indifférence ; qu'intime, il fût traité en étranger. »

La conclusion de l'un des plus proches collaborateurs de Georges Pompidou, avec Édouard Balladur et Jacques Chirac, tombe, dramatique et tellement juste :

« ... Qu'à l'issue de la réunion élyséenne, le Général ait conclu "Il faut voir...", ce qui valait instruction pour le Premier ministre, le ministre de l'Intérieur et le ministre de la Justice, René Capitant, que ces quelques mots désabusés ou dubitatifs aient été prononcés, pour Georges Pompidou, c'était tout un univers qui s'écroulait. Que lui, collaborateur de toujours, Premier ministre pendant six ans, fût ainsi, sur des ragots déshonorants, livré à l'enquête et à la malveillance publique, quelle amertume et aussi quelle fureur ! Il se battrait donc tout seul, dans sa solitude et sa liberté. De ce jour, l'œuvre du Général était considérable et devait être préservée ; les leçons méditées et enrichies, le personnage respecté voire révéré. Mais, entre deux cœurs, il n'y avait plus rien de commun... »

De Couve de Murville, alors Premier ministre, Raymond Marcellin, Ministre de l'Intérieur et René Capitant, ministre de la Justice, d'une justice alors toute entière ficelée par l'Élysée, donc par le général de Gaulle, c'est assurément le gaulliste de gauche, Capitant, qui fut le plus acharné à la perte de Georges Pompidou. Non seulement celui-ci avait combattu sa loi sur la participation, ce qu'il ne lui avait pas pardonné, mais aux yeux de cet éminent juriste, d'une rigidité morale à toute épreuve, le « député du Cantal », comme se plaisait à l'appeler Malraux, qui ne l'aimait pas lui non plus, représentait la Banque – il avait été, avant d'être appelé par le Général pour devenir son directeur de cabinet, directeur à la banque Rothschild – et la « dolce vita » tropézienne, où le couple possédait une maison. Bon vivant, le natif de Montboudif aimait à fréquenter les artistes. On sait combien son nom reste aujourd'hui attaché à l'art contemporain. À Saint-Tropez, il lui arrivait de partir sur le bateau du peintre Bernard Buffet, il avait des liens d'amitié avec le chanteur Guy Béart. Ils se rendaient de temps à autre chez Alain et Nathalie Delon. Tout comme ils se rendaient visite, parfois, à Paris ou à Orvilliers, où ils avaient leur résidence secondaire. Orvilliers, si proche d'Élancourt, où le cadavre de Markovic avait été retrouvé… Orvilliers, si proche de Goussainville, où j'avais ma propre maison de campagne… Un fameux triangle des Bermudes ! Et s'il était possible d'établir un lien entre ces différents personnages, le couple Pompidou, le couple Delon et votre serviteur ? L'idée fit son chemin. D'autant que…

Ackov, l'homme qui tombe à pic

Le 10 octobre 1968, un Yougoslave incarcéré à Fresnes, Boris Ackov, âgé de vingt-cinq ans, et multirécidiviste déjà, prend sa plus belle plume pour rédiger une lettre de condoléances à l'intention d'Alain Delon ! Il a appris de son avocat la mort de Markovic, dont il se flatte d'être un ami – décidément le macchabée comptait beaucoup de voyous dans son entourage – et il sollicite de l'acteur des renseignements sur la mort de son employé. La lettre est signée Bob.

Lorsque mes avocats en eurent connaissance, ils s'aperçurent que seule la signature pouvait être authentifiée comme étant celle d'Ackov. Qui pouvait avoir intérêt à se substituer dans le contenu de la lettre au prisonnier, sinon la police ? Comme il se doit, la missive fut contrôlée, selon le règlement intérieur de toutes les prisons de France et de Navarre, par l'administration pénitentiaire qui l'expédia ensuite au juge Sablayrolles, à la disposition de qui Ackov avait été placé en détention. À la réception de ce courrier, le juge Sablayrolles, après en avoir pris connaissance, le transmit au magistrat instructeur du dossier Markovic, le juge Patard. Celui-ci prescrivit alors aux services de police de Versailles de recueillir les déclarations de ce détenu sur ses relations avec la victime et Alain Delon. C'est à l'officier de police judiciaire Georges Monceau qu'échut la tâche de recueillir, le 30 octobre, dans sa cellule de Fresnes, les déclarations d'Ackov.

Bob, livré à la solitude de sa geôle, se montra avec l'officier de police particulièrement prolixe... et coopératif ! Il en raconta bien plus que ce que le policier attendait. Tellement plus que, curieusement, si certaines de ses confidences furent consignées sur procès-verbal, beaucoup d'autres ne furent suivies d'aucune trace écrite. Curieusement ? Pas si sûr. Le procès-verbal par lui-même (cote 639/137) ne laisse pas de surprendre. Déjà, le jeune Uros, qu'il affirme connaître, est taxé de « petit con ». Soit, je suis plutôt enclin à accroire ce jugement. Plus étonnant pour un détenu, il voudrait connaître les motifs du meurtre de son compatriote Stephan, le chantage. Selon lui, son ami ne se séparait jamais d'un Polaroid, de jour comme de nuit. De nuit surtout. En 1965 et 1966, il avait ainsi fait chanter d'anciennes maîtresses couchées sur pellicule dans des positions sans équivoque.

Dans son délire verbal, cet autre mythomane confiait à Monceau :

« Je connais deux endroits où Stephan participait à des parties fines, tout comme mes amis "Misha" et Sabrija Zulfikarpazic. J'ai moi-même participé en 1966 avec Stephan et quelques amis à l'une de ces soirées. C'était dans une villa de banlieue. »

Voilà de quoi susciter l'intérêt du policier.

« Connaissez-vous l'adresse de cette villa ?

– Non, mais en réunissant mes souvenirs, je pense que je pourrais reconnaître les lieux.

– Sauriez-vous reconnaître également des personnes qui, ce soir-là, participaient à cette soirée un peu spéciale ? Quelles étaient les personnes qui vous accompagnaient ?

– Outre Stephan, nous étions cinq, dont deux Yougoslaves, dans une DS ou une ID, conduite par un Français, Joël. »

Détail piquant, qui vaut son pesant d'or, contrairement à ce qu'affirmait Ackov dans sa lettre à Delon ce n'était pas par son avocat qu'il avait appris la mort de son ami Stephan, mais par l'inspecteur de police Collet venu, avant ce 10 octobre, lui rendre visite dans sa prison de Fresnes. Étrange, non ? Voilà en tout cas qui peut éclairer et sur le peu de foi que l'on peut accorder aux témoignages d'un mythomane, et sur les étranges relations qui se nouent entre un même individu et les membres de la police.

Le plus intéressant des déclarations d'Ackov, qui ne fut pas consigné sur procès-verbal, le commissaire Bardon fut néanmoins obligé d'y faire allusion dans son rapport, à la page 181.

« Hors procès-verbal, Borivoj Ackov ajoutait qu'au cours de cette réception assistaient, selon ce qu'on lui avait dit, des personnalités. »

Le grand mot est donc lâché, des personnalités.

L'information est aussitôt remontée au juge Patard qui la fait remonter au procureur général, M. Lajaunie, lequel n'a pas manqué d'en informer le garde des Sceaux, M. Capitant.

Selon le rapport Bardon, ci-dessus cité :

« Il en fut rendu compte à M. le juge Patard, qui devait

entendre ultérieurement de son côté le Yougoslave sur les précisions rapportées par l'intéressé. »

L'intéressé, qui n'était pas un personnage très intéressant, dira plus tard avoir répondu à des questions « plutôt suggérées que posées » (réquisitoire du procureur de la République, page 30). Tiens donc...

Quid en effet des précisions mentionnées par le grand flic Bardon qui conclura ainsi son rapport :

« Les vérifications, auditions et investigations effectuées à la suite des déclarations d'Ackov ne donnèrent aucun résultat... Le témoignage d'Ackov n'a apporté aucun élément utile à la manifestation de la vérité dans le meurtre de Stephan Markovic. »

Aucun élément utile, vraiment ?

Le 2 novembre, l'officier de police judiciaire Georges Monceau a repris le chemin de Fresnes, afin d'y interroger de nouveau le voyou.

« Voudriez-vous nous préciser, monsieur Ackov, à quel endroit vous avez rencontré des personnalités ? »

Les souvenirs, vieux de deux ans pourtant, revinrent comme par enchantement, Merlin-Ackov désigna le lieu, vraisemblablement Montfort-l'Amaury, la propriété, qui « comporte deux étages de style victorien ». Diantre, quelle culture ès architecture pour un petit voleur de pacotille. Propriété close « d'un petit mur surmonté de grilles pleines ». Quelle étonnante mémoire. À l'en croire, le propriétaire se nommait « Roy, ou quelque chose comme ça ». La leçon policière était vraiment bien apprise.

L'inspecteur Monceau et Ackov se « transportèrent », pour reprendre le mot du policier, à Montfort-l'Amaury, par la nationale 12. Si surprenant que cela puisse paraître, les deux hommes se dirigèrent de suite au numéro 23 de la rue Maurice Ravel. Très fort !

« C'est bien là, il n'y a pas de doute. »

Ainsi, deux ans plus tard, alors qu'il n'avait jamais remis les pieds dans cette maison, le simple fait qu'on la lui présentât à nouveau, et voilà que tout remontait à la surface de sa mémoire.

En vérité, cette demeure n'était autre que celle de M. Ambroise Roux, l'un des P-DG alors les plus importants de France, membre du Conseil économique et social, et... ami intime de Georges Pompidou. Roux, Roy, à peu de chose près, c'est du pareil au même.

Au retour de ce bol d'air pur à la campagne, il fut demandé bien sûr au détenu de se remémorer certaines choses qu'il aurait pu voir au cours de la fameuse soirée, sur les photos que n'avait pas manqué de prendre, en toute discrétion, son ami Stephan. Des noms furent lâchés. Le Yougoslave prétendait être arrivé dans cette propriété de Montfort-l'Amaury vers deux heures du matin, à moitié ivre mais néanmoins lucide, avec Stephan et les cinq autres compagnons. On l'avait conduit avec ses amis dans une pièce du rez-de-chaussée. Il y avait là du « beau linge ». À un moment, Stephan l'avait présenté à la femme d'un grand industriel du Nord, avec le commentaire flatteur suivant :

« Tu as vu cette salope ? Il lui en faut quinze ou vingt ! »

Il ne s'agissait pas de crayons.

Il avait retrouvé au buffet copieusement garni Mme de X..., l'épouse d'un haut fonctionnaire. Il la connaissait déjà pour lui avoir été présenté dans un café de la rue Royale par un certain Vincent. Lequel lui avait soufflé, après cette rencontre :

« Une drôle de baiseuse et de partouzeuse. »

Décidément, dans l'entourage d'Ackov ou de Stephan, les femmes avaient une élogieuse réputation.

Étaient aussi présentes, proches du buffet, deux sœurs jumelles. Au premier étage, parvenaient « des bruits et des rires comme dans une surprise-partie ».

Lancé dans le souvenir de cette soirée, devenu intarissable, il crut bon de porter le coup de grâce :

« J'ai également vu au cours de la soirée à Montfort-l'Amaury, une femme blonde de quarante à quarante-cinq ans, de grande taille. J'ai trouvé qu'elle avait un nez prononcé. Sur le moment, je n'ai pas su qui c'était : je n'avais jamais remarqué cette personne sur des photographies, antérieurement. Encore maintenant, je ne sais pas qui c'était.

« Sur le chemin du retour, Stephan bavardait avec Joël. À un moment donné, il s'est adressé à moi et il m'a dit : "Il ne faut pas raconter les choses que tu as vues." Je lui ai répondu que je n'avais rien vu. Stephan a ajouté : "Il faut faire attention et ne rien dire, tu sais, c'est la femme du Premier ministre. »

Il précisa ensuite que, deux jours après la soirée de Montfort, alors que lui n'avait rien remarqué d'anormal, Stephan lui avait raconté que « Mme Premier ministre » avait rendez-vous chez Mme de X... avec les deux sœurs jumelles, que chez Mme de X... c'était un « vrai bordel », qu'elle organisait des « parties »...

Si passionnantes fussent-elles, ces déclarations, rapportées par les policiers au juge Patard, ne l'émurent guère. Il en rendit néanmoins compte à sa hiérarchie. La réponse du procureur Lajaunie, qui en avait informé le ministre Capitant, ne se fit guère attendre. Le juge fut requis d'interroger Ackov et de consigner ses dires. Contraint d'accepter, le juge, plutôt que de faire venir à son cabinet le prévenu entre deux gendarmes, jugea plus prudent de se rendre lui-même à Fresnes.

Le 5 novembre, à la nuit tombée, tel un voleur, il se fit conduire jusqu'à la cellule du Yougoslave. Et consigna un procès-verbal dans lequel le détenu déclara :

« Je voudrais répéter que je n'ai jamais précisé au cours d'auditions précédentes que j'avais vu deux jumelles dans la maison de campagne où j'avais été au cours de l'été 1966. Je n'ai jamais dit non plus que j'avais fait l'amour avec la dame de quarante-cinq ans ; je n'ai même pas dit cela pour plaisanter, il y a eu un malentendu. »

Malentendu ou mal entendu intentionnel de la part des policiers ?

Ainsi que l'écrivit plus tard Georges Pompidou dans son livre posthume *Pour rétablir une vérité*, paru chez Flammarion en 1982 : Ackov, « dans des entretiens préalables avec les policiers, en avait remis, donnant des détails multiples. Mais devant le juge, il se gardait bien de confirmer ses révélations, disant n'avoir rien remarqué de scandaleux et soulignant qu'il n'avait pas identifié ma femme » (page 258).

Je crois pouvoir dire que je connais assez bien la police. Il ne lui est pas possible de prendre d'elle-même l'initiative de provoquer une suite de mensonges aussi ignobles. Aucun flic, je dis bien aucun, ne se mettrait pareille responsabilité sur le dos. Alors ? La réponse, à mes yeux, la plus plausible, c'est que les policiers n'ont pu agir que sur ordres. De qui ? De leur ministre, Raymond Marcellin ? Ma certitude, c'est que les ordres venaient de haut. De très haut.

Scrupuleusement, M. Patard continua son travail.

Il convoqua dans son cabinet versaillais M. Ambroise Roux.

Celui-ci protesta véhémentement de toute implication de sa part dans une quelconque soirée de partouze. Pour lui, cette histoire n'était qu'un roman de fort mauvais goût. S'il était un ami, en effet, de Georges Pompidou, il ne connaissait pas son épouse. Et il certifia que jamais celle-ci n'était venue dans sa propriété. D'ailleurs, selon lui, sa maison était une « maison de poupée », qui ne correspondait en rien avec la description donnée par Ackov...

Lorsque mon avocat, Me Isorni, ténor du barreau s'il en fut, indigné par la nature des questions posées à ce petit voyou d'Ackov, entre autres pour savoir s'il n'avait pas eu de relations sexuelles avec Mme Claude Pompidou, en fit part à M. Patard, celui-ci se contenta de répondre, quelque peu gêné quand même :

« J'ai agi sur l'ordre du garde des Sceaux. *»

Voilà qui éclaire bien l'angle sous lequel, dorénavant, l'affaire Markovic allait prendre forme. De simple crime crapuleux, toute une machination politique venait de se mettre en place pour barrer la route de l'Élysée à Georges Pompidou qui, de Rome où il avait été reçu par le pape, avait fait devant un parterre de journalistes la déclaration suivante :

« Ce n'est, je crois, un mystère pour personne que je serais candidat à la présidence de la République si le général de Gaulle se retirait. Mais je ne suis pas pressé. » C'était le 17 janvier 1969. Une date gravée à jamais dans le livre de ma vie, comme on le verra plus loin. Cette déclaration romaine fut ressentie par l'hôte de l'Élysée comme un coup de poignard. Pire, comme un acte de guerre.

Réponse du berger à la bergère, le Général, le 24 janvier, réplique en plein conseil des ministres : « Dans l'accomplis-

* Il faut comprendre que le Garde a saisi le Parquet qui a saisi le juge Patard *(NDE)*.

sement de la tâche nationale qui m'incombe, j'ai été, le 19 décembre 1965, réélu président de la République, pour sept ans, par le peuple français. J'ai le devoir et l'intention de remplir ce mandat jusqu'à son terme. »

Presque un mois plus tard, le 13 février, Pompidou, interrogé à Genève par la télévision helvétique, reprend la phrase-bombe de Rome, sous une forme quelque peu différente :

« Il n'y a pas de problème de succession. Cela étant, il y aura bien un jour une élection à la présidence de la République... J'aurai peut-être, si Dieu le veut, un destin national. »

La messe était dite.

Ce qui, avec le recul des années, me paraît encore invraisemblable, c'est que M. Pompidou ait pu longtemps tout ignorer de l'affaire Ackov. Me Isorni m'a raconté qu'un jour de février 1971 où il avait été reçu à Matignon par Jacques Chaban-Delmas, qui en était alors l'occupant, le Premier ministre lui avait incidemment demandé avec ce ton enjoué qu'on lui connaissait :

« Et l'affaire Markovic ? »

L'avocat avait soupiré, levé les yeux au ciel...

« Savez-vous, mon cher maître, que sans l'affaire Markovic, M. Pompidou ne serait pas devenu président de la République, au moins tout de suite ? Parce que, sans cette affaire, voyez-vous, M. Pompidou n'aurait pas parlé de son destin national. C'est cette déclaration qui a fait perdre au Général son référendum. »

Me Isorni se saisit aussitôt de la perche qui lui était tendue pour lancer la conversation sur « l'affaire Ackov ». Chaban, visiblement, n'en avait jamais entendu parler. À mesure que l'avocat avançait dans le détail du récit, son interlocuteur témoignait de sa plus vive indignation. Il avait été jusqu'à donner sa parole que le président de la République ignorait tout de cette histoire scandaleuse.

Or, s'il est deux ministres qui ne pouvaient en dire autant, deux ans plus tôt, c'était bien celui de l'Intérieur, Marcellin, et celui de la Justice, Capitant. Que Capitant n'en ait soufflé mot à M. Pompidou, vu la haine qu'il lui vouait, peut se comprendre. Mais que Marcellin, qui se disait haut et fort l'ami du même Georges Pompidou, se soit tu, voilà qui en dit long sur les mœurs politiques. Dans le Milieu, pareil coup n'aurait pas pardonné. Mais dans l'autre Milieu, celui des politicards, dont chaque événement récent nous apprend que ses crapuleries n'ont rien à envier aux voyous, si ce n'est qu'ils s'autoamnistient, eux, après avoir détourné des sommes considérables du bien public, bien plus importantes que le moindre hold-up, chacun garde ses haines pour lui et fait semblant de ne pas en nourrir contre quiconque. Que d'hypocrisie, vraiment.

Calomniez, calomniez, il en restera toujours quelque chose

De dîners parisiens en salles de rédaction, les chuchotements les plus malveillants s'étaient donc colportés sur Georges Pompidou. Grenouilleurs de toutes les époques et petits gardes champêtres du gouvernement se gaussaient dans les salons de l'embarras où allait se trouver l'ancien Premier ministre du Général. Au départ, d'ailleurs, ce dernier n'avait pas prêté une attention particulière au fait divers Markovic. Il avait eu connaissance, par la lecture du *Figaro*, qu'un homme politique se trouverait impliqué dans cette affaire. Il avait eu vent de photos d'un genre particulier, qui circulaient sous le manteau.

« Je ne prêtais à tout cela qu'une attention très intermittente. J'avais d'autres préoccupations (*Pour rétablir une vérité*, page 255).

« C'est dire à quel point un fait divers, même exceptionnel, même croustillant, me laissait froid... En parcourant les articles "en diagonale", j'avais bien noté l'allusion à la femme d'un ancien ministre. Je m'étais même posé la question, essayant de voir à qui cela pouvait s'appliquer, évoquant un ou deux noms. »

Preuve, soit dit comme ça en passant, qu'il y a bien eu des histoires de fesses, parmi des personnalités proches du général de Gaulle, n'en déplaise aux puritains de tout crin qui défendent bec et ongles la probité morale de tous ceux qui ont eu à graviter dans l'orbite du grand homme.

C'est un haut fonctionnaire, Jean-Luc Laval, qui, le premier, vint se confier à l'ancien Premier ministre.

« Il faut que vous sachiez une chose que personne n'ose vous dire. La "femme d'un ancien ministre" dont tout le monde parle à propos de l'affaire Markovic, c'est votre femme... » (page 256).

Jobert et Balladur confirmèrent les rumeurs qui se propageaient dans le Tout-Paris mondain.

« Restaient le gouvernement et le général de Gaulle. Et là, je dois dire que ce que j'appris me stupéfia. Informé du témoignage d'Ackov, le garde des Sceaux, Capitant, avait téléphoné à Marcellin pour l'en informer, en s'esclaffant. Il trouvait la chose drôle. Il avait aussi informé, j'imagine, Couve de Murville et Tricot. Celui-ci s'était rué en hélicoptère à Colombey. Le Général, de retour à Paris au lendemain de la Toussaint, avait réuni Couve, Capitant et Marcellin. On avait décidé qu'il ne fallait en rien entraver l'enquête de la justice (!) et que Couve devait me prévenir. Finalement, après quarante-huit heures de discussions, le malheureux Somveille avait été chargé de la commission » (*Pour rétablir une vérité*).

C'est en effet le directeur du cabinet du ministre de l'Intérieur, Pierre Somveille, qui reçut l'ingrate mission de prévenir Georges Pompidou des déclarations d'Ackov, qu'on lui prêtait sulfureuses. Occulte araignée du pouvoir, quasiment inconnu des Français, Bernard Tricot, l'homme qui, le dossier sous le bras, s'en est allé à Colombey informer le Général de la mise en cause de Mme Pompidou, tient sa puissance d'une conversation quotidienne, à dix-sept heures, avec le grand homme. Depuis dix ans qu'il s'est installé à l'Élysée, il est au cœur d'une toile de conseillers techniques qui forment le « cabinet noir » : Saint-Léger couvre la diplomatie, Prate l'économie, Pinet les questions sociales et Ducamin la justice. C'est René Brouillet, connu en Tunisie, qui l'a fait venir du Conseil d'État aux Affaires étrangères, pour y diriger son cabinet, au lendemain du 13 mai d'Alger. Sympathisant de Mendès France, donc de tendance socialisante, Tricot, tout acquis à l'Algérie algérienne, a pris les premiers contacts, secrets, avec les chefs de la rébellion, à l'été 1958. Peu à peu, l'homme est devenu indispensable. Froid, dur, les yeux insistants derrière une barricade de sourcils, ce natif d'Aurillac n'attire guère la sympathie. Ses plus ardents contempteurs ne l'ont-ils pas surnommé « Tricot stérile » ! Véritable « Père Joseph » du Régime, depuis 1967, dès que se présente une affaire délicate, susceptible de mettre en cause tel ou tel ministre, la consigne tombe dans les cabinets : « Voyez donc Tricot ! »

Fort d'une solide intimité avec le Général et du soutien de « tante Yvonne », Pompidou s'était cru dispensé de telles précautions, lors de son passage à Matignon. Tricot ne l'a pas oublié, le moment venu...

Quand Somveille eut terminé son exposé de l'enquête, telle qu'elle se présentait, Georges Pompidou était livide. Sonné comme un boxeur. Ainsi donc, on a ourdi, jusque parmi ceux qui furent ses collaborateurs, certains ses amis, un complot contre lui. Par la méthode la plus vile, la plus sournoise, la plus pernicieuse, le frapper en mettant en avant-scène Claude, son épouse à qui il est tant attaché.

Pire, de Gaulle a laissé faire. Lui qui connaît les Pompidou, comment a-t-il pu prêter le moindre crédit à des ragots arrachés à un voyou, selon toute vraisemblance, contre une remise en liberté immédiate ? Près d'un quart de siècle de collaboration entre eux, de confiance partagée, et soudain rien, plus rien. Ce n'est même pas un sentiment de colère qui le gagne, mais un abattement profond. Il songe à Salengro, ce ministre socialiste qui préféra naguère le suicide à l'opprobre et à la calomnie.

Pompidou, sournoisement atteint par les gaullistes de gauche, reste aux yeux de la gauche socialisante le plus dangereux adversaire, en cas de vacance du pouvoir, que l'âge avancé du Général autorise à entrevoir à plus ou moins long terme. Qui d'autre, en effet, présente pour les Français davantage de charisme que l'Auvergnat de Paris ? Mai 1968 est encore dans toutes les mémoires. Les accords de Grenelle, qu'il a négociés avec Jacques Chirac face au tout-puissant patron de la CGT Georges Séguy, lui ont valu une énorme cote de popularité. Pas moins de trente-six heures non stop, au ministère des Affaires sociales, présidé par Jean-Marcel Jeanneney. Victoire à la Pyrrhus, puisque l'État tout comme le patronat ont consenti des concessions énormes. Le Général en a pris ombrage. Lors d'une petite réception des Pompidou à l'Élysée, le 3 juillet, n'a-t-il pas glissé à l'oreille de Claude Pompidou :

« Alors, comme ça, votre mari a gagné seul les élections ? »

Deux jours plus tard, Pierre Lazareff, le mythique fondateur de *France-Soir*, homme de presse remarquable, se rend quai de Béthune pour déjeuner chez les Pompidou, des amis. Les salutations d'usage présentées, il s'adresse à M. Pompidou :

« Alors, qu'est-ce que vous allez faire maintenant ? »

Interloqué, Pompidou l'interroge.

« Comment, vous ne savez pas que Couve vient d'être nommé Premier ministre ? »

Les bras lui en tombent. Lui qui, au lendemain de ce 3 juillet où il a déjeuné avec le Général, a téléphoné à Tricot pour lui dire de transmettre à de Gaulle que, si celui-ci en est d'accord, estimant qu'il peut être « utile » au pays, il veut bien poursuivre sa tâche, voilà que lui est annoncée la nomination de Couve.

Le journaliste Philippe Alexandre, dans son livre paru en 1975 aux éditions Fayard, rapporte qu'au cours du déjeuner auquel participe Pierre Lazareff le même Tricot appelle Pompidou au cours du repas :

« Votre message a bien été transmis au Général, mais trop tard, Couve a été nommé hier soir, après le dîner.

Et d'ajouter, non sans une once de perfidie :

« C'est vraiment trop bête. »

Ainsi, tout ce dévouement, toutes ces heures de travail, de nuit comme de jour, au détriment de sa santé, de sa vie de famille, tout ça balayé. Un valet, voilà la considération que le Général lui porte. Vingt ans de fidélité à un homme pour se voir ainsi renvoyé. Et au profit de qui ? Couve, un grand bourgeois guindé, compassé, qui semble toujours mépriser le peuple, ce peuple qui ne le connaît même pas. Couve, au talent de débatteur plus que médiocre, seulement à l'aise dans un cercle d'ambassadeurs sous les ors de la République, un protestant glacial dont il connaît au demeurant le passé sous Vichy, en sa qualité de haut fonctionnaire. Oui, cette fois, c'en est trop. Un ressort s'est cassé. Entre lui et de Gaulle, rien ne sera plus de ce jour comme avant. Une rupture définitive. Qui permet de mieux comprendre pourquoi, au tout début de l'enquête, alors que Capitant se frottait les mains de voir l'avenir politique de Pompidou brisé, suite au meurtre d'un jeune voyou minable, de Gaulle, loin de soutenir son ancien Premier ministre, se soit contenté d'un : « Que la justice suive son cours. » Une parole qui autorisait tous les coups. Et ils n'allaient pas manquer.

Arrêté sans mandat, je passe de l'ombre à la lumière

Le 17 janvier 1969, jour où Georges Pompidou fait de Rome une déclaration jugée à Paris comme une trahison envers le Général, je suis à Cannes, où je compte de la famille, de nombreux amis... et ai quelques participations commerciales. C'est précisément pour régler quelques petits soucis et plus encore pour voir mon frère Charly que je suis sur la Côte. Demain, je regagnerai la capitale. Toujours prévoyant, j'ai mon billet de retour. Avec mon frère, nous avons palabré au « Jimmy's », le bar qu'il tient avec sa compagne Rita. Puis j'ai pris congé. Je lui ai proposé d'aller boire une coupe chez notre ami Henri Diana, propriétaire du « Monseigneur », avant d'aller nous coucher.

« Désolé, François, mais pas ce soir. Regarde tout le boulot qu'il me reste. Embrasse Henri pour moi. Tchao. »

Cela fait un petit moment que je suis donc attablé, détendu et serein, devant une coupe de champ'. Il y a à ma table de vieux copains. Allons, la soirée s'annonce agréable.

Vingt-deux heures trente-cinq, trois types entrent dans l'établissement. Dans pareille circonstance, mon flair ne me trahit jamais. Ces Pieds nickelés là sont de « la Grande Maison », la maison Poulaga. Ils s'approchent de ma table, après avoir balayé la salle d'un regard circulaire :

« François Marcantoni ?

– On ne peut rien vous cacher.

– Police. Veuillez nous suivre, s'il vous plaît. »

Inutile de poser des questions, dans ces circonstances-là. Leur affabilité naturelle risquerait d'en souffrir. Sans doute, pensai-je, s'agit-il d'un banal contrôle de routine. Je prends quand même le temps de vider ma coupe. Puis je m'approche du portemanteau où j'ai déposé mon pardessus.

« Restez où vous êtes. »

L'ordre a été donné sèchement. Je marque un temps d'arrêt.

« Vous n'avez rien à craindre, je ne suis pas David, moi. »

Quelque temps auparavant, à Paris, dans un bar de la rue d'Armaillé, un jeune commissaire, Maurice Gallibert, s'était fait descendre comme un bleu. Christian David, un garçon qui avait déjà un lourd passé, n'avait pas hésité en effet à tirer sur le représentant de la loi, alors que ce dernier l'avait autorisé à prendre son imperméable, suspendu à un portemanteau. Au moment où il enfilait le vêtement, le malfrat fit feu sur le policier, qui mourut sur le coup.

Dans la voiture noire où mes trois nouveaux « amis » m'avaient fait monter, pour me conduire au commissariat central, l'atmosphère, sans être lourde, n'engendrait guère la bonne humeur. À un moment, alors que nous roulions à vive allure, devant le peu de loquacité de mes hôtes, je risquai une question.

« Vous êtes de la Mondaine ?

– Non. »

La réponse était brève. Je dus m'en contenter, essayant mentalement d'échafauder des hypothèses qui, toutes, ne me satisfaisaient pas. Nous arrivâmes enfin à destination. Quand les trois inspecteurs m'eurent fait entrer dans un bureau, celui du commissaire, après que j'eus été invité à m'asseoir, le commissaire en question téléphona au procureur – j'appris plus tard qu'il s'agissait de celui de Draguignan –, pour lui signifier mon arrestation.. Même si je ne captais pas tous les propos échangés entre les deux hommes, me parvenaient suffisamment de bribes pour me faire une opinion.

Quand il eut raccroché le combiné, j'allai droit au but :

« Il y a de nouveaux éléments dans l'affaire Markovic ?

– Le juge d'instruction souhaite simplement vous poser quelques questions. »

À la façon dont il m'avait répondu, j'éprouvai une impression bizarre. Ca ne me disait rien qui vaille. J'avais été déjà longuement entendu, à Versailles, les 12 et 13 octobre, après que, le 5, le frère de Markovic, Alexander, eut remis les fameuses lettres du défunt, dans lesquelles Delon et sa femme Nathalie étaient désignés comme responsables du malheur qui pouvait lui arriver, et moi comme le complice de leurs basses œuvres. Très vite, eu égard vraisemblablement à la notoriété d'Alain et à mon passé de truand, j'étais, par un curieux effet d'inversion, devenu le suspect numéro un. Sans doute, en haut lieu, considérait-on que si la vedette faisait rentrer des devises, j'avais, moi, tendance à les faire ressortir dès qu'il m'en était loisible. À la suite de mes deux interrogatoires, non sans dépit assurément, les flics avaient dû consentir à me relâcher, aucune charge n'ayant pu être retenue. Dieu sait qu'ils ne m'avaient pourtant pas ménagé, les bougres, se relayant à tour de rôle dans l'espoir qu'ils parviendraient à trouver une faille ou à me faire craquer. En vain. J'avais donc retrouvé le cœur léger l'air du dehors, synonyme de liberté. C'est donc en toute légalité que je me trouvais à Cannes à vaquer à mes diverses occupations. Et voilà qu'à la veille de remonter sur Paris, on me « cueillait » au « Monseigneur » à seule fin de répondre à des questions auxquelles il m'eût été facile de prêter mon concours sur Paris, pour peu que j'y eusse été invité. Énervé, j'en fis la remarque :

« Les convocations, c'est pas pour les chiens.

– Ce sont les ordres, désolé. »

J'appris plus tard que l'ordre de m'arrêter avait été donné par le commissaire Camard, à charge pour son collègue de Cannes de me ramener à Versailles sous bonne escorte.

Pas de mandat d'arrêt, des ordres auxquels on obéit le doigt sur la couture du pantalon, voilà qui ne laissait rien présager de bon. Par contre, s'ils étaient si oublieux de la loi, en principe censée être égale pour tous, ils ne lésinèrent pas sur les formalités, papiers enlevés, lacets enlevés. Et le trou, pour parachever leur œuvre. Sans que j'aie pu leur tirer un mot de plus. Il fallut me rendre à la raison, j'étais gardé comme un lingot.

Qui a dit que je ne valais pas cher ?

Sous bonne escorte, avait-il été enjoint au commissaire cannois. Le ministre de l'Intérieur lui-même, Raymond Marcellin, avait pris la peine de téléphoner à la première brigade mobile, pour que je sois ramené sur Versailles avec les honneurs dus à un truand de mon envergure. Quel cinéma ce fut.

Mais ce que j'apprendrai quelques jours plus tard, c'est comment les circonstances mêmes de mon arrestation avaient été minutieusement mises au point. Une vraie cellule de crise s'était réunie.

Trois jours avant mon arrestation, le procureur de la République auprès du tribunal de grande instance de Draguignan, M. de Lansac, arrive au volant d'une R16 de service à la caserne Kellerman, qui abrite l'escadron de gendarmerie mobile du chef-lieu du Var. L'opération Marcantoni est préparée dans le plus grand secret. Pas moins de quinze cents hommes vont être mobilisés, qui pour assurer l'escorte, qui pour garder les routes, les carrefours, bref tous les points stratégiques. Pas question de me mettre dans une cellule de la prison de Draguignan, jugée trop centrale, mais dans la caserne même des gendarmes mobiles où le procureur s'est fait installer un bureau, devant lequel plusieurs gendarmes montent la garde, mitraillette au poing. Hormis quelques personnes triées sur le volet, nul ne doit connaître le lieu de l'incarcération.

Dans la nuit, des renforts de police sont arrivés. Cette fois, je m'inquiétais ferme. Que signifiait tout cela ? Tous ces uniformes commençaient à me taper un peu sur les nerfs. Pour moi, tout ça ? Mais pourquoi donc ?

Au petit matin, les deux grands patrons du SRPJ de la Côte sont venus me rendre leur visite de courtoisie. Il y avait là Denis et Mattei. Le premier, je le connaissais. Je me suis dit : « Tiens, en voilà un qui va pouvoir enfin te "rencarder". » Il m'a de suite prévenu qu'il n'était pas là pour répondre à mes questions. Tout ce que j'ai pu glaner de lui, c'est que mon arrestation faisait déjà grand bruit. Il me tendit quelques journaux de la région. Les gros titres étaient éloquents. Il semblait bien, à en croire les gazettes, qu'on avait enfin trouvé le bouc émissaire de l'affaire Markovic. Denis m'avait aussi prévenu que j'allais certainement rester en prison quelques mois. Et puis black-out total.

« Le plus dur, ça va être maintenant de sortir d'ici. »

C'est Mattei qui venait de prendre la parole. Il m'a dit

d'avancer jusqu'à la fenêtre. Quel spectacle ! Les journalistes, par dizaines, avaient afflué. Les forces de police tentaient de les contenir ainsi que les curieux qui se massaient à l'extérieur. On me conduisit au premier étage pour passer au piano, c'est-à-dire prendre mes empreintes digitales. Je fus photographié de face, de profil. Autant de formalités rituelles lorsqu'on est arrêté dans une ville dans les fichiers de laquelle on n'a pas encore eu l'honneur de figurer. Certes, ça n'a évidemment pas le panache du livre d'or qu'on tend aux vedettes de passage dans les meilleurs restaurants du coin, mais, après tout, c'est un souvenir comme un autre !

Il fut enfin décidé que nous allions tenter une sortie. Pas question pour moi de sortir menotté. Seul m'importait de sortir de ce lieu d'une manière digne et dans des conditions décentes. Il fallut toute mon insistance pour que satisfaction ne soit donnée. Pour déjouer la curiosité de la foule et des photographes, un stratagème fut nécessaire. On passa les bracelets à un inspecteur, on lui plaça une couverture sur la tête et on le précipita dans une voiture qui partit, digne des meilleurs polars, dans un crissement de pneus étourdissant. Les flashes crépitèrent. Mais tous les vieux routiers du journalisme avaient flairé la supercherie. Solidement encadré, mais non menotté, on m'engouffra dans un véhicule de police. J'eus droit au crépitement des flashes et au grand rodéo. Les voitures de presse ont donné tous les gaz pour nous courir après, tandis que la voiture qui m'emmenait vers ma nouvelle destination fonçait à travers la ville. Je pensais qu'on me conduisait au palais de justice. Denis, à qui je posais la question, me répondit :

« Surtout pas, nous t'emmenons à la caserne des gendarmes. »

Même si j'ai été employé comme chauffeur à l'époque

du gang des Tractions avant, j'ai connu l'une des plus belles frousses de ma vie en voiture. Les flics, eux, ça les amusait comme des fous. Moi, à l'arrière, tassé dans mon coin, je me signais. Le bon Dieu m'a compris. Nous n'avons pas eu d'accident et nous avons semé la meute lancée à nos trousses.

Juste avant de quitter les lieux, j'avais de nouveau surpris un échange téléphonique entre le commissaire divisionnaire Denis et le procureur de Lansac :

« Non, M. le procureur, nous n'avons pas encore reçu le mandat. Vous l'avez bien envoyé hier par télégramme ? Eh bien, il n'est pas encore arrivé ! »

Édifiant, non ? Ainsi, dans l'illégalité la plus complète, je me retrouvai à la caserne des gendarmes mobiles de Draguignan. La cour était bleue d'uniformes. Plusieurs centaines de gendarmes constituaient le comité d'accueil. Je fus conduit auprès du procureur, avec qui le commissaire Denis s'était entretenu par téléphone. Je devais à ce monsieur un tel déploiement de forces. Il me devait bien quelques explications. Une seule retint mon attention :

« Je ne fais qu'exécuter les ordres. »

Il me notifia le mandat d'amener délivré contre moi par le juge de Versailles, puis il me souhaita bonne chance. C'était bien la première fois qu'un magistrat de cette importance me souhaitait bonne chance. Mais un tel souhait ne laissait certes pas présager des lendemains qui chantent. Entre-temps, les journalistes étaient parvenus à retrouver ma piste. Bardés de magnétophones et d'appareils photo, ils faisaient le pied de grue devant la porte de la caserne. Une fois de plus, il fallait créer une diversion. Une voiture sortit à vive allure, à l'intérieur de laquelle se trouvaient quelques inspecteurs. Elle était escortée de plusieurs motards. Elle prit une fausse direction et toute la cohorte des gens de presse suivit. Ce n'est que quelques minutes plus tard qu'à mon tour, assis dans une camionnette et sous étroite surveillance, je quittai la caserne, direction l'autoroute. Pas moins de seize motards nous encadraient. De Gaulle en avait moins. L'itinéraire avait été soigneusement préparé. À chaque carrefour, des gendarmes attendaient pour nous ouvrir le passage.

« Où allons-nous ? »

La question me paraissait aller de soi.

« À Hyères. Nous allons prendre l'avion. »

À cet instant, je pensais au billet de retour que j'avais pour Paris, devenu inutile, que personne ne m'a bien évidemment jamais remboursé et qui m'aurait permis de rentrer tellement plus tranquillement et plus discrètement dans ma bonne capitale.

À la sortie de l'autoroute, le labyrinthe a recommencé : de petites routes en petites routes, de carrefour bleu d'uniformes en carrefour décoré de motards. L'aérodrome d'Hyères était en état de siège. Mais comme on finit par s'habituer à des soins aussi vigilants, je m'étonnais de ne pas y voir des half-tracks et des chars.

Afin de déjouer la curiosité des journalistes, trois places ont été retenues dans la « Caravelle » pour Paris. Un convoi de trois voitures a pris la route de Nice, qui ne contient que des figurants, tous policiers en civil, tandis que ma camionnette s'est dirigée sur l'aérodrome de l'Aéronavale d'Hyères-le-Palivestre, où un *Nord-Atlas* de l'armée de l'air attend, moteurs vrombissants. L'appareil décolle immédiatement. À dix-huit heures quarante-quatre, très précisément, il se pose sur la base militaire de Villacoublay. Jamais, dans les annales de la criminologie, pour entendre un témoin, un simple témoin dans une quelconque affaire de meurtre, de telles dispositions n'avaient été prises. C'est dire si l'affaire prenait une singulière tournure qui, de toute évidence, échappait aux règles d'une procédure judiciaire classique. Pendant tout le trajet, de violentes bourrasques secouèrent le vieux coucou. Arrivé toutefois à bon port, c'est sous une pluie battante et glaciale qu'on me fit monter dans un fourgon, cependant que la piste était cernée de CRS armés, de policiers en civil et de gendarmes. Un bon quart d'heure durant, une question essentielle, que dis-je, cruciale, allait se poser à mes gardes. Devrais-je voyager assis ou couché ? Finalement, il fut décidé que ce transfert s'effectuerait à plat ventre sur le plancher du véhicule. Le capitaine de gendarmerie se confondit en excuses et me précisa que c'était simplement par mesure de sécurité.

« Votre personne est trop précieuse. »

Je ne comprenais décidément plus rien. Je sollicitai une explication.

« Il faut à tout prix que ne se reproduise pas le coup de Dallas, nous a demandé le procureur.

Diantre, voilà que maintenant on craignait pour ma vie, pire encore que pour celle de Kennedy ! Mais enfin, qu'est-ce que c'est que tout ce cirque ? Qui voudrait bien en vouloir à ma vie ?

« Certains de vos amis pourraient bien vous "flinguer".

– Moi, je suis tout à fait en règle avec le Milieu. Je n'ai donc à rien à redouter. Si j'ai à craindre quoi que ce soit, c'est de vous. »

Arrivés à Versailles, nous nous sommes engouffrés à vive allure sous le porche de la prison Saint-Pierre. Tout le quartier du palais de justice avait été bouclé. Vraiment des précautions exceptionnelles pour « protéger » mon arrivée. Pas moins de cent cinquante CRS, de gardiens de la paix et de policiers en civil avaient investi les lieux pour dresser des barrières, interdire toute circulation.

Puis, de la prison, je fus conduit au cabinet du juge d'instruction où m'attendaient le juge Patard et le procureur Lajaunie. C'est à la suite d'un véritable conseil de guerre qui s'était tenu quarante-huit heures plus tôt, c'est-à-dire le jeudi 16 janvier, dans le cabinet du procureur de la République de Versailles, que le mandat d'amener me concernant avait été délivré. Outre les magistrats déjà cités, se trouvaient le commissaire Camard, patron de la première brigade mobile, et M. Samson, chef de la brigade criminelle de cette même première brigade mobile. Des avis de recherche avaient été lancés sur tout le territoire et ordre avait été donné de boucler les frontières. Le juge Patard redoutait que je ne passe à l'étranger; dans son esprit, mon déplacement sur la Côte d'Azur n'avait pour but que de me rapprocher de la frontière.

Juste avant de faire la connaissance des deux magistrats, il me fut laissé la possibilité d'échanger quelques mots avec Mes Ceccaldi et Vaschetti, qui allaient assurer ma défense. Peut-être allais-je avoir enfin l'explication sur mon arrestation spectaculaire et mystérieuse tout autant qu'illégale.

« Y a-t-il du nouveau dans l'affaire Markovic ?

– Rien de plus. Vous allez être inculpé et incarcéré pour une durée indéterminée. »

Puis ils ajoutèrent ces trois simples mots qui allaient apporter un éclairage nouveau sur ce dossier :

« Affaire d'État. »

Sitôt mis en présence du juge Patard, je sentis passer un courant de sympathie, spontanément. Mais entre ce juge d'instruction et moi, il y avait cette fameuse « affaire d'État ».

« J'ai sept questions à vous poser, auxquelles vous n'avez pas répondu avec suffisamment de précision à la police.

– Commençons tout de suite, je pourrai peut-être repartir ce soir chez moi

– Non, nous verrons plus tard, ce n'est pas le moment de vous interroger. »

Sur ces entrefaites, après avoir pris toutes les coordonnées d'usage nom, âge, adresse, etc., il me notifia mon inculpation pour complicité d'assassinat.

« Je vous mets au secret. »

Ironiquement, je repris :

« J'étais au soleil et vous me mettez à l'ombre... j'espère que je ne prendrai pas un chaud et froid. »

Pour toute réponse, je fus conduit, solidement encadré, à mes nouveaux appartements.

Dans la cellule des condamnés à mort

Le juge Patard avait annoncé la couleur. Je devais être placé au secret pour une période de dix jours, renouvelable. La période, en effet, s'est souvent renouvelée. En fait, je suis resté au secret onze mois. Quand les lourdes portes de la prison se sont refermées derrière moi, une seconde porte restait à franchir derrière, c'était la détention. Au bout du dernier couloir, un gardien m'attendait derrière la table rituelle où se règlent les formalités. Il claquait littéralement des dents, non de froid mais de peur. Peur de quoi ? Peur de qui ?

« Vous n'avez rien à craindre, j'ai laissé mes armes au greffe. »

À croire que j'étais précédé d'une solide réputation d'Al Capone ! J'en aurais presque ri. Tout tremblant, le brave gardien m'a fait entièrement déshabiller, lever les bras, m'accroupir et tousser, pour contrôler si je n'avais rien de caché dans les sphincters. J'avais déjà connu tout cela. Mais ces retrouvailles, à cinquante ans, je les ressentais avec humiliation. Puis je fus conduit à trois mètres de là, dans la cellule, une pièce petite et nue pour laquelle je n'eus pas le moindre regard. Elle était affectée aux condamnés à mort, éloignée des autres pour que je ne puisse bénéficier d'aucun contact avec l'extérieur. Personne d'autre donc à qui parler, si ce n'est à soi-même, la conversation est ainsi vite limitée...

Je repensai à toute cette journée. Tout était allé si vite en si peu de temps. À peine un mois plus tôt, j'étais à Alzi, dans mon village natal, avec mes copains d'enfance... Alors quoi ? On n'échappe pas à sa fatalité ? Avoir été truand, cela signifie-t-il être condamné toute sa vie, y compris à payer pour les autres ?

Il faut croire que pour les hommes comme moi, qui ont un casier, la prison n'est pas un châtiment mais la norme, et la liberté, une faveur qu'on nous accorde.

À me retrouver devant ces murs sordides et froids que je pensais avoir quittés à jamais, j'ai éprouvé un instant de découragement. Rien de plus démoralisant que de reprendre contact avec les sinistres compagnons de ma vie passée, la paire de draps marquée A. P., les couvertures, le pyjama, les assiettes et les couverts en plastique, la serviette de table, le savon... et le froid, tout ça gracieusement fourni par l'administration. Je savais que, le soir venu, tous les objets en dur ne seraient retirés. Et je savais que, parce que j'étais au secret, un gardien viendrait jour et nuit m'épier, toutes les demi-heures, à travers un judas que nous appelions « l'œil de Moscou ». Deux choses seulement me paraissaient inhabituelles : la double porte de fer, et le grillage devant la fenêtre. Le sympathique surveillant-chef en second, M. Bernard, m'apprit qu'à proximité de ma cellule, la pièce qui servait de cabinet de visites avait hébergé Landru. Il y avait de quoi hurler de joie.

Pourquoi croupissais-je dans ce lieu sordide ? Parce que avant de mourir, un mythomane qui passait son temps à inventer des histoires, à tricher, à trafiquer avait eu la saloperie d'écrire que c'était à Delon et à moi qu'il fallait s'adresser au cas où il lui arriverait malheur ? Les flics pouvaient-ils ignorer quel individu il était ? Et puis, pourquoi m'accrocher moi tout spécialement ? Qu'Alain Delon fût en liberté, je m'en réjouissais. Mais tout de même, si l'on s'en tenait aux fameuses lettres, il était bien nommé en première place, avec un taux de pourcentage encore bien plus élevé que moi. J'avais la nette impression d'un parti pris systématique. Je me disais que la justice n'oserait jamais toucher à Alain. Tandis que moi, l'ancien truand !... J'ai fini par m'endormir dans cette cellule moisie que hantent toujours les fantômes de Landru et de Weidemann, guillotinés devant elle. Au cours des jours suivants, tenu informé des nouvelles par mes avocats, j'étais néanmoins loin de me douter que je servais, en fait, de munition dans un conflit ouvert qui opposait désormais le général de Gaulle à Georges Pompidou. J'avais seulement compris, et Alain l'avait aussi compris sans avoir eu à me contacter, ce qu'au demeurant il n'aurait pas pu faire : selon ce que nous dirions, lui et moi, le sort de M. Pompidou changerait du tout au tout.

Un certain Jacques Chirac donne de la voix !

Le 4 mars, cela faisait donc trois mois que j'avais été incarcéré, mes avocats adressèrent une lettre au juge Patard, non comme Philippe Alexandre l'a perfidement écrit en son temps, pour « éclaircir les contradictions entre Delon et Marcantoni », mais pour le prier d'entendre l'ancien Premier ministre Georges Pompidou en qualité de témoin, suite à un déjeuner qui se serait passé, aux dires d'Alexander Markovic, frère de la victime, chez Alain Delon, avec pour participants Alain Delon bien sûr, Nathalie, Georges et Claude Pompidou, son frère Stephan et un personnage non identifié, mais qui aurait pu être moi ! Habilement conseillé par son défenseur, un proche de François Mitterrand, Me Roland Dumas, il avait exhibé un plan de table sur lequel avait été dessinée la place de chacun des convives. Il était évident que même si pareil déjeuner avait eu lieu, jamais ma présence, encore moins celle de Stephan n'eussent pu se justifier eu égard à la qualité des autres personnes.

Ému de ce courrier reçu à son cabinet, M. Patard en référa au procureur Lajaunie, qui lui-même fit remonter l'information jusqu'à la chancellerie. Par quelle fuite l'initiative de Me Ceccaldi est-elle arrivée jusqu'aux oreilles de la presse ? Mystère. Toujours est-il qu'elle a fait l'objet d'un compte rendu à l'ACP, une agence secondaire d'information appartenant au socialiste... Gaston Defferre, qui transmet le renseignement à France-Inter. Sans que l'info ait été préalablement vérifiée, le communiqué est immédiatement diffusé, à la demande de Jacqueline Baudrier, une inconditionnelle gaulliste. Le commentaire en est fait sur le ton badin d'un journaliste à l'humour jovial, que cette nouvelle semble particulièrement réjouir. Pour la petite histoire, ce journaliste facétieux, qui fera une grande carrière à la radio puis à la télévision, s'appelait... Yves Mourousi. Alors qu'il est au volant de sa voiture, Jacques Chirac entend le communiqué sur sa radio de bord. On connaît son amitié pour Georges Pompidou. Ce ton est inadmissible, indigne d'une radio d'État. Il accélère l'allure, gagne son bureau et téléphone sur-le-champ au secrétaire d'État à l'Information, Joël Le Theule, qu'il tance vertement :

« Si ça ne s'arrête pas immédiatement, je connais des pédés qui vont avoir à le regretter. »

Faut-il préciser que le secrétaire d'État, aux traits assez mous, était un célibataire endurci ?

Effaré, Le Theule décroche son téléphone. Mais à France-Inter, aucune des personnes responsables ne peut être jointe. Tous les chefs de service, tant à leurs bureaux qu'à leurs domiciles, répondent aux abonnés absents. Pendant ce temps, la nouvelle repasse à la radio, avec des commentaires similaires. Dans sa permanence de Latour-Maubourg, Georges Pompidou entend. Plus blême qu'un linge.

Aussitôt, il écrit un communiqué qu'il adresse immédiatement à la presse dans les termes suivants :

« L'ancien Premier ministre du général de Gaulle et Mme Pompidou ignorent tout des causes et des circonstances de ce *fait divers.* »

C'est court... mais d'une grande habileté. En citant le nom du Général, Pompidou sait que celui-ci ne peut pas ne pas réagir. Il a visé juste. Considérant que l'affaire prenait des proportions trop importantes, le guide de Colombey contraint Capitant à rédiger un communiqué destiné à faire taire ces calomnies. L'exécuteur s'exécute. Le 12 mars, à l'issue du conseil des ministres, le communiqué du ministre de la Justice est publié dans la presse :

« Des rumeurs mensongères ont été perfidement répandues autour de l'affaire Markovic, en vue de nuire à certaines personnalités. La justice a pour devoir de rechercher les auteurs et les complices de l'assassinat de Stephan Markovic. Elle ne se laissera pas égarer par des manœuvres dont le but est manifestement étranger à sa mission. »

Un communiqué qui arrive un peu tard... Le mal est fait. Le poison s'est infiltré dans le fruit.

Toutefois, sans que la chancellerie ait donné son accord ou non pour l'audition de Georges Pompidou, René Patard a pris en conscience sa décision. Il oppose un refus poli mais ferme à mon avocat.

Quelques mois plus tard, Me Isorni, venu renforcer ma défense, à la demande de Me Ceccaldi et de moi-même, revenait à la charge. Le 6 mai, le juge Patard recevait du célèbre avocat la lettre suivante :

« Le 4 mars 1969, mes confrères Ceccaldi et Fournier vous demandaient d'entendre "sans retard" M. et Mme Georges Pompidou en vue de vérifier un point "d'une importance capitale". Importance capitale, car l'audition de ces deux témoins permettrait d'établir la mauvaise foi de la partie civile qui accuse notre client.

« Depuis deux mois, cette vérification n'a pas été faite.

« J'ai l'honneur de vous demander, dans l'intérêt de la vérité et en vue de sauvegarder les droits de la défense, de vouloir bien procéder à cette vérification le plus rapidement possible.

« En effet, il est de notoriété publique que M. Georges Pompidou est candidat à la présidence de la République. Or, la date de l'élection a été fixée au 1er juin et, éventuellement, au 15 juin. S'il advenait que M. Georges Pompidou fût élu à la présidence, il vous apparaîtrait certainement que son audition – comme celle de Mme Pompidou – serait difficile et tout porte à penser que vous seriez obligé d'y renoncer.

« En ce cas, une vérification d'une importance capitale n'aurait pas été faite, ce qui constituerait une violation flagrante des droits de la défense. Celle-ci se trouverait alors en droit d'invoquer les prescriptions impératives de l'article 11 du code de procédure pénale et ne serait plus tenue au secret de l'instruction. »

Cette nouvelle missive, comme la précédente, fut classée lettre morte par le juge Patard.

Le juge me cuisine, je me tais

Chaque jour d'instruction, je n'échappais pas au rituel. La mise en scène ne variait pas d'un pouce. Je quittais ma cellule vers neuf heures du matin. Après la fouille obligatoire, je me rendais au greffe en compagnie d'un surveillant. Cinq gardiens de la paix, armés, m'y attendaient. Ils me passaient les menottes, reliées par une chaîne à l'un d'entre eux. Deux devant, deux derrière, nous faisions chaque jour, ensemble, le même itinéraire. Nous longions un mur d'une longueur interminable, nous franchissions plusieurs grilles bien gardées puis, en suivant le chemin de ronde, nous accédions au sous-sol par une énorme porte blindée fermée par plusieurs verrous.

D'imposants dossiers d'affaires classées se pressaient sur des étagères poussiéreuses le long de ce couloir souterrain. Je remarquai notamment un jour celui de Landru. Au cours de l'année 1984, le ministre de la Justice Robert Badinter demanda que lui fût transmis le dossier de celui qui militait de façon cuisante pour la femme au foyer. On fut bien en peine de retrouver les archives de justice concernant le célèbre assassin. La presse trouva là une bonne occasion de se gausser du sérieux de notre patrimoine judiciaire. Moi qui étais passé tout les jours devant les documents réclamés, je ne fus pas le dernier à rire. Enfin, pour la grande joie du ministre, on exhuma, bien des jours après, le précieux dossier des sinistres sous-sols que je ne connaissais que trop.

Parvenus de l'autre côté du bâtiment, nous descendions quelques marches, avant de franchir un seuil ; quatre flics en civil venaient alors renforcer mon escorte ; nous traversions une vaste salle voûtée et humide, aux murs tapissés par des dossiers d'archives. Nous montions par un escalier de grosses pierres pour arriver enfin au but de la promenade, la salle d'instruction attenante au bureau du juge. Là, les menottes m'étaient retirées.

Pendant de longues semaines, je pus fixer à loisir le portrait sinistre d'un procureur de la République qui portait au bas l'inscription suivante :

« Juger en son âme et conscience, dans une conviction intime. »

Une conviction intime. Tu parles...

Des flics en tenue gardaient les quatre coins de la pièce. Arrivaient mes avocats, les témoins, le procureur par une porte. Par une autre entrait le juge. L'instruction durait en général près de dix heures. Une pause avait lieu entre treize heures et quatorze heures. Mais certaines séances commencées à neuf heures du matin ne s'achevaient qu'à six heures le lendemain. Au fur et à mesure de l'enquête, les instructions de M. Patard tombaient dans une incroyable confusion. Tout le monde parlait. Tout le monde s'engueulait.

Au demeurant, M. Patard me fit l'honneur de plusieurs visites dans ma cellule. Chacune en parfaite illégalité et sans que le moindre procès-verbal fût dressé, dans la plupart des cas. Il arrivait en secret, du palais, par un couloir intérieur qui faisait la jonction avec la prison. Il se faisait annoncer par le surveillant en chef, M. Dubos. Ce chic type nous laissait seuls, le juge et moi. La gentillesse et la simplicité de ce dernier me touchaient.

« Alors, monsieur Marcantoni ? Rien de neuf ? »

La toute première fois, je m'en souviens parfaitement, il me dit :

« Vous n'êtes pas dans un cinq étoiles, bien sûr, mais enfin vous n'êtes pas si mal... »

C'est vrai, malgré l'exiguïté de ma cellule, d'autres prévenus étaient assurément plus malheureux. Chaque matin, le brave M. Dubos venait s'enquérir de la nuit que j'avais passée. En outre, du fait de mon invalidité à 100 %, j'avais obtenu l'autorisation exceptionnelle de m'étendre sur mon lit, pendant la journée.

Une journée qui débutait à six heures trente. À sept heures, cliquetis des clés. Une première porte de chêne massif est ouverte par un gardien, qui déverrouille également la grille de six barreaux situés à soixante-dix centimètres de la porte de chêne. Le gardien entré, c'est moi qui dois sortir. Je suis conduit dans le hall où, la veille au soir, j'ai déposé mes vêtements de jour. Je suis reconduit aussitôt dans ma cellule. Pour moi, maintenir une certaine condition physique est primordiale. Je m'adonne donc à une petite séance de gym, en prélude au petit déjeuner, qui m'est servi à sept heures trente. Le café au lait est apporté sur un chariot. Un gardien verse le breuvage à travers les barreaux dans ma gamelle. Je lui tends les bons de cantine qui permettent d'améliorer l'ordinaire. Je peux ainsi profiter de charcuterie, de chocolat, de margarine et de sucre. Arrive le moment de la toilette. Seul un rasoir à pile m'est autorisé. Rasé de frais, je m'attelle à la lecture de *L'Équipe* que le gardien m'apporte chaque matin. Le seul journal qui me soit autorisé... en raison de l'absence de tout compte rendu de faits divers Puis on vient me chercher pour la promenade obligatoire dans l'une des huit courettes rectangulaires de la prison, en fait un triangle isocèle de huit mètres de côté et de quatre mètres de base, fermé par des murs de deux mètres cinquante de hauteur surmontés d'un grillage soutenu par des « T » métalliques, appelés « la cage aux rats » !

Onze heures. Un taulard préposé aux gamelles, accompagné de son ange gardien, m'apporte mon repas : des légumes et de la viande avec du bouillon, invariablement. À quoi s'ajoute le sauciflard et une canette de bière, commandés la veille à la cantine. Ma vaisselle faite, je m'accorde un peu de repos, jusqu'à quatorze heures, moment des visites au parloir. Et elles ne me manquent pas, qui m'apportent quelque réconfort malgré le brouhaha des autres conversations alentour.

À seize heures, je prends mes médicaments, à avaler obligatoirement en présence d'un gardien qui, devant les barreaux de la porte, vérifie qu'ils ne soient pas stockés afin de mettre ses jours en péril.

Dix-sept heures, *bis repetita*, le dîner est servi, grandiose : viande, légumes dans du bouillon. En prison, quand vous sciez un barreau, vous prenez quarante jours de mitard. Donc un conseil pour tous ceux qui se trouvent avec un embonpoint trop visible et disgracieux et qui souhaitent s'évader, qu'ils se fassent piquer à scier un barreau de leur cellule, voilà le meilleur régime pour retrouver une ligne de top model, ou, à défaut, la silhouette de ses vingt ans !

Dix-sept heures trente, vérification par un gardien de l'état des barreaux, au cas où.

Dix-huit heures trente, les portes de ma cellule s'ouvrent, je sors en pyjama pour que mes effets soient déposés à terre près de la porte. Ils seront fouillés. Pour ma part, je suis palpé de la tête aux pieds.

Un dimanche sur deux, l'administration pénitentiaire m'accorde le droit d'assister à la messe. Les enfants de chœur sont des détenus, qui purgent parfois de longues peines, pour meurtre. Amusant. La première fois que j'ai été présenté à l'aumônier, alors que celui-ci s'enquérait de mon sort, je n'ai pu m'empêcher de lui répondre :

« Vous savez, monsieur l'abbé, je ne suis pas saint François d'Assise, ça non ; mais on voudrait bien que je sois saint François des Assises. Et ça non, non plus, je ne peux l'admettre. » Nous avons ri tous les deux.

En dehors de mes visites au juge d'instruction, je n'ai guère eu de raisons d'être extrait de ma cellule pour reprendre un terme consacré. Si ce n'est, et ce n'est pas fréuent, un certain soir de juin. Depuis deux mois, une dent me faisait souffrir. Le dentiste du château avait beau changer son pansement tous les jours, il fallait bien se rendre à l'évidence. Une intervention devenait nécessaire. Mais encore fallait-il que le juge Patard l'accepte.

Un soir donc, à la nuit tombée, un surveillant vint me prévenir :

« Habillez-vous et mettez-vous devant la porte.

– Que se passe-t-il ?

– Je n'en sais pas plus que vous. »

Habillé et fouillé, je fus ensuite conduit au greffe où quatre policiers m'attendaient. Ils m'annoncèrent une nouvelle qui fut pour moi, coincé entre mes quatre murs, une véritable délivrance : nous nous rendions au cabinet du dentiste !

Le court trajet vers mon « sauveur » me rappela mon arrestation. Coincé entre deux policiers à l'arrière d'une voiture banalisée, j'avais aussi droit à une autre voiture de poulets derrière moi, deux motards pour ouvrir la route et un car de police rempli d'agents armés de mitraillettes pour fermer la marche.

J'imagine avec peine tous ceux qui devaient être planqués sur le trajet ! Le flic assis devant ne lâchait pas le micro de sa radio :

« Allô ? Ici Vénus, m'entendez vous ? »

« Ici Vénus. Tout va bien. Nous nous engageons dans l'avenue de Paris. Tout est normal. »

« Ici Vénus. À vous. Terminé ! »

Devant le cabinet du dentiste, plusieurs policiers en civil étaient déjà en faction. Et en haut, pendant que le praticien m'opérait, il y avait bien une dizaine de personnes dans la salle d'attente, à feuilleter les revues, non pour attendre leur tour, mais pour m'empêcher de m'évader !

Après un verre de whisky – cela faisait cinq mois que je n'avais pas touché une goutte d'alcool – Vénus me ramena à ma cellule et ma morne détention reprit, ponctuée parfois de visites surprises.

Chaque fois que le juge Patard me rendait visite, après les préliminaires de courtoisie, nous abordions l'affaire.

« Vous pourriez bien m'aider, monsieur Marcantoni, si vous le vouliez. Nous sommes seuls ici, tous les deux, absolument seuls. Parlez-moi. »

Je me serais presque cru au confessionnal. Mais de quel péché faire l'aveu ?

« Je n'ai rien à dire, monsieur Patard. Je suis innocent. J'attends d'être libéré. Je peux simplement vous dire que votre dossier, ce n'est pas très très beau.

– Ah, ne m'en parlez pas... tout ce qu'ils m'ont obligé à faire. (Ces paroles, je jure de les avoir entendues de la bouche même du juge.)

– On dit pourtant que les juges sont indépendants.

– On le dit, monsieur Marcantoni.

– Quand on voit comment certains s'acharnent contre Mme Pompidou, ça fait mal au cœur, monsieur le juge.

– À qui le dites-vous ? Mais que faire ?

– Ne dit-on pas qu'un juge d'instruction, c'est l'homme le plus puissant de France ?

– Monsieur Marcantoni, vous avez trop souvent fréquenté la justice pour croire une chose pareille. »

Parfois, l'affaire était abordée sur un ton nettement moins avenant.

« Alors, monsieur Marcantoni, que savez-vous de Pompidou, de Nathalie Delon, du petit monde de Saint-Tropez ? »

Pas besoin d'avoir bac plus 8 pour comprendre où voulait en venir le juge : l'indulgence, voire la liberté contre mes révélations. Hélas pour le juge, je ne mange pas de ce pain-là. Par ailleurs, je n'avais aucune réponse à donner. Quand bien même en eussé-je eu une, jamais je n'eusse dit quoi que ce fût qui pût porter préjudice à M. et Mme Pompidou.

Bien des années plus tard, encore tout récemment, comme je l'ai confié au magazine *Optimum*, j'ai estimé ne pas avoir bénéficié de la part de Mme Pompidou de toute la gratitude que j'étais en droit d'attendre d'elle. Somme toute, elle me doit beaucoup d'avoir gardé le silence, oui. Car si aux questions mille fois posées j'avais répondu par des mensonges, tels que :

« Oui, les Pompidou fréquentent le couple Delon, chez qui il leur arrive de jouer aux cartes. » « Oui, Nathalie Delon est la maîtresse de Georges Pompidou. »

« Oui, Mme Pompidou a eu des relations avec Stephan Markovic, qui avait su la séduire. »

Ou encore :

« Oui, je reconnais Mme Pompidou sur la photo que vous me montrez », non seulement M. Pompidou n'aurait jamais pu accéder à l'Élysée, mais encore, à titre personnel, on m'aurait aussitôt délivré une levée d'écrou. Alors que j'ai payé d'un an de ma vie en prison pour rien. Et les Pompidou doivent tout autant à Alain Delon. Car s'il n'y a pas eu de partie de cartes entre les deux couples, Alain aurait pu parler de cette autre partie de cartes, chez Pierre Lazareff, à Louveciennes, qui, elle, a bel et bien eu lieu durant l'été 1968. Car, ce jour-là et par le plus grand des hasards, cinq hommes jouaient au poker : Georges Pompidou, Alain Delon, Jacques Chazot, le journaliste Roger Stéphane et... Stephan Markovic ! Et qu'auraient dit les policiers venus l'interroger à Saint-Tropez, le 4 ou 5 octobre 1968, s'ils avaient appris que le week-end précédent, les 28 et 29 septembre, les Pompidou étaient là, justement, à Saint-Trop ?

Mais ma fierté, notre fierté, car j'y associe évidemment aussi Alain Delon, aujourd'hui encore, c'est de ne pas avoir prêté notre concours à une ignominie, montée de toutes pièces de surcroît, à seule fin de barrer la route de la présidence à un homme éminemment sympathique et compétent, qui a œuvré au mieux pour la France.

Dans sa *Note de la Défense en réponse au Mémoire de M. le commissaire Bardon*, rédigée par mon avocat, Me Isorni, on peut lire :

« M. Marcantoni avait dans sa prison la visite autorisée d'un familier reçu par M. le ministre de la Justice. Ce dernier lui faisait dire : “que M. Marcantoni nous dise la vérité sur les Pompidou et les Delon. Il n'a qu'à répondre aux questions qui lui sont posées ”. Au cours des interrogatoires, M. le procureur de la République Lajaunie insistait auprès de M. Marcantoni par des interrogations demeurées verbales, de parler de ses relations avec les Rothschild, M. Marcantoni ne pouvait en avouer aucune. L'atmosphère de l'instruction était tellement irrespirable que le magistrat instructeur, s'adressant à l'un des conseils de l'intéressé (Je précise ici qu'il s'agissait de Me Ceccaldi), n'hésitait pas à lui dire : "J'ai fait prendre des renseignements sur vous, vous êtes aussi truand que votre client." »

Alain Delon m'a raconté, plus tard, que le procureur Lajaunie, dans le secret de son bureau, avait également lourdement insisté pour qu'il parle. Dans le « bon sens » évidemment...

Toutes ces pressions, exercées par l'un ou l'autre, tournaient évidemment autour du couple Pompidou. La recherche du meurtrier de Stephan Markovic semblait bien éloignée des préoccupations de ces messieurs.

Au cours d'une énième visite qu'il me rendit, le juge Patard prit un air extrêmement attristé pour s'exclamer :

« Monsieur Marcantoni, regardez dans quelle situation vous me mettez.

– Eh, monsieur le juge, regardez plutôt dans quelle situation vous, vous m'avez mis ! »

Quand la justice s'intéresse... à ma literie !

Le corps de Markovic avait été retrouvé, on s'en souvient, emballé dans une enveloppe « constituée par deux morceaux de polyéthylène d'épaisseur différente formant un rectangle soudé sur trois côtés mesurant approximativement deux mètres dix sur un mètre soixante » (réquisitoire de M. le procureur de la République). Cette housse était elle-même « incluse dans un sac de toile de jute de la texture serrée de un mètre soixante-dix » ; la longueur du sac était d'environ un mètre soixante. « Une partie du sac avait été découpée grossièrement, du côté de l'ouverture cet emballage était donc à l'origine plus long. »

Les enquêteurs établirent assez rapidement que la housse de plastique et le sac de jute provenaient des établissements Tréca et servaient à leurs livraisons de matelas.

Or quand, le 14 octobre 1968, soit quelques jours après la découverte du corps du Yougoslave, les policiers étaient venus effectuer une « minutieuse perquisition », dans ma maison de Goussainville, mon lit, mon sommier, mon beau matelas Tréca n'avaient pas échappé à leur curiosité professionnelle. Tout leur avait paru cependant normal.

Le juge Patard tint à s'assurer par lui-même de ce que représentait ce lit auquel j'ai si souvent songé sur ma paillasse du château Saint-Pierre. Le 16 avril 1969, soit six mois plus tard, il se rendit donc chez moi. Je ne fus pas convié à l'accompagner, selon les règles en usage. À ma place, deux témoins furent délégués, qui ne furent en fait témoins de rien du tout. Les constatations établies par M. Patard, en présence de la partie civile, donc de Me Roland Dumas, n'en furent pas moins intéressantes. Elles figurent à la cote 1459/ 5 du dossier :

« Nous mesurons le matelas et nous observons qu'il présente les dimensions suivantes 145/194... Nous ne remarquons aucune étiquette portant la marque d'origine sur le sommier ni sur le matelas. En revanche, sur ce dernier, après un examen minutieux, nous remarquons sur les flancs latéraux, de chaque côté, deux pastilles d'aération, semble-t-il, de la forme et de la taille d'une pièce de 5 francs portant en son centre gravée la mention Tréca. »

Après avoir fait photographier mon matelas... sous toutes ses coutures par la police « en vue d'une expertise technique », M. Patard apposa les scellés sur la porte de ma chambre. Quelques jours plus tard, coup de théâtre : le juge décida brusquement de procéder à une nouvelle perquisition à mon domicile. Cette fois en présence de moi-même et de mes avocats. C'était le 23 mai, dans la matinée. En dépit d'un déploiement de forces armées qui me sembla ridicule par son ampleur démesurée, j'ai le souvenir d'une charmante excursion par une magnifique journée de printemps. Le soleil n'était pas trop fort. Il y avait même une brise légère. Grâce à mon fidèle jardinier qui en avait vu d'autres – il avait, adolescent, travaillé chez Landru –, mes fleurs commençaient d'éclore, mes légumes de pousser....

Me Isorni plaidait en province et n'avait pu se rendre disponible. Il avait délégué sa remplaçante, Me Colette Lacordaire, jeune et ravissante femme. La bonne humeur rayonnait sur tous les visages, même sur celui de M. Patard. Nous gravîmes les escaliers qui montaient jusqu'à ma chambre, objectif de notre promenade. Il paraît que je constatai l'intégrité des scellés. Je ne constatai rien du tout. Les draps et les couvertures gisaient pêle-mêle sur le carreau. Le matelas fut remué dans tous les sens. Quelle ne fut pas la surprise de M. Patard de constater, alors qu'il avait déjà examiné ledit matelas, que l'étiquette de la marque Tréca avait disparu, pour ne laisser place qu'à « des traces de piqûres, formées de petits trous, en forme d'U à base carrée... ».

Il précisa dans son rapport référencé 1623/3 :

« La partie supérieure de la branche gauche de l'U présentait une déchirure du coutil de 0,06 mètres, déchirure correspondant à la ligne des piqûres faites au moment de la fixation de la marque. »

L'accusation devenait immédiate et aisée : c'est vous, monsieur Marcantoni, qui avez arraché l'étiquette, puis à l'aide d'une trousse de couture, vous avez recousu la déchirure pour dissimuler la provenance de matelas. Il fallait y penser.

Voilà en tout cas comment on transforma « François le Caïd » en petite main de basse couture.

Le procureur Bezio, qui avait succédé à son collègue Lajaunie, flaira toutefois le ridicule de l'histoire. Dans son réquisitoire de juin 1975, soit six ans après cette visite chez moi du juge Patard, il écrivit :

« Il paraît difficile, en l'état, de retenir à la charge de Marcantoni l'enlèvement des étiquettes dans le but de dissimuler la marque de la literie achetée par lui. En effet, l'inscription Tréca demeurait gravée sur les œillets métalliques en métal brillant des ventouses d'aération disposées sur la face latérale du matelas, révélant dès lors sans aucune ambiguïté son origine. »

Pour l'heure, en ce jour de mai 1969, j'aurais beaucoup aimé qu'on me précise la différence entre « un examen minutieux », qui ne permet pas de découvrir les coutures, et un « examen approfondi », qui aurait permis de les déceler...

Il me faudra attendre quatre longues années encore pour que mon tapissier-décorateur, M. Decremer, soit entendu par les enquêteurs. Pendant ce temps, Roland Dumas, au nom soi-disant de la partie civile mais plus encore par intérêt personnel eu égard à la proximité des élections, qui pouvaient donner à son champion, François Mitterrand, toutes chances d'accéder à la magistrature suprême et d'en retirer, par ricochet, le bénéfice, ne cessait d'œuvrer pour m'envoyer aux assises sous le chef d'inculpation d'assassinat. Tant il était persuadé, ou du moins voulait le paraître, que j'avais tué Markovic sur l'ordre d'Alain Delon, soumis à un chantage du Yougoslave.

Delon m'a raconté que, bien des années plus tard, Roland Dumas s'était trouvé invité à un cocktail auquel lui-même était convié. Dumas s'est approché pour lui dire : « Vous vous rendez compte, qui aurait cru que nous nous rencontrions là tous les deux, autour d'une coupe ? »

Mme Pompidou, elle, a toujours ostensiblement tourné le dos à l'acteur, quand d'aventure il a pu leur arriver de se trouver dans une même manifestation.

Le « grand » avocat Roland Dumas, pour ce qui le concerne, a depuis appris à ses dépens combien l'acharnement, qu'il soit médiatique ou politique, pouvait causer de mal à une personne qui, dans le droit français, bénéficie de la présomption d'innocence. Mais à cette époque, il est vrai, il n'était pas encore question ni de l'affaire Elf ni des dépenses somptuaires dont l'ancien ministre des Affaires étrangères, ex-président du Conseil constitutionnel, semble coutumier.

Évidemment, malgré l'acharnement à me « faire tomber », après une bataille d'experts ès literie, il fallut bien se soumettre à la raison.

« Il ne paraît pas possible, conclut le procureur Bezio, que les housses-linceuls s'identifient aux enveloppes ayant contenu la literie livrée à Marcantoni. »

Mieux encore, le 28 avril 1970, un inspecteur de la première brigade mobile, M. Michel Bétrémieux, écrivit à Me Isorni une lettre dans laquelle il déclarait :

« J'ai été également amené à me rendre à l'usine Tréca pour faire confectionner une housse en matière plastique et en l'essayant sur le matelas, je me suis aperçu qu'elle ne correspondait pas. Il a fallu s'y reprendre à plusieurs fois et forcer pour que le matelas rentre dedans. »

Ainsi la housse, refaite aux dimensions de celle qui enveloppait le cadavre, ne s'adaptait à mon matelas que si on le « forçait ».

C'est toute la morale de cette affaire Markovic, on a beaucoup trop « forcé » pour trouver un coupable.

Pompidou élu, je reste en prison

Le 15 juin 1969, avec un pourcentage de voix bien supérieur à celui obtenu par de Gaulle à son second septennat, Georges Pompidou fut élu à la présidence de la République.

De ce moment-là, on aurait pu penser que la campagne de calomnies orchestrées contre lui et son épouse dès le début de l'affaire Markovic prendrait fin. Pure illusion. Certains des ragots avaient été alimentés par l'existence de photos pornographiques prises par Stephan Markovic.

Le 19 septembre 1969, une personne se présenta au cabinet du juge René Patard pour une audition :

« Je demande à garder le secret, monsieur le juge. »

Après avoir entendu l'inconnu, le juge dicta le procès-verbal suivant (cote D. 3848) :

« Étant en notre cabinet au palais de justice, s'est présentée une personne désirant garder l'anonymat.

« Celle-ci nous déclare avoir connu Stephan Markovic et nous remet une photographie à caractère pornographique qu'elle nous indique tenir d'un ami de Stephan Markovic, de nationalité yougoslave, dont elle n'a pas retenu le nom, qui la lui a remise courant octobre 1968, après la mort de Stephan Markovic, en souvenir de ce dernier. Ce ressortissant yougoslave avait probablement reçu cette photographie dudit Stephan Markovic.

« Nous avons aussitôt placé ledit document sous scellé unique ouvert à toutes fins utiles. »

Le juge d'instruction fit de la « photographie à caractère pornographique » la description suivante : « le cliché représentait deux femmes, une grande blonde, toute nue sous son manteau de vison, et une autre, également nue, à ses pieds, en train de lui faire un "coït buccal" ». Le juge dut épeler le mot « coït » à la greffière qui ne le connaissait pas.

Mon avocat réclama auprès de M. Patard des explications sur une procédure pour le moins inhabituelle. Dans quelle mesure un juge peut-il se donner le droit d'entendre, au cours d'une enquête, une personne qui refuse de décliner son identité ? De plus, le procès-verbal avait été dressé sur une feuille de papier libre et non sur les formulaires destinés à cet effet. Le juge révéla le pot aux roses à mon conseil :

« Ce n'est pas un inconnu qui est venu me voir. C'est un commissaire de police du palais de justice de Paris. »

Dans son rapport, le commissaire Bardon écrivit pourtant, mensongèrement :

« Le 19 septembre 1969, M. le juge Patard remettait aux enquêteurs une photographie qui lui avait été déposée par un Yougoslave désirant garder l'anonymat. »

Dites-moi, MM. les juges, à votre avis, ce genre de manipulation, cela va chercher combien aux assises ?

Après une enquête minutieuse et très longue, l'identité des deux femmes visibles sur la photographie fut révélée. Il s'agissait de Lise C. et de Véronique V., deux prostituées. Dès qu'on leur parla d'Alain Delon, de Nathalie, de Markovic ou de moi, les filles tombèrent des nues...

Une énième demande de remise en liberté fut déposée par mes avocats. Finalement, la chambre d'accusation examina ma requête fin novembre. Et le 4 décembre, un jour que je marquai d'une pierre blanche, elle statuait que « la détention n'était plus nécessaire à la manifestation de la vérité ».

Quand vint le moment de procéder à ma levée d'écrou, j'eus envie d'embrasser le bon M. Dubos, le surveillant en chef, dont la gentillesse à mon égard, tout comme celle de son épouse, n'avait jamais faibli.

À ma sortie de prison, une dernière épreuve m'attendait, affronter la meute de journalistes, de caméras, d'appareils photo. Dans la foule, quelqu'un cria :

« Vas-y, François, tu les auras. »

Je n'avais pas perdu tous mes amis. Je sentis monter des larmes.

J'emportais en souvenir un tract que les adversaires, que dis-je, les ennemis de Pompon avaient fait imprimer après qu'il eut été élu. Tract que j'avais trouvé glissé sous la porte de ma cellule. Il portait mention de la composition du nouveau gouvernement :

« Président : Georges Pompidou
Premier Ministre : Alain Delon
Ministre de la Justice : François Marcantoni. »

Personnellement, je me serais plutôt attribué les Finances...

Dès mon retour à Goussainville, où je retrouvais avec la joie que l'on peut deviner mes animaux, je sentis peser une menace d'autant plus désagréable que j'ignorais d'où elle pouvait se préciser. Celle à laquelle j'aurais le moins pensé s'abattit pourtant sur moi sous les traits du... fisc. Dossier à l'appui, mon percepteur me témoigna de sa bienveillante attention. Je devais payer quelque quarante-sept millions de centimes. Rien que ça. J'étais évidemment dans l'incapacité totale de régler pareille somme. Sans plus attendre, la saisie de ma maison de Goussainville fut ordonnée ; par ailleurs on m'amputait ma pension d'invalidité du cinquième.

Au jour fixé par le représentant du fisc pour la mise sous séquestre de ma maison, je l'attendais, seul. Il se présenta, escorté de quatre gendarmes en armes :

« Il paraît que vous êtes très dangereux. »

Je souris.

« On m'a dit aussi que vous dissimuliez chez vous un trésor. »

Ça tournait à la comédie, dans la meilleure veine d'un film de Pagnol.

« Comment, vous ne saviez pas ? C'est le trésor de Rommel que j'ai déterré en Corse. »

Pauvre homme. Arriver à faire rire dans une situation pareille, ce n'est plus un métier, c'est un apostolat.

Des camarades du Milieu, parmi ceux qui n'étaient pas morts, m'avaient conservé leur fidélité. Paul Dellapina, avec sa femme, se montrèrent généreux. Leur soutien, tant financier que moral, me fut d'un grand secours pendant ce passage difficile. Lui-même sortait de prison après y avoir passé vingt ans de sa vie. Il connaissait la souffrance de l'internement. Pauvre Paul. Un an plus tard, il perdait la vie au volant de sa voiture. Je perdais l'un de mes amis les plus chers.

Un autre personnage, pour ainsi dire le seul dans le milieu artistique que j'avais si longtemps côtoyé, ne me lâcha pas, Alain Delon. La pérennité de son amitié me fut d'un immense réconfort.

Lui-même eut à tenir tête à des offensives pas toujours franches, certaines à ce point menaçantes pour sa vie même que, le 26 avril 1970, il fit publier une lettre ouverte dans *France-Soir* à l'attention de Georges Pompidou. En voici la teneur :

Monsieur le Président de la République,

Au moment où je quitte la France par nécessité professionnelle pour me rendre en Italie d'abord, en Colombie ensuite, je sais qu'un grave danger menace en même temps que mon honneur la sécurité des personnes et des biens que je laisse ici, derrière moi.

À qui m'adresserai-je sinon à vous-même, à vous dont je respecte aussi profondément, vous le savez, la personne et plus encore la fonction que vous occupez.

Depuis dix-huit mois, j'ai traversé de durs moments ; la calomnie, la jalousie, l'entêtement des gens médiocres : rien ne m'a été épargné. Je crois avoir traversé l'épreuve sans me plaindre, sans solliciter d'appui, sans importuner quiconque, conscient que je n'avais rien à attendre que de moi-même. J'ai la fierté de n'avoir jamais désespéré de la Justice de mon pays. Ma seule arme fut d'être en règle avec ma conscience et de sentir que l'opinion publique me protégeait.

Rien n'a été épargné, à mon entourage et à moi-même : audition agressive, photographie truquée, témoignages déshonorant davantage ceux qui les utilisaient que ceux qu'on interrogeait, perquisitions abusives, enquêtes orientées, tentatives réitérées de me faire manquer aux règles de l'honneur pour « mettre dans le bain » des tiers en les déshonorant mais en y gagnant l'impunité et la tranquillité.

Et au fur et à mesure que le temps s'écoulait, une exaspération progressive des enquêteurs qui s'est peu à peu muée en haine (le mot n'est pas trop fort) contre moi. Il fallait que je sois puni « d'une manière ou d'une autre », comme me le jeta au visage un enquêteur excité, « un jour ou l'autre », « pour ça ou pour autre chose », comme me le disait un autre. La menace sur le moment me fit sourire... aujourd'hui elle se précise.

Un homme – en place – auquel j'ai donné ma parole d'honneur que je ne dévoilerais jamais son identité m'a informé qu'un complot mûrissait contre moi à l'occasion de mon prochain voyage à l'étranger. Trois hommes investis d'une autorité certaine, des représentants non négligeables de la fonction publique, se sont réunis pour me « donner l'estocade ».

Le plan étudié consisterait à amener mon arrestation à l'étranger, par une police étrangère, pour détention de stupéfiants, que l'on trouverait opportunément dans mes bagages, ou en ma possession.

Ce n'est point par peur que je vous écris. Mais qui pourrait mettre un terme à l'entreprise, avant qu'elle se développe, sinon le plus haut magistrat du pays ?

Voilà, Monsieur le Président de la République, ce qu'il fallait que je vous dise.

Il est au monde trois choses qui comptent pour moi par-dessus tout, l'avenir de mon fils, mon métier et l'estime du public. Tout le reste, argent, honneurs, célébrités, n'est que vanité.

Ceux qui espèrent m'atteindre ou me détourner doivent savoir qu'ils sont démasqués et que je suis un homme à dire un jour, par le détail, tout ce que les enquêtes ont eu de sordide et de méprisable, contre moi et contre d'autres...

Et il fallait que, par la publicité de cette lettre, le peuple de France sache que je me suis mis sous votre sauvegarde.

Je vous prie de croire, Monsieur le Président de la République, à l'assurance de mon profond respect.

Cette lettre, dans laquelle Alain exprimait tout son désarroi, fut mal interprétée par le couple présidentiel, qui la considéra comme une forme de menace. Ce qu'elle n'était évidemment point. Plus jamais Alain n'eut l'occasion de revoir M. ou Mme Pompidou pour une franche et cordiale explication. Les Pompidou considérèrent-ils que pareille démarche fût déplacée ? Eût-ce été, à leurs yeux, prêter le flanc à la rumeur, après qu'ils eurent eu à souffrir de la calomnie et de la diffamation huit mois qui durent leur sembler infinis ? Quand Alain voulut monter son écurie de courses, il lui fallut solliciter une casaque, cette reconnaissance administrative qui donne à un propriétaire le feu vert. Il essuya un refus et dut longuement patienter pour enfin obtenir la précieuse autorisation. Il se vit de la même façon refuser toute autorisation de vol pour la compagnie de charters qu'il voulait créer et pour laquelle il avait déjà engagé des frais importants d'acquisition d'appareils. Peut-être le lecteur, fan du comédien, se souvient-il que ce n'est qu'à une date relativement récente que lui fut remise la Légion d'honneur... par François Mitterrand, un homme aux convictions politiques pas vraiment en phase avec celles du comédien. Lorsque la proposition de nommer Delon à la croix de chevalier des Arts et Lettres, une récompense mille fois justifiée par une carrière éblouissante, fut soumise au président Pompidou, une fois encore cette candidature fut rayée d'un trait de plume. Il faudra attendre le 18 novembre 1970, jour où Delon s'est porté acquéreur, à Londres, du manuscrit original de l'Appel du 18 juin du général de Gaulle, manuscrit qu'il remit à Michel Debré qui lui-même en fit don au chancelier de l'ordre de la Libération, pour que l'acteur retrouve, à défaut d'une odeur de sainteté, un retour en grâce plus conforme à ce qu'il était en droit d'attendre. Des personnalités comme celle d'Alain Delon ne forcent pas la sympathie de tous, je le sais. Homme public, s'il a de chauds partisans, il compte aussi des détracteurs. Mais en l'occurrence, il fallait faire preuve, je pense, d'un immense courage et d'une réelle fierté pour soumettre sa vie au jugement d'un homme, le plus important personnage de l'État, le président de la République.

Un non-lieu ? oui, mais changez d'avocat !

Dès ma sortie de prison, le juge Patard, qui me gratifiait de sa visite au moins un jour sur deux, se désintéressa de mon sort. Il me restait à retrouver un honneur qui m'avait été retiré. Je sollicitai donc un non-lieu. Sans réponse à cette légitime requête, et face aux multiples démarches qui se poursuivaient, avec pour seule visée de faire de moi un assassin, j'écrivis le 11 mars 1971, sur le conseil de Me Isorni qui m'en rédigea la teneur, une lettre à Georges Pompidou, devenu président de la République après le non au référendum du Général, dans laquelle je lui fis part de mon sentiment :

« Toute cette affaire ayant à l'origine l'assassinat réel de Stephan Markovic a été détournée d'une procédure normale pour en faire une machination contre vous et Mme Pompidou.

« Si dur qu'ait été mon sort, j'ai refusé de répondre à l'invitation qui m'a été faite par la police et par le procureur de la République de Versailles de vous mettre en cause et ai toujours observé le silence sur ces tristes agissements.

« Aujourd'hui, je vous demande très respectueusement d'intervenir, en tant que président du Conseil supérieur de la magistrature, pour que la justice suive son cours normal et que la clôture de l'instruction en ce qui me concerne soit prononcée... »

Aucune contradiction n'est venue en démentir les termes. Non plus que les révélations que fit le susnommé Bétrémieux au journal *Minute*, pour « libérer sa conscience », le 12 juin 1970. Voici une partie de son témoignage :

« Je n'ai pas le droit d'être écœuré ? ÉCŒURÉ par tous les moyens qu'ont utilisés les commissaires chargés de l'enquête pour faire plonger Marcantoni... Et puis il y a pire...

« – Quoi donc ?

« – Eh bien, tout ce qu'on a essayé de coller sur le dos de Mme Pompidou. Et quand je dis le dos...

« Un des commissaires était particulièrement acharné. Au moment de l'élection présidentielle, il me disait "il faut absolument que l'on mette les... (ici un terme qui désigne une partie de l'anatomie particulièrement charnue) de la mère Pompidou dans cette affaire. Pompidou sera battu et Poher passera..." Pour le commissaire Samson, il fallait "absolument" que Pompidou n'entre pas à l'Élysée. Quitte à fabriquer de toutes pièces des documents compromettants ou à obtenir de certaines personnes, entendues comme simples témoins, des confidences aussi salaces qu'imaginaires.

« Ce que je vais vous raconter remonte au 4 ou 5 octobre. Deux inspecteurs de la brigade arrivent à Saint-Tropez ; mission : interroger Alain Delon. Au cours de l'interrogatoire, le téléphone sonne. Delon répond. Un inspecteur prend l'écouteur. C'est Georges Markovic. Oui.

Le cousin de Stephan. Et que dit-il ce Georges Markovic ? Il lui annonce que Stephan a été tué D'UNE BALLE DANS LA TÊTE ! Vous vous rendez compte ! Le 4 ou 5 octobre ! Alors qu'il fallut attendre le 26 de ce même mois pour savoir OFFICIELLEMENT, grâce à la seconde autopsie, que Stephan Markovic, que l'on croyait avoir succombé à des coups, était effectivement mort d'une balle dans la tête. Ce n'est pas curieux, ça ?

« – Mais le policier n'avait rien dit ?

« – C'est après la seconde autopsie seulement qu'il s'est "brusquement" souvenu du coup de téléphone...

« – Et Delon ?

« – C'est la même chose que pour Mme Pompidou. On a essayé de le faire plonger... »

Quand je disais que l'enquête, filandreuse d'un bout à l'autre, avait été « forcée » parce que l'opinion réclamait un coupable et que, pour les policiers, j'avais le physique de l'emploi, mentais-je ?

J'étais donc en droit de nourrir enfin un espoir, après tant de tracasseries. Mes avocats le pensaient eux aussi, qui me donnaient des certitudes. Le juge Patard s'y opposa. Sa récompense fut immédiate. Nommé à Paris, promu au tableau d'avancement, il se trouva dessaisi du dossier, au bénéfice du juge Ferré. Un jour, Me Isorni croisa dans les couloirs du palais de justice de Paris mon ancien juge, pour qui, au bout du compte, je nourrissais de l'estime et même de la sympathie – après tout il avait fait son boulot plutôt consciencieusement. Alors qu'il le félicitait pour cette promotion, il lui rétorqua :

« M'en parlez pas, c'est un enterrement de première classe. »

Ma lettre du 11 mars 1971, soit près de deux ans après son élection, avait fait cependant son chemin. Vers le

15 octobre, un de mes amis, corse tout comme moi, journaliste au *Figaro* et proche du nouveau Président, me fit passer un message :

« Monsieur Marcantoni, votre non-lieu est certain, mais il faut que vous renonciez à Me Isorni et Me Ceccaldi, et que vous preniez comme avocat Me Floriot. »

Me Floriot, outre une notoriété de tout premier plan, était l'avocat de Georges Pompidou, et son ami.

Je n'avais guère le choix. Seul mon non-lieu importait.

On peut aisément deviner dans quel état de fureur entra Me Isorni lorsque je lui fis part de mon intention de me séparer de ses services.

« Alors, le non-lieu se fait à la tête de l'avocat, maintenant. Et c'est le Président de la République qui décide du choix de l'avocat !

« Eh bien, voici ma réponse, monsieur Marcantoni. S'il doit y avoir une condition au non-lieu, je ne vois pas pourquoi je céderais aux exigences du président de la République pour que l'ami Floriot vienne recueillir le fruit de mes efforts, au moment où nous étions sur le point d'aboutir. En revanche, je ne vois aucun obstacle à ce qu'il s'associe à moi. »

Cette proposition me paraissait raisonnable. Je la fis transmettre aussitôt au président. Il me fut répondu que Me Isorni devait disparaître complètement de ma défense.

Quand je lui ai transmis le verdict de Pompidou, mon avocat a explosé. Il s'en est pris au régime, à de Gaulle qui le haïssait et qui l'avait fichu à la porte du barreau pendant la guerre d'Algérie pour avoir plaidé selon son âme et conscience. Puis, comme toujours, il s'est radouci :

« Monsieur Marcantoni, ce sont vos intérêts qui comptent d'abord. »

Une entrevue entre M. Ferré et Me Isorni eut lieu le

15 novembre. Le nouveau magistrat en charge du dossier précisa confidentiellement à mon défenseur que les charges contre moi étaient insuffisantes. Il rendrait donc une ordonnance de non-lieu, mais pas avant mai 1972. Pourquoi ce délai ? Simplement parce que le procureur Lajaunie, comme naguère le juge Patard, continuait à s'opposer à tout non-lieu.

« Ce n'est donc pas moi qui suis de trop, mais le procureur ! me dit Me Isorni. Et d'ajouter aussitôt : Inutile, dans ces conditions, de changer d'avocat. »

Mais ma décision était prise. J'étais déjà allé voir Me Floriot. Bien que très embarrassé, après avoir griffonné plusieurs brouillons, Me Isorni reçut de moi le 26 novembre une lettre dans laquelle je l'informais que Me Floriot devenait mon seul avocat ; je lui demandais donc d'adresser tout mon dossier à ce dernier. Tout en lui réitérant mon amitié.

Me Floriot avait été mon premier avocat dans la vie. C'est lui qui m'avait déjà défendu en 1944, quand j'avais été arrêté par la Gestapo. J'avais alors été très content de ses services.

Quand je me suis trouvé en face de lui, j'ai repris confiance.

« C'est extraordinaire qu'une affaire traîne comme ça. »

Puis il a ajouté cette phrase qui pour moi restera à jamais gravée jusqu'à la fin de mes jours :

« On vous doit beaucoup. Il faut aider le Président. Il ne vous donnera pas la Légion d'honneur, mais il vous "renverra l'ascenseur". »

Ce dernier a dû rester en panne ! Il est vrai que la mort a emporté le Président, et que Mme Pompidou a préféré évacuer de son esprit l'affaire Markovic et tous ses protagonistes...

Un an plus tard, j'attendais toujours mon non-lieu. Le 2 mai 1972, de nouveau, je prenais ma plus belle plume pour m'adresser au Président :

« Innocent dans une affaire où je n'ai été accablé que pour avoir refusé de vous mettre en cause, libéré depuis trois ans sans que j'aie été interrogé une seule fois, j'attends encore un non-lieu qui, toujours promis, est sans cesse remis. Je tiens à vous dire que je reçois toujours des sollicitations pour vous mettre en cause. Je refuse et refuserai toujours. Mais je demande que la justice en termine avec mon affaire. »

Puisque Me Floriot, qui partageait souvent les chasses avec le Président, n'avait rien obtenu de plus que son confrère durant deux ans, je pris la décision de reprendre pour conseil Me Isorni, en septembre 1973. L'ancien défenseur du maréchal Pétain, que détestait Pompidou, accepta...

Pompidou est mort, le duo des ténors : Isorni contre Dumas

Le 2 avril 1974, vers vingt-deux heures, les programmes de radio et de télévision furent brusquement interrompus par l'annonce de la mort du chef de l'État. Comme beaucoup de Français, j'en suis sûr, je ressentis une profonde tristesse. D'autant que, sans l'avoir jamais rencontré, cette affaire Markovic avait tissé des liens entre cet homme et moi, qui ajoutaient à mon émotion. Quelques jours plus tard, que ce soit mon dernier cigare si je mens, je déposai des fleurs dans la petite église de Houdan, dans laquelle il se rendait chaque fois qu'il séjournait à Orvilliers.

Mon non-lieu allait enfin intervenir, non sans que de nombreux autres rebondissements eussent éclaté, tels les carnets que remit un jour Alain Delon au juge Ferré... carnets à l'intérieur desquels on pouvait lire, comme l'a rapporté *Le Canard enchaîné*, transformé pour l'occasion en voix officielle de Roland Dumas, qui était son conseil, que les Pompidou étaient en week-end chez l'acteur, en même temps que Nathalie... le 22 septembre 1968, c'est-à-dire le jour où Markovic avait disparu, et qu'ils y étaient retournés le 2 octobre, jour où l'on avait retrouvé son corps.

Il était heureux qu'au tout début de l'enquête Alain se fût tu, surtout si l'on songe à l'acharnement dont avait témoigné Roland Dumas pour le rendre responsable de la mort de son factotum. Un ancien Premier ministre pour alibi, voilà qui aurait plutôt pas mal arrangé ses affaires.

Giscard avait succédé à Georges Pompidou. Son garde des Sceaux était Jean Lecanuet. La chambre d'accusation fixa les débats sur le fond de l'affaire au 12 décembre 1975. L'avocat général Giafferi (était-il parent de celui qui, naguère, m'avait défendu comme son fils ?) fut d'une grande sévérité pour l'accusation, représentée par Me Roland Dumas.

« On n'a jamais cherché que du côté de Marcantoni, alors qu'on pouvait chercher dans d'autres directions. Or, aujourd'hui, après sept ans d'instruction, on ne sait ni qui a tué Markovic, ni quand, ni pour quels motifs. »

Me Isorni saisit la balle au bond. Il insista sur le fait que si la chambre d'accusation renvoyait mon cas devant les assises, ce serait l'objet d'un immense déballage de « saloperies », dont le public et les médias du monde entier ne manqueraient de se gausser à loisir.

Duel de ténors du barreau : Isorni soutenait que les pressions politiques s'étaient exercées dès le début de l'enquête, pour mon renvoi aux assises... Dumas prétendait la même chose, à ce détail près que, pour lui, elles s'étaient exercées à la fin, pour mon non-lieu.

« Savez-vous, s'époumonait-il, pourquoi M. Chirac a donné l'ordre au procureur de requérir un non-lieu ? Parce que si l'affaire devait aller aux assises, le gouvernement craignait que mon confrère Isorni, assez connu pour ce genre d'intervention, ne lise en public tous les procès-verbaux de l'affaire Ackov ! »

Et il n'hésita pas à m'accuser tout bonnement d'avoir tué le Yougoslave pour faire plaisir à Delon qui me l'aurait demandé, alors que Stephan voulait le faire chanter sur la publication de ce livre scandaleux, à propos duquel Georges Beaume l'aurait éconduit sans l'intervention de Nathalie.

L'audience dura deux jours. La chambre d'accusation s'accorda un mois supplémentaire de réflexion. Son arrêt fut rendu le 12 janvier 1976. En quatre-vingt-huit pages. Il résultait que mon passé avait joué en ma défaveur. Un peu fort de café !

Les accusations portées par Dumas contre Delon furent sévèrement appréciées par les magistrats :

« Ce serait aller bien loin dans le domaine des hypothèses, dit la cour, que d'attribuer à Alain Delon – par une transposition dans la vie réelle des rôles de "truands" implacables qui ont fait son renom au cinéma – une volonté homicide qui se serait manifestée par des instructions données à un ami, Marcantoni, pour se débarrasser d'un confident encombrant, devenu par surcroît maître chanteur. »

Sans doute Roland Dumas fréquentait-il trop, à une certaine époque, les salles obscures.

Détail piquant, que je ne peux passer ici sous silence, la chambre d'accusation fit si bien qu'on ne retrouva aucun des éléments spécifiques de l'affaire telle que j'ai pu la raconter au fil de ces pages. Ni les noms du général de Gaulle, de M. Capitant, de M. Marcellin, de M. et Mme Pompidou ne furent prononcés. Encore moins ceux d'Ackov et d'autres Yougoslaves de son acabit, escrocs, mythos, proxos... À croire qu'aucun de ces personnages, petits et grands, n'avait jamais été impliqué, inquiété, souillé ou pris à partie tout au cours de cette sordide affaire.

À l'issue de la décision de la chambre d'accusation, me lavant de toute infamie, Roland Dumas, dans un ultime baroud (d'honneur ?), s'emporta :

« C'est le gouvernement qui a donné des ordres dans ce sens, et tout particulièrement les amis encore en place de l'ancien président de la République. En cela, la décision est scandaleuse. Elle montre qu'il y a un abîme entre les principes de droit et la réalité judiciaire dès que des personnes haut placées sont en cause. »

C'était en 1976...

Ultimes curiosités de cette « drôle d'affaire », les soixante mille francs de ma caution ont immédiatement fait l'objet d'une saisie-arrêt aussitôt après que mon non-lieu me les eut restitués ; le fisc, comme je l'ai écrit, m'avait réclamé, à ma sortie de prison le 4 décembre 1969, quarante-sept millions de centimes, somme dont j'avais fini par m'acquitter, ce qui me permit de garder ma maison de Goussainville. Quand on apprit, en haut lieu, que je projetais d'écrire un livre sur l'affaire, un émissaire me fut envoyé pour renoncer à ce projet. Une somme de cinq cent mille francs contre mon renoncement me fut proposée, *via* un émissaire corse proche de la présidence, et sur l'instigation de Marie-France Garaud, Pierre Juillet et Jacques Chirac... Je réclamai deux millions de francs pour mon séjour en prison, le *pretium doloris*, et les soixante millions de centimes que m'avait pris le fisc. Je savais pertinemment que même si une telle somme m'était versée, jamais elle ne compenserait la meurtrissure de mon âme. Car enfin, au terme de cette ignominieuse cabale politique, si je ne pouvais me considérer comme la seule victime, force m'était de constater que, seul, j'avais eu à en subir les conséquences, avec mon incarcération. Mme Marie-France Garaud, que Bouvard avait éloquemment surnommée « Madame j'ordonne », interpréta ma démarche comme un chantage. Je publiai donc *La Conjuration.* Mon éditeur, Olivier Orban, subit alors la menace d'une descente dans ses bureaux des agents du fisc... Il prit peur. Est-ce cela, la démocratie ?

Moralité, à une dédicace en Corse, j'avais en tout et pour tout sept livres à ma disposition, pas un de plus. Il fut ensuite retiré des librairies. Quelques années plus tard, un autre éditeur, Favre, fut en butte aux mêmes tracasseries. Alors que le livre avait pris un excellent départ, puisque vingt mille exemplaires s'étaient vendus, il ne refit aucun tirage. Vous connaissez beaucoup d'éditeurs qui, face au succès de l'un de leurs auteurs, renoncent à refaire des tirages ? Et est-ce cela, la démocratie ?

Et de partout, quand je rencontrais des amis, voire de simples citoyens ordinaires, c'était la sempiternelle demande : « Mais où le bouquin peut-il se trouver ? » Là était la question.

Ma « gloire » avait même franchi les frontières. Le magazine italien *Gente* me consacra une longue interview. Un jour, Me Isorni me rapporta l'anecdote suivante, qui le fit bien rire. Un journaliste anglais l'appelle au téléphone. Sa secrétaire lui passe la communication.

« Alors, il paraît que vous souhaitez un entretien avec moi. Sur Pétain ou sur Jésus ? (Ses deux « spécialités »)

– Non, maître, lui répond la voix au téléphone. Sur M. Marcantoni ! »

Authentique.

François Truffaut le premier, manifesta son intention de réaliser un film à partir de l'affaire. Là encore, comme il l'a lui-même confié un jour à un journal, les pressions furent trop fortes, qui le découragèrent. Tout comme elles découragèrent André Cayatte et Pierre Dumayet, qui projetèrent, eux aussi, de faire un film sur mes tribulations, et qui mettrait au cœur du sujet les rapports entre politique et justice. Un beau sujet, toujours d'actualité.

À trois reprises, les deux hommes me rencontrèrent dans le bureau de Me Floriot. Longuement, nous nous entretînmes de ce projet. L'avocat voyait l'entreprise d'un très bon œil, car, disait-il, elle blanchirait le Président. Hélas, quelque temps plus tard, Me Floriot dut avertir les deux cinéastes que le chef de l'État s'opposait absolument à ce qu'un film fût tiré de cette affaire. Cayatte, qui avait de la suite dans les idées, a alors tourné, sur le même thème de la calomnie, *Fumée sans feu.* Un député se trouvait victime désignée... il avait fallu descendre de quelques crans pour donner corps au sujet.

Épilogue d'une affaire « vulgaire et subalterne »

Tel un mauvais goût de sardine, cette affaire Markovic m'est remontée à la gorge, chaque jour qui a passé. Impossible d'oublier. Comme dans un mauvais rêve, je me suis souvent vu dans la peau de l'assassin. Je pensais à cette fable de La Fontaine, apprise sur les bancs de l'école, « Les animaux malades de la peste ». Il fallait un coupable. Je devenais ce coupable. Qu'importe que l'enquête soit menée n'importe comment, que des commissaires, engagés politiquement, se soient servis de petites frappes et les ait manipulées.

Depuis, je n'ai cessé de recueillir tous les témoignages qui ont paru ici et là, dans la presse, dans des livres... Tous, quand les langues ont commencé à se délier, plusieurs années après l'affaire, sont éloquents.

J'ai cité des lettres de l'inspecteur Bétrémieux.

Voici quelques autres éléments que je livre à la sagacité des lecteurs. Mieux que de longues phrases d'explication, ils sont suffisamment explicites pour se faire une vraie opinion.

Du juge Patard :

« J'ai appris beaucoup plus tard, mais alors beaucoup plus tard, que ce type-là avait menti (il parle d'Alexander Markovic, le frère de la victime, au sujet du prétendu dîner chez les Delon avec les Pompidou), que ce n'était pas vrai. C'est un Yougoslave qui me l'a dit un jour au creux de l'oreille. Il m'a dit : "Je ne veux pas que ce soit mentionné dans le dossier, mais vous savez, ce que vous a dit le frère de Markovic sur le dîner avec les Pompidou, cela n'a jamais existé, cette histoire-là." (Mais qui donc lui a soufflé cette histoire abracadabrantesque, sinon son avocat, Me Roland Dumas ?) C'est vous dire que c'était un milieu extrêmement foireux, le milieu yougoslave. Ils mentaient comme ils respiraient, tous ces types-là. » Dommage qu'au cœur de l'affaire, le juge Patard ne s'en soit pas rendu compte.

De Bernard Tricot, alors secrétaire général de l'Élysée en 1968, qui porta le dossier à Colombey (décédé l'année dernière) :

« Chacun sait que les rapports entre Pompidou et Capitant n'étaient pas bons. Mais de là à supposer que Capitant ait sciemment fait manipuler des services de police ou de justice pour obtenir des accusations fausses contre les Pompidou, je ne le crois absolument pas. » Preuve que ça peut exister ?

De Jean de Lipkowski ancien député, gaulliste de gauche (aujourd'hui décédé) :

« Le deuxième type qui m'en a parlé (de l'affaire), alors d'une manière tout à fait choquante et scandaleuse, en disant qu'en plus de la femme de Georges Pompidou, c'était lui qu'on trouvait dansant avec des petits marins – vous voyez le genre –, c'est le général Billotte... Alors on dit que Capitant était mouillé, je le pense, parce qu'il n'a peut-être pas initié le complot, mais l'a couvert. »

De Pierre Lemarchand, marié à la filleule d'Yvonne de Gaulle, épouse du Général, avocat, ancien député de l'Yonne, écarté de la liste des investitures aux élections législatives de 1967 par Georges Pompidou qui, en raison de l'affaire Ben Barka (dans laquelle l'avocat est soupçonné d'avoir été le commanditaire de l'enlèvement de l'opposant marocain à Hassan II, ce qui lui vaudra une première condamnation par le barreau de Paris à la radiation à vie, avant que sa décision en appel ne le fasse bénéficier que d'une suspension de trois ans), lui préfère... Jean-Pierre Soisson :

« Ackov a avoué lors de l'un des interrogatoires, à propos de son faux témoignage : "Tout cela c'est des histoires, on m'a demandé de le faire." Alors, on lui a demandé qui lui avait demandé de le faire ; comme c'étaient des confrères, je ne vous dirai pas les noms. » Preuve en tout cas que ce détenu de Fresnes était bel et bien manipulé pour « mouiller » Mme Pompidou.

Selon Jean-Marcel Jeanneney, qui avait assuré l'intérim de Capitant, malade, au ministère de la Justice (aujourd'hui décédé) :

« Pompidou a toujours pensé, ce qui n'était peut-être pas faux, que c'était une vengeance d'une partie de la police, des sanctions qu'il avait prises et de la réorganisation qu'il avait faite après l'affaire Ben Barka. Bref, que l'affaire Markovic était une conséquence de l'affaire Ben Barka. C'est très possible. »

D'Anne-Marie Dupuy, chef puis directrice de cabinet de Georges Pompidou à l'Élysée :

« Le Général dans le coup ? Je ne peux pas dire. Si vous me demandez mon opinion personnelle, mais elle est horrible vis-à-vis des gaullistes et vis-à-vis de De Gaulle, c'est que ce n'est pas exclu. »

De Jacques Foccart, conseiller – de l'ombre – du Général aux Affaires africaines (décédé) :

« Une dizaine de jours plus tard, après avoir été reçu à nouveau par le Général, Pompidou est ulcéré. Il explose devant moi :

« Quand il me dit : "Mme Pompidou est si gentille, si bonne qu'elle a pu, sans voir de mal à cela, se rendre à une invitation de gens mal intentionnés, je ne peux pas l'admettre." »

Du même Jacques Foccart :

« René Capitant... ne pardonnait pas, sans doute, à Pompidou de s'être mis en travers de son projet de participation. Quand il a découvert cette vilaine affaire qui pourrait nuire aux ambitions de Pompidou, il a laissé procéder à un interrogatoire de l'auteur de la lettre. Cela créait une situation irréversible : le nom de Claude Pompidou entrait dans le dossier judiciaire Markovic, il y aurait forcément un avocat ou un journaliste pour faire éclater l'affaire. »

Si tous ces aveux tardifs ne réparent pas la peine de prison que, seul, j'ai purgée, alors même que la machination politique ne peut plus faire l'ombre d'un doute, que dire des témoignages, *de auditu*, *de visu* ou anonymes qui sont parvenus tout au long de ces sept longues années d'instruction soit chez les policiers, soit chez le juge Patard. Si j'en cite quelques-uns parmi les plus fantaisistes, c'est pour donner une idée de ce qui vous attend un jour si, par malheur, quelqu'un prétend vous avoir vu, tranquillement assis à l'arrière d'un taxi parisien. Et que, parmi vos relations ou vos amis, figure une star de cinéma !

Un nommé Lucien Danjou affirma « avoir vu Alain Delon sur un camion de charbonnier (!) en pleine nuit, en train de jeter un sac dans la décharge d'Élancourt » (PV 1798, 1799).

Une nommée Monique Biret prétendait, elle, que « Stephan Markovic aurait eu un autre rendez-vous après avoir rencontré François Marcantoni le 22 septembre 1968, et elle en était d'autant plus sûre, qu'elle-même avait dîné avec Marcantoni ce soir-là »... Le rapport Bardon conclut : « Les très nombreuses vérifications, auditions et confrontations concernant ce témoignage ont fait l'objet des P.V. 639, 787 à 792, 799 à 802, 840, 842, 846 à 851, 1003 et 1004 et ont permis de démontrer la mythomanie de ce "témoin". »

Un certain Alain Desplanches. incarcéré à la Santé à la suite du meurtre d'un bijoutier, écrivit au juge Patard qu'il avait des déclarations à faire sur la mort de Markovic. Il fut entendu le 18 juillet 1969 par le magistrat instructeur. Il déclara avoir fait la connaissance, dans un ranch de la vallée de Chevreuse, en juin 1968, de Markovic, qui s'y trouvait avec les chanteuses Nicoletta et Sylvie Vartan. Stephan lui aurait confié son intention de faire « chanter des artistes », et notamment Alain Delon, pour s'acheter un garage grâce à des photos pornographiques. Il mit également en cause un certain Jean-Marie Belin, dit « Olivier », également inculpé dans l'affaire du meurtre du bijoutier. « De nombreuses vérifications ont été effectuées et ont fait l'objet des PV 947 à 951, 1241, 1242, 1268 à 1276, 1386,

1426, 1547, page 2, 1548, 1549. Celles-ci n'ont rien amené, d'autant que les accusations portées par DESPLANCES sont sujettes à caution. L'intéressé est en effet soigné depuis mars 1969 pour un syndrome psychiatrique et un rapport d'expert en psychiatrie du 15.5.1969 précisait que ce syndrome présentait des manifestations et des préoccupations mystiques qui interdisaient toute audition valable. »

Un nommé André Rioult, repris de justice et homosexuel notoire, a prétendu lors de son interpellation, en mai 1968, par les fonctionnaires de la Sûreté urbaine de Versailles, pour vol, « avoir des relations sexuelles habituelles avec Alain Delon ».

Cette information, transmise à toutes fins utiles aux enquêteurs après la mort de Stephan Markovic, a fait l'objet de vérifications. Au cours de son audition, Rioult affirma que Stephan Markovic l'avait pris en photo au cours de relations sexuelles avec Delon. Mais l'enquête révéla que les dires de Rioult étaient de la plus haute fantaisie. À ce sujet, voir les PV 193, 198, 200, 204, 207, 209, 212, 216, 217, etc.

Bernard Wiseur, repris de justice, incarcéré à la prison de Loos, dans le Nord, mit en cause, pour sa part, quatre homosexuels qui auraient, en 1967, à Cannes, commis un vol au préjudice d'Alain Delon, emportant parmi d'autres objets des photos et des films pornos. De plus, à croire cet individu, l'un de ces homosexuels aurait eu des relations sexuelles avec l'acteur.

L'enquête, diligentée comme il se doit à la suite de cette déclaration, a fait l'objet des PV 1247 à 1253. Elle a permis de déterminer qu'il s'agissait d'une « affabulation d'un détenu, désirant être transféré à Versailles et se venger d'un ancien codétenu ».

Nathalie Canovas, épouse Delon, aurait été, quant à elle, strip-teaseuse dans un établissement qui m'appartenait. À l'occasion d'une brève escale à Toulon, le beau moussaillon Delon l'aurait rencontrée, séduite, aimée. Je la lui aurais vendue des millions de francs, il se serait acquitté de cette dette en me payant par mensualités...

Comment résister, pour conclure ce chapitre, au plaisir de relater cette anecdote qui, aujourd'hui encore, me fait bien rire.

Alors que j'allais être confronté pour la énième fois à l'un de ces Yougoslaves mythomanes et affabulateurs en diable, ne voilà-t-il pas qu'une femme s'avance, un immense sourire aux lèvres. Elle arrive vers moi, me prend dans ses bras :

« Pedro, comment vas-tu ? »

Elle m'avait confondu avec un Parrain napolitain !

Combien ça coûte ?

Jamais assassinat d'un malfrat aussi peu reluisant que Stephan Markovic n'aura donné lieu à un tel déferlement médiatique. Pendant sept ans, d'octobre 1968, où son corps était retrouvé dans la décharge d'Élancourt, à janvier 1976, où j'ai obtenu un non-lieu, pas une semaine ne s'est passée sans que cette affaire occupe le devant des médias, français mais aussi étrangers. J'apprends, à la lecture du livre de Bernard Violet, qu'il envisage de donner sa propre version de l'affaire Markovic. Vu la manière qui est la sienne de conduire des « investigations », je souris déjà du contenu qui sera la « matière » de l'opus. Un conseil, peut-être : reprendre à son compte le dossier que doit encore avoir en sa possession Roland Dumas !

À affaire criminelle exceptionnelle, déploiement de justice exceptionnel. Qu'on en juge.

Les investigations ont été menées sous les directions successives des commissaires divisionnaires René Camard,

Jean Samson, du commissaire principal Claude Bardon du Groupe de répression du banditisme.

L'enquête, qui a parfois mobilisé la quasi-totalité des effectifs du SRPJ de Versailles, a été plus particulièrement menée par le commissaire principal Redonet, les officiers de police Monceau, Colomines, Fraixe, Amar, Théron, Pierrard, Gelsi, les officiers de police adjoints Blain, Levert, Maria, Devaux, Fadda, eux-mêmes assistés par les officiers de police Serraud, Bouvret, Cances, Javiol, en fonction à la PJ à la préfecture de police qui furent détachés d'une façon permanente au service pour permettre d'effectuer des actes d'information à Paris et dans les départements de la couronne.

Elle a nécessité pas moins de cinquante-deux demandes de renseignements, de vérifications et d'investigations adressées par le canal d'Interpol aux pays étrangers suivants :

Algérie (1), Allemagne fédérale (8), Autriche (2), Belgique (7), Canada (1), Côte-d'Ivoire (1), États-Unis (2), Grande-Bretagne (1), Italie (7), Luxembourg (1), Maroc (3), Pays-Bas (1), Portugal (1), Sénégal (1), Suède (1), Suisse (9), Yougoslavie (5).

Le magistrat instructeur a délivré de son côté onze commissions rogatoires internationales, ce qui a permis d'expédier à grands frais de nombreux policiers français.

Cette enquête a nécessité également trente déplacements de fonctionnaires en province, tandis que les dix-sept SRPJ de France et la brigade criminelle de la préfecture de police étaient sollicités à des titres divers pour l'exécution de commissions rogatoires délivrées par M. Patard.

Tout ce remue-ménage, sans parler de mon rapatriement de la Côte d'Azur, auquel il convient d'adjoindre la mobilisation d'un hélicoptère pour survoler les environs du nouveau « triangle des Bermudes » Élancourt-Goussainville-

Orvilliers, autrement dit le triangle Markovic-Marcantoni-Pompidou, aura abouti à 1 808 procès-verbaux d'auditions de témoins, 205 scellés, soit quelque 50 000 pages noircies, auxquels il faut ajouter 5 albums photographiques saisis, 6 000 procès-verbaux du juge, de la police, de la gendarmerie, c'est quand même pas du « pipi de chat » !

À votre avis, combien l'affaire Markovic aura-t-elle coûté au contribuable ?

Si la Cour des comptes, soucieuse de mettre à jour ses statistiques d'argent public gaspillé, décidait de calculer le montant d'un dossier qui montait plus haut que le plafond du cabinet du juge, elle aboutirait à un chiffre proche de sept millions de francs. Une première dans l'histoire judiciaire, pour le meurtre d'un minable voyou yougoslave.

Et maintenant, si je disais tout...

Minable, en effet, je n'ai guère d'autre adjectif pour qualifier ce Markovic de mes deux ! J'ai dit, dans le chapitre le concernant, tout ce dont il était capable pour se faire un peu de blé. Si la police n'a guère été brillante dans ses conclusions, force m'est de lui reconnaître qu'elle n'a pourtant pas plaint ses efforts pour... me faire endosser ce meurtre que je n'avais pas commis ! Je dois aussi quand même à la vérité de dire que nombre de pistes ont été étudiées, restées ensuite lettres mortes ! Elle a même eu entre ses filets l'assassin et ses complices, mais les a laissés filer ! Examinons donc le flair avec lequel la fine fleur de notre distinguée police nationale a diligenté son enquête.

Quoi de plus commun que de chercher dans l'entourage du suspect, donc dans mon entourage, la preuve matérielle susceptible de me conduire devant les jurés d'assises ?

C'est au « Jimmy's Bar », l'établissement qu'exploitaient à Cannes mon frère Charlie et sa compagne Rita, que se pointèrent en premier les poulets. De ce côté, pas de problème, le couple n'avait effectué aucun déplacement sur Paris ou la région pendant les jours censés avoir été fatals au Yougoslave. Mais une perquisition, effectuée le 30 octobre 1969, les laissa quelque peu perplexes. En effet, dans un coffre que louait Charlie à la BNP, ils mirent la main sur une montre de luxe, une Patek-Philippe, qu'il dit m'appartenir. Ce qui était la vérité. À une époque, j'ai eu des montres de prix, Rolex et autres, peut-être pour mieux compter les heures que s'ingénieraient à me faire passer des inspecteurs, tôt ou tard, derrière les barreaux d'une centrale ! Je lui avais donc confié cet objet. Seulement voilà, je n'étais pas le seul à me complaire dans l'horlogerie de luxe. Le beau Stephan en possédait aussi une... qui n'avait pas été retrouvée sur lui dans la décharge d'Élancourt. Du moins à ce que prétendirent les enquêteurs. Sur la foi de quels témoignages fiables ? Quand bien même il en eût possédé une, rien ne prouve qu'au moment de sa mort il l'ait eue au poignet. Après tout, manquaient aussi ses papiers d'identité, ses chaussures... qui ne furent jamais retrouvés, non plus chez mon frère que chez moi-même ou chez quelques amis ! Dans leur idée, qui tournait parfois à l'obsession que cette montre était le maillon qui allait leur permettre de me confondre, ils firent toutes les recherches possibles et imaginables. Ils remontèrent à la source. C'est la succursale Patek de la place Vendôme qui me l'avait vendue. J'ai encore chez moi le certificat d'achat.

Après l'échec de leur démarche auprès de mon frère, c'est du côté de chez mon cousin Jean-Baptiste Bernardi, qui tenait un bar à deux pas de l'Étoile, « In the Wind », au 15 de la rue Bernouilli, que la sagacité des enquêteurs s'exerça. En l'absence de mon cousin, à l'étranger, une perquisition fut effectuée le 20 août 1969 dans son établissement. Là, dans une valise qui recelait la comptabilité, ils tombèrent sur une photo qui attira leur attention. C'était en fait un agrandissement de cliché anthropomorphique, représentant un dénommé Desmazes. C'est le SRPJ de Clermont-Ferrand qui, en avril 1962, lui avait gentiment demandé : « Souriez, c'est pour la police ! »

Or ce personnage avait fait parler de lui dès le mois de novembre 1968. Alors que la presse, excitée comme une puce par l'affaire, était à l'affût du moindre tuyau, le susdit Desmazes avait compris tout l'intérêt qu'il pouvait tirer de la situation. À l'entendre, il en connaissait tout des tenants et des aboutissants de cette affaire. Et contre espèces sonnantes et trébuchantes, il fournissait des tuyaux... tous aussi percés les uns que les autres ! Bien joué ! Entendu au 36, l'entourloupeur dut convenir, penaud, devant les policiers peu amènes, qu'il ne connaissait ni mon cousin ni ma personne. Comment la photo avait-elle atterri jusque dans la valise des comptes du bar ? Lui-même ne comprenait pas. Tout au plus sa mémoire était-elle encore fraîche de ce qu'il avait remis à un journaliste sa bobine, tirée de son carnet anthropométrique, histoire d'apporter de la crédibilité à ses affirmations. Ce gracieux minois, pris par les photographes de la maison Poulaga, n'était-ce pas la preuve indubitable de son appartenance au Milieu ? L'homme de plume s'était laissé prendre, avait recueilli les confidences de cet individu providentiel... et avait rendu compte aux lecteurs de ce « reportage exclusif » ! Si mon cul c'est pas du poulet !

Au moment où les enquêteurs avaient mené leurs premières investigations, il leur avait été signalé, dans l'entourage même de Markovic, qu'un « François le Belge » était en affaires avec le défunt. Or, au cours de l'instruction, j'avais déclaré au juge Patard que, quelques temps avant sa mort, celui-ci m'avait demandé, parce que ça semblait important pour lui, de lui trouver un acquéreur pour une paire de jumelles qu'il possédait. Bien que ne le fréquentant pas, mais le voyant chez Delon, je lui avais dit que si je lui en trouvais un... Et il m'avait confié les dites jumelles. Ah, quel crime n'avais-je pas commis là ! Que d'acharnement policier il y eut autour de cette malheureuse paire de jumelles ! Une de mes relations de « L'Arbois » s'était dite intéressée. L'homme, Jean-Marie Delgrange, renonça pourtant à s'en porter acquéreur. Des Yougos, cuisinés par les pandores, et plus spécialement deux proches de la victime, Victor Markovic et Ljubomir Milosevic, émirent l'idée que Delgrange et « François le Belge » ne pouvaient faire qu'un. Or cet inspecteur des ventes dans une entreprise de matériels de travaux publics n'avait jamais été en délicatesse avec la justice ! Interpellé, il tomba des nues. Oui, reconnut-il sans difficulté, il me connaissait, tout comme Markovic, pour nous avoir à maintes reprises croisés à « L'Arbois » ou à « La Passée ». Mais jamais, il jurait ses grands dieux, il n'avait été en affaires avec l'un ou l'autre. Les jumelles ? Oui, je lui avais proposé de les acquérir. Mais quoi de plus normal, puisqu'il était un turfiste assidu et remplissait, au vu de tous, ses bordereaux de PMU dans les différents cafés qu'en commun nous fréquentions ? Quant à son supposé sobriquet, « François le Belge », il ne comprenait pas. Pourquoi les Yougos l'avaient-ils ainsi identifié, risquant par là même de lui causer un tort considérable ? Des vérifications furent demandées en Belgique. Rien ne vint corroborer une suspecte participation de ce pauvre malheureux, embarqué dans une galère dont il se serait assurément fort bien passé. Même les enquêteurs lui présentèrent leurs excuses. Dans leurs procès-verbaux, ils écrivirent :

« On ne voit pas comment ce représentant en machines agricoles, gentil et haut en couleurs, a pu être considéré comme un malfaiteur international par certains Yougoslaves. » Quand je disais, en accord avec mon juge Patard, que plus affabulateur que les Yougos, tu meurs !

Une balance – il en existe hélas beaucoup trop et j'ai eu, pour ma part, à souffrir souvent, pour des actions auxquelles j'étais étranger, de leur abjecte petitesse... les flics appellent ça un indic, les services spéciaux un « honorable correspondant » – mit sur la route des policiers mon ami, truand certes, mais néanmoins écrivain, dans la lignée d'un José Giovanni ou d'un Alphonse Boudard – un auteur est allé jusqu'à le surnommer le Carco d'une génération –, Jean Mariolle, dit « Jean l'Auvergnat ». Un personnage pittoresque, bourré d'humour, qui était « tombé » pour complicité dans l'affaire dite du Pastis-Casabianca. Son tort en cette nouvelle circonstance ? Avoir fréquenté le redoutable François Marcantoni, au cours de ce mois de septembre fatal à Stephan. Il fut même désigné aux poulets comme susceptible d'avoir joué un rôle non négligeable dans son assassinat. Il aurait été vu, en ma compagnie, à Goussainville, et en celle de deux autres amis. Or, au dire de la balance, sa présence et la leur auraient eu pour visée de préparer le terrain. Markovic, un ou deux jours avant sa disparition, aurait confié à des proches qu'il devait venir taper le carton le 22 au soir chez moi et « y plumer deux pigeons » ! Notre rencontre à quatre aurait donc été une répétition de l'accueil que nous lui préparions. Quelle inélégance ! Problème, les limiers de la PJ durent convenir que les deux comparses qui étaient censés m'accompagner dans ma paisible retraite étaient des fantômes ! Jamais ils ne furent identifiés. Et pour cause, ils n'existaient que dans le fantasme de l'indicateur ! Ou sa mauvaise foi. Faute de pouvoir faire avouer à Jean un péché qu'il n'avait pas commis, ou aidé à commettre, on lui colla une peine de cinq ans, au prétexte qu'il avait contrevenu à une interdiction de séjour dans la région parisienne, à quoi fut ajoutée, pour faire bonne mesure, une affaire de trafic de drogue. Voilà ce qu'il en coûte quand on refuse de coopérer avec ces messieurs de la police.

Voici au demeurant un témoignage édifiant, peu sujet à la suspicion, car émanant d'un des leurs, et non des moindres, puisque sacré meilleur flic de France de l'après-guerre, le flic aux 567 arrestations dont certaines tonitruantes, qui coule une paisible retraite aux États-Unis. Il écrit dans *Borniche Story* (Presses de la Cité, p. 298) :

« Si ce qu'on appelle être un vrai flic est de pratiquer des passages à tabac pour obtenir des aveux, de moucharder ses collègues pour se faire valoir des autorités supérieures, de manquer d'impartialité, d'objectivité, de loyauté dans les enquêtes, de courir après avancement et décorations, non, je ne suis pas un vrai flic. »

A-t-il pensé, en écrivant ces quelques lignes, à François Marcantoni, connu à l'époque des « Calanques », et à l'enquête filandreuse et totalement orientée que ses collègues, à commencer par l'un de ses ex-patrons, Camard, ont menée dans l'affaire Markovic ? Ce n'est pas impossible. Il y a des moments de la vie qui ne s'oublient pas, quelle que soit la route suivie...

Il y a fort longtemps, c'était en février 1948, la sœur cadette du tout jeune flic Borniche se mourait à la veille de son mariage. Elle avait vingt-deux ans. Un mal, connu alors sous l'appellation de maladie bleue, une maladie cardiaque congénitale, la frappait à un âge où l'on a un appétit de la vie. Le jour même du décès, dans la matinée, Borniche venait d'apprendre sa nomination au grade d'OPJ, officier de police judiciaire. Pas ou peu de trains pour Chantilly, où elle habitait, pas plus que d'autocars. Et un chef de brigade insensible à la douleur d'un homme et qui répond, alors même qu'on sollicite de sa part la possibilité d'utiliser une voiture de fonction, pour être auprès des siens juste avant la mise en bière : « La PJ n'est pas une entreprise de transports. »

Borniche m'avait croisé, tout à fait par hasard. Je m'étais risqué à quelque bon mot, comme il m'arrive de le faire quand je suis en forme. La mine plutôt déconfite de mon interlocuteur m'avait incité à risquer :

« Quelque chose qui ne va pas ? Encore un voleur qui vous a échappé ? »

Au bord des larmes, il m'avait fait part de sa peine. Et de la réaction de son chef.

« Le salaud. Écoutez, ma tire est garée à deux pas d'ici, au 39, rue de Douai. Tenez, voici les clés. La carte grise est sous le tapis de sol. Tout est en règle. Foncez. Vous me rendrez le véhicule quand vous n'en aurez plus besoin ».

Sans cette providence qui l'avait fait se placer sur mon chemin, jamais il ne serait arrivé à temps pour voir une dernière fois sa petite sœur. Je sais que ma démarche, qui ne visait en rien à l'acheter, mais qui était la simple marque d'une amitié entre deux hommes aux croisées différentes, mais qui se respectaient, l'avait beaucoup touché et qu'il ne l'a jamais oubliée. Un flic honnête, qui fait son boulot de flic, mais humain, c'est un type bien, qui a droit à toute ma considération.

Une fois la piste Mariolle épuisée, les enquêteurs élargirent le champ de leurs investigations. À la demande du juge Patard, ils cherchèrent à établir les liens qui existaient entre moi et deux de mes amis de la Côte, Henri Diana et Jo B.

Henri Diana était mon associé au « Monseigneur », le bar dans lequel les poulets m'avaient cueilli à Cannes. Sur nouvelle dénonciation, les deux hommes étaient entrés dans l'œil du cyclone policier. Malgré un acharnement à leur encontre, qui leur valut des peines de quatre et cinq ans d'emprisonnement parce que rien n'avait pu conduire les enquêteurs à Marcantoni, constatation dut être établie de leur innocence totale dans l'affaire Markovic. Les flics, pourtant, mirent le paquet. N'avaient-ils pas été désignés par l'un de leurs « correspondants » comme les deux fantômes supposés avoir été vus en ma compagnie et celle de Mariolle à Goussainville ? Il était clair, à leurs yeux, que les deux « pigeons » à plumer par Markovic, c'était eux. Dès lors, en raison d'un passé un peu agité, il apparaissait évident que je les avais chargés de mettre fin aux jours du Yougoslave. Le hic, mais il était de taille, c'est que pas plus Henri que Jo n'avaient quitté leur bonne ville de Cannes pendant toute la période critique de septembre-octobre. Leur seule présence à Paris, où nous nous étions au demeurant rencontrés, datait du... 12 ou 13 octobre. La victime, elle, avait quitté le monde définitivement entre le 22 septembre et le 2 octobre !

Une fois de plus, la police avait fait chou blanc !

Si elle poursuivait activement ses recherches du côté « français », elle se fit fort de convoquer pour vérifications diverses bon nombre de Yougoslaves, dans l'entourage de Stephan ou dans le milieu, assez vaste, de l'émigration. Les enquêteurs eurent vite la conviction que devant le nombre de repris de justice que la victime côtoyait, la tâche s'annonçait d'une extrême difficulté. D'autant que la mythomanie de ces gens était chaque jour davantage mise en évidence. Et puis la pénétration d'un Milieu étranger, avec ses propres règles, décontenançait les poulets. Il fallait pourtant ne pas perdre de vue que Stephan, suite au cambriolage d'une bijouterie, à Annecy, avait quitté plus tôt que prévu sa cellule grâce à une intervention d'Alain Delon. Ses complices, eux, n'avaient pas bénéficié de la même mansuétude. Ils avaient peut-être des comptes à demander. Voire à solder. Ne s'était-il pas montré « irrégulier » dans certaines tractations ? Cette fameuse montre Patek-Philipe ne provenait-elle pas d'un recel, voire du vol de cette bijouterie ? Connu pour être indic à ses heures, n'aurait-il pas balancé des complices dans telle ou telle affaire ?

L'homme, par ailleurs, jouait. Et trichait. Un cascadeur de ses compatriotes, connu sous le sobriquet de « King-Kong », révéla aux enquêteurs qu'entre le 10 et le 16 septembre 1968, soit une semaine avant sa disparition, Stephan lui aurait demandé de l'accompagner dans une propriété où devait se tenir une soirée de poker clandestine. Vu la corpulence de « King-Kong », il semblait tout désigné pour jouer... le gorille ! Les deux hommes avaient filé en taxi jusqu'à une villa en banlieue ouest, après avoir emprunté des petites routes secondaires. Ce dont se souvenait le garde du corps, c'était que la villa était ceinte d'un jardin ornementé d'arbustes et de sapins. Amusez-vous, un week-end, à faire une promenade dans une petite commune de banlieue et à compter le nombre de maisons offrant la même particularité ! L'interrogatoire se poursuivit. « King-Kong », qui se voyait probablement dans un rôle de série B, fournissait moult détails. Ainsi, lui et Stephan étaient descendus au sous-sol de la villa. Là, groupés autour de tables, une quinzaine d'individus, de type corse ou italien, tapaient le carton. Bonjour l'ambiance *Le Parrain* ! Stephan avait pris place autour d'une table de six. Toute la nuit, les parties s'étaient enchaînées. Et ce n'est qu'au petit jour qu'ils avaient repris la direction de Paris. Une vaste chasse à la villa avec arbustes et sapins fut lancée. Il fallut déchanter. Faute de matérialiser l'endroit précis, cette piste fut abandonnée.

Une autre fut lancée, sur la base d'un éventuel chantage ou racket. Markovic pressentait que son intimité avec le couple Delon était sur le point de prendre fin. Un autre Yougoslave, Sabrija Zulfikarpazic, gigolo connu de la Rive gauche, entretenu par une antiquaire, n'accompagnait-il pas l'acteur à Saint-Tropez pendant le tournage de *La Piscine* ? Dès lors, se voyant « lâché », aux abois, furieux de ne pas bénéficier de cette « reconnaissance » à laquelle il estimait avoir droit, n'aurait-il pas voulu exercer une « pression » sur l'acteur qu'il aurait payée de sa vie ? La piste fut suivie avec d'autant plus de pugnacité par les policiers que l'un des amis de Stephan, « Chvaky », prétendit avoir été témoin d'une scène étrange. Cela se passait à la terrasse de « La Belle Ferronnière », rue François-Ier. Il était en compagnie de Markovic quand un individu qu'il lui avait désigné s'était approché de Delon, lui avait serré la main.

« Ce type c'est Jeannot. Il vient chercher son fric. Pourquoi lui et pas moi ? »

Tout fut mis en œuvre pour retrouver le Jeannot en question. En fait, il s'agissait d'un repris de justice, Benjamin Halimi, qui fut interpellé en même temps qu'un autre individu, Charles Raffini, suspecté lui aussi d'exercer un racket sur l'acteur.

Alain, bien sûr, fut longuement interrogé à ce sujet. Tout comme les deux hommes. L'épluchage serré des mouvements de comptes bancaires du comédien, tant en France qu'en Suisse, ne révélèrent évidemment pas la moindre hypothèse de racket. Que Stephan ait pensé, en revanche, utiliser pareil procédé pour se venger d'un homme à qui il devait tout, montre assez éloquemment son côté particulièrement retors.

Mais le nombre de magouilles dans lesquelles trempait le Yougoslave était si riche et varié que la « punition » pouvait surgir à chaque nouvelle hypothèse. Et pourquoi pas celle-ci ?

Souvenez-vous. Dès le 3 octobre, soit plus d'une vingtaine de jours avant qu'une seconde autopsie ne révèle la mort par balle de Markovic, son cousin Georges appelle Delon à Saint-Trop. Conversation écoutée par la police. Qu'apprend-il à l'acteur ? Que Stephan, précisément, est mort d'une balle dans la tête ! Comment le sait-il, lui, alors que tous les policiers, à cette date, l'ignorent totalement, le premier rapport d'autopsie n'ayant nulle part mentionné cette réalité ? Si curieux que cela paraisse, jamais cette déclaration de la plus haute importance ne parut troubler ceux en charge de faire toute la lumière sur le rôle qu'il aurait pu être amené à jouer.

Une totale liberté lui fut accordée, comme s'il allait de soi que n'importe quel quidam, portât-il le nom de Markovic, pût être au parfum d'un assassinat, en connaître le déroulement, sans avoir à se justifier autrement que par un mensonge gros comme une ficelle. Bravo pour la perspicacité policière ! Avec une commisération de bon aloi, sensible à sa douleur, assurément profonde, on se contenta de noter qu'il avait tenu des propos sous l'emprise de l'alcool, propos que personne n'avait cru bon, parmi les deux inspecteurs présents à Saint-Trop, de notifier sur procès-verbal.

Bizarre.

Plus étrange encore, un autre Markovic, Victor celui-là, sans lien de parenté avec la victime, mais auteur de vols par effraction et de recel à Paris, fit une déposition auprès du juge Patard, dans laquelle il prétendit, sur procès-verbal, que Stephan avait participé à une affaire de stupéfiants, dite des DS Citroën truquées du Havre. Les journaux avaient à l'époque des faits abondamment relaté dans leurs colonnes l'arrestation d'une bande de redoutables trafiquants qui exportaient de l'héroïne vers les États-Unis, *via* Le Havre. Pour échapper aux éventuels contrôles, ils se servaient de véhicules, exclusivement des DS, tous volés, où avaient été aménagées des caches.

Si près du but, les flics laissent filer les meurtriers...

Victor Markovic assurait au magistrat-instructeur qu'il avait personnellement accompagné la victime au domicile de l'un des trafiquants à Maisons-Laffitte, un dénommé Eugène Malibert. Lequel avait été, depuis, incarcéré.

Cette dénonciation aurait dû permettre un rapprochement avec les révélations d'Uros Milicevic sur une livraison de drogue effectuée par Stephan les 18, 19 et 21 septembre... et qui s'était révélée en fin de compte... être de l'amidon ! Quand le juge Patard eut demandé à Uros s'il connaissait le destinataire de la drogue, il répondit le plus simplement du monde ce que Stephan lui avait déclaré, alors même que lui, Uros, lui avait posé la question : « Tu penses, c'est François ! »

Évidemment, pour le jeune écervelé yougoslave, François, ce prénom si rare, ne pouvait être que Marcantoni ! Eh ben voyons !

L'enquête tous azimuts lancée par le juge, relayée par les poulets labellisés rouges, type Samson, permit de découvrir qu'au cours de ce mois de septembre fatidique, un dénommé Antoine Perfetti, avait été à plusieurs reprises vu en ma compagnie. Or, figurez-vous que ce compatriote avait pour surnom... je vous le donne en mille... François ! Comment cela ? Je n'étais donc pas unique ? De quoi recevoir une belle leçon d'humilité !

Repris de justice notoire, ce Corse bon teint né à Toulon était fiché au grand banditisme. Et il me rencontrait ! De quoi, diantre, exciter l'imagination des volatiles de la Grande Maison. Marcel, le tenancier de « L'Arbois », me comptait au nombre de ses chers clients. Sa mémoire, fidèle, lui remettait en scène un tableau aperçu au début du mois de septembre, une sorte de Cène truandesque, un groupe en effet de six ou sept individus (déjà il est permis de mettre en cause l'extrême fiabilité du jugement !), attablés dans un coin en retrait de la grande salle. Assurément des comploteurs ! Lequel pouvait bien être Judas ? Peut-être moi !

Aux photos que les policiers lui présentèrent, à fin de reconnaissance, le brave échanson reconnut celles de Stephan Markovic et de Antoine Perfetti. Ils étaient bien, croix de bois, croix de fer, parmi les quelques conjurés qu'il avait servis ce jour-là. Il affirma qu'à un moment j'étais venu discuter avec ces messieurs. Quel crime abominable ! Toujours aussi peu avare d'informations, il poursuivit sa déposition en indiquant que le même groupe s'était à nouveau réuni chez lui, aux alentours d'une date qu'il situait le 15 septembre. Manquait peut-être, il n'en était pas totalement sûr, Stephan Markovic. Étais-je moi-même convié aux agapes ? Sa mémoire défaillait.

Pourquoi m'en cacher ? Bien que je n'eusse jamais été en affaires avec Perfetti, je le connaissais. Je savais aussi qu'il rencontrait Stephan Markovic, soit sur les champs de courses, soit dans les cafés où j'avais moi-même mes habitudes. Quoi de plus naturel que d'aller saluer des personnes que vous croisez régulièrement ici ou là. Où est le mal ? Si chacun devait rester dans son coin, n'adresser la parole à personne, de peur d'être mêlé à un assassinat, bonjour l'ambiance des bistrots de quartier, fussent-ils dans les beaux arrondissements ! Alors oui, une ou deux fois, peut-être trois, nous avons fait un brin de causette ensemble. Si j'avais pu savoir dans quel engrenage cette convivialité allait m'entraîner...

Il n'aura pas échappé au lecteur attentif que, trois jours durant, Markovic se livra à un trafic de fausse drogue. Pareille embrouille, dans quelque Milieu que ce soit, se paie cash. Or, lorsque Markovic confie à son ami Uros que le bénéficiaire de cette pseudo-héro est « François », Uros, lui aussi mouillé dans l'affaire puisque intermédiaire entre son beau-père et Stephan, sait qu'il s'agit de Perfetti. Mais préfère, dans un premier temps, détourner les soupçons sur moi. Pour quelle raison ? N'oublions pas qu'il est le premier indic des flics, obnubilés par la pensée de me mettre au trou pour vingt ans, coupable que je suis à leurs yeux d'avoir naguère abattu un autre de leurs indics, « Léon le Juif ». En orientant Uros sur ma personne, ils me soldent le compte. Tout en fermant les yeux sur ses activités à lui, pourtant délictueuses et normalement vouées à l'incarcérer pour au minimum cinq ans.

Perfetti est un authentique voyou, un homme dangereux. À plusieurs reprises, il a été impliqué dans des affaires, que ce soit extorsion de fonds, violences diverses avec arme, came, etc. Il a été poursuivi, en 1956, à vingt-quatre ans, pour une tentative de meurtre à Toulon. Il a lui-même été, quelques années plus tard, sérieusement blessé par balles au cours d'un règlement de comptes. C'est dire que lui et moi ne jouons pas dans la même catégorie.

Reprenons ici les événements tels qu'ils se sont passés... et que la police a été incapable de restituer dans leur véracité.

Victor Markovic a fait mention des DS truquées qui convoyaient la drogue de Paris au Havre, d'où elle était acheminée vers les États-Unis.

Outre ce Markovic et son homonyme Stephan – l'intermédiaire entre « Bora » Mesarovic, le fournisseur et François Perfetti, le destinataire – appartenaient à la bande de trafiquants, côté yougoslave Uros Milicevic, son beau-père Miroslav Stanojevic, Angelakoff Dimitri, dit « le guitariste », décorateur à ses heures, gigolo ou vivant de ses charmes auprès de vieux messieurs fortunés, bref à voile et à vapeur, ces individus ; et, côté français, Eugène Malibert, Antoine Perfetti déjà cité, Charles Nicolaï et Jo Sbragia, un autre Corse.

Perfetti réceptionne le samedi 21 septembre la troisième livraison de ce qu'il croit être de l'héroïne, après que deux autres livraisons eurent été opérées, les 18 et 19 septembre, destinées au marché américain. Un coup de fil lui annonce que la marchandise, c'est du pipeau ! Le fournisseur l'a floué. L'instant de stupeur passé, sa décision est prise aussitôt. Il lui faut au plus vite revoir Markovic et lui infliger la correction qu'il mérite.

Ce que Perfetti ignore, c'est que Markovic n'a jamais su que les colis qu'il confiait au Corse renfermaient seulement de l'amidon. Bien sûr, il avait conscience d'un danger – il y a toujours du danger quand on touche à la drogue. En témoigne cet extrait de la lettre écrite le 17 septembre, dans ce qu'il a été convenu d'appeler les « lettres testament » :

« Les circonstances et ma situation sont, en ce moment, telles que quelque chose peut facilement m'arriver. »

Quand Antoine l'informe qu'il veut le voir rapidement, Stephan est à mille lieues de se douter que cette rencontre va signer son arrêt de mort. Confiant, il l'est lorsque les deux hommes se retrouvent. En fait, Perfetti est accompagné de Charles Nicolaï. Stephan, je l'ai signalé, est un costaud et un sportif. Il est de taille à se défendre. Au cours de soirées en boîte, plus d'une fois, il lui est arrivé de faire le coup de poing et de mettre K-O des gêneurs. En outre, qui sait ? Peut-être est-il lui-même armé.

Pas question de risquer un affrontement qui pourrait tourner au désavantage des deux Corses. Une bastos bien placée. Markovic n'a pas esquissé un geste. Ensuite ce sera l'écrasement de la face, avec un gourdin à gros nœuds, la destruction de l'étage antérieur de la base du crâne. Tout ce qui doit rendre une hypothétique identification impossible.

Perfetti sera appréhendé, je l'apprendrai à ma sortie de prison, le 13 mai 1969, au domicile de son complice, Jo Sbragia, chez qui les flics découvriront une valise truquée, contenant une grosse quantité de poudre blanche très pure... Face à cette découverte, Antoine aurait joué les naïfs. S'il admettait qu'il était pour quelque chose dans la transformation du bagage, il n'avait aucune idée de ce que l'intérieur ainsi modifié pouvait receler ! Charles Nicolaï, qui était déjà son acolyte dans l'affaire Markovic, jura ses grands dieux être, de son côté, totalement étranger à un quelconque trafic.

Une fois de plus, les policiers, impuissants à confondre le trio, laissèrent les assassins dans la nature.

Mais au fond, pour eux, qu'importait ? Depuis quatre mois, leur bête noire, François Marcantoni, croupissait dans une cellule sordide de Versailles. Et restait muet comme une carpe. Pourquoi ne pas avoir dit ce que je savais, c'est-à-dire les liens d'affaires entre Perfetti et Markovic ? J'ai suffisamment eu l'occasion de dire, ici même, que les balances me donnaient de l'urticaire et combien j'avais pu être soupçonné de tel ou tel méfait par l'une d'entre elles, que jamais je n'aurais « donné » aux flics quelqu'un, si crapule soit ce quelqu'un. Torturé par les agents de la Gestapo, je n'avais livré aucun nom. Ce n'était pas Patard et consorts qui allaient me tirer les vers du nez ! Et puis, autre point qui a son importance, il avait été décidé une fois pour toutes de ne jamais accorder le moindre crédit à ce que je disais. Ils n'en démordaient pas, les uns et les autres. C'était toujours moi et la housse de matelas qui revenaient sur le gril ! Moi, j'avais la conscience tranquille. Je pouvais, chaque soir, dormir du sommeil du juste.

Depuis le 9 janvier également, les noms de M. et Mme Pompidou étaient apparus officiellement dans le dossier d'instruction du juge Patard. Le double objectif – « griller » Marcantoni et monter une conjuration politique – était atteint au-delà même des espérances. Tout, je dis bien tout, serait mis désormais en œuvre pour alimenter l'orientation ainsi délibérément choisie au mieux des intérêts des uns et des autres.

Puisse ce livre avoir montré, ce dont je suis d'ores et déjà convaincu, à quel point tous les rouages de l'État, police, magistrature, peuvent être actionnés au service d'une seule et unique cause, celle des intérêts d'une mafia bien pire que toutes celles que l'on désigne ordinairement par « le crime organisé », la mafia politique.

L'homme des coïncidences

Certains de mes amis m'appellent l'ubiquiste. Tant il est vrai que, de nombreuses fois soupçonné ou accusé des pires crimes de la terre, j'ai dû bien souvent rendre une visite de courtoisie à mes amis policiers de la brigade criminelle. Le hasard a voulu que je sois mêlé, bien indirectement, à deux des affaires les plus retentissantes des années 1970.

En 1967, j'ai acquis une chambre de bonne au numéro 4 de la rue des Dardanelles, à deux pas de la Porte Maillot. L'usure du temps, qui n'épargne ni les hommes ni la pierre, fit que, au bout de quelques années, des travaux de rénovation s'avérèrent indispensables. J'étais très bien avec les concierges du 14. Tout naturellement, j'ai demandé au gardien d'aller rafraîchir de quelques coups de pinceau la modeste pièce.

Dans la soirée du 23 décembre 1976, rencontrant une

amie dont le charme le dispute à la beauté, je m'empresse de l'inviter à dîner. Elle accepte mon invitation de bon cœur. Je choisis un excellent restaurant. Puis les heures passent. À cette époque, j'ai un appartement en location à Neuilly-sur-Seine, que m'a fait obtenir mon ami comédien José Luis de Villalonga, grand d'Espagne, apparenté au roi Juan Carlos, et séducteur impénitent des plus jolies femmes de ces années-là. Affinités il y a entre la belle et moi. Je lui propose donc de venir prendre un dernier verre à la maison… Elle ne refuse pas.

Au petit matin, le 24 donc, veille de Noël, mon élégante travaillant de bonne heure, en homme courtois, plutôt que de la remercier en la précipitant sur le palier aux aurores, je décide de la raccompagner dans le 17e, c'est la moindre des politesses. L'heure très matinale, inhabituelle pour moi, la froidure, me conduisent à « L'Arbois », la brasserie du boulevard Gouvion-Saint-Cyr où, depuis de nombreuses années, j'ai mes habitudes.

Le patron me salue cordialement. Il me signale que les travaux que j'ai demandés sont terminés. « Le concierge m'a dit qu'il voudrait vous voir », ajoute-t-il.

Le cœur léger, je prends après avoir consommé un café le chemin de la rue des Dardanelles. Je tombe sur un attroupement. D'un air entendu, le concierge du 14, présent parmi les badauds, me glisse à l'oreille : « C'est un règlement de comptes, sûrement une histoire de mari jaloux. »

J'appris le lendemain, par le patron de « L'Arbois », qu'il avait entendu sur RTL qu'un homme avait été descendu au 2 de cette rue des Dardanelles… Il avait tout de suite pensé que la victime, c'était moi… C'est dire combien il me portait en haute estime.

Mais il n'était pas au bout de sa surprise puisque, dans

un flash ultérieur, le journaliste annonçait l'identité de celui qui s'était fait abattre comme un voyou : le prince Jean de Broglie, descendant d'une des plus grandes familles de France, ancien secrétaire d'État de Giscard et trésorier des Républicains indépendants, le parti giscardien.

L'enquête devait par la suite déterminer qu'il avait été assassiné pour de sombres histoires d'argent injectées dans un grand restaurant « La Reine Pédauque ». Le commanditaire du meurtre aurait été un certain Pierre de Varga, son conseiller financier, ancien escroc.

Ma présence, en tout état de cause, à proximité immédiate de l'immeuble où le prince gisait, dans une mare de sang, fut tout naturellement repérée par les journalistes mais aussi par les policiers. Le commissaire Pierre Ottavioli, qui était patron de la Crim, m'avisa :

« Écoutez, Marcantoni, vous n'êtes pour rien dans ce crime, mais vous allez devoir me rendre une petite visite au 36. Deux de mes hommes vous attendront passage du Lido, sur les Champs, dans une demi-heure. Soyez-y. Ce sera plus discret qu'ici. »

Je me rendis au rendez-vous. En effet, deux inspecteurs en civil me firent monter dans une voiture banalisée. Je suis ressorti du quai des Orfèvres aussi libre que j'y étais entré. Quelques journaux du lendemain, en revanche, ne se sont pas privés de me mettre à la « une » des faits divers. Après l'affaire Markovic, l'affaire de Broglie. Vraiment, quel personnage sulfureux, ce Marcantoni !

Le 23 janvier 1978, j'avais pris rendez-vous, pour l'octroi d'un prêt, avec une personne qui résidait avenue Foch. En sortant de chez elle, à une cinquantaine de mètres, je vois des gens massés au bas d'un immeuble. Des voitures de police sont stationnées, tous moteurs ronflants. Je m'approche. Le P-DG d'un des plus gros groupes industriels, Schneider, vient d'être kidnappé devant son domicile. Il s'agit du baron play-boy, familier de la jet-set, Édouard-Jean Empain.

Je préfère m'éloigner rapidement, car si un flic ou un journaliste me croise, il va encore falloir justifier ma présence fortuite sur les lieux ! Désormais, je m'abstiens de satisfaire ma curiosité au moindre attroupement suspect... Trop connu !

Sea, sex and drug

Milliardaire, Albert Debarge recevait le gratin du showbiz, de la finance et de la politique, dans le somptueux hôtel particulier qu'il possédait rue de Sèvres, avant qu'il ne le revendît pour s'installer boulevard Flandrin. Le célèbre animateur des soirées parisiennes, Jacques Chazot, y officiait, jouant les Monsieur Loyal, devant un cercle de célébrités choisies pour leurs bons mots, leur sens de la fête et... leurs relations d'affaires !

L'ex-P-DG des laboratoires pharmaceutiques Toraude, entreprise qu'il avait cédée aux Américains en 1968 contre la coquette somme de quatre-vingts millions de nos francs actuels, raffolait de ces personnalités de la nuit, encanaillées et avides des plaisirs les plus réprouvables... Son goût de la fête, son penchant pour les très jeunes femmes alimentèrent pendant des années la chronique scandaleuse du monde de la nuit.

En 1969, le 12 avril pour la précision, tout ce que Paris, la Côte comptaient de *persona grata* se retrouvait à Saint-Tropez, pour une méga-fête. Ce jour-là, en effet, le milliardaire de cinquante-deux ans convolait en justes noces avec la pétulante Josiane Rousset, qui affichait vingt et un printemps au compteur.

Deux Caravelle, rien que ça, avaient été affrétées pour amener les invités... au bon port de Saint-Trop, sanctuaire de la jet-set. Le retour desdits convives se fit, lui, par wagons spéciaux accrochés au Train bleu. La noce connut les fastes dignes de ceux que narrent les contes de fées. Pendant trois jours et trois nuits, sans discontinuer, la fête battit son plein. Fanfare, majorettes court-vêtues, feux d'artifice royaux qui faisaient retomber sur les fêtards des pétales de roses, rien ne manqua. Vêtu d'un costume camarguais d'opérette, l'industriel enleva dans la plus pure tradition romantique la jeune épousée sur un ravissant destrier blanc. Eddy Barclay s'inscrira, lui aussi, dans cette lignée d'individus hors normes.

Brigitte Bardot, qui avait servi de témoin, le jazzman Moustache, les couturiers Guy Laroche et Paco Rabanne, la speakerine préférée des Français, qui se suicidera dans l'oubli, Jacqueline Huet, Régine, la vedette du Crazy Horse Sophia Palladium, Annabel Buffet, épouse du peintre Bernard Buffet, qui a lui aussi récemment mis fin à ses jours, le play-boy du tennis Jean-Noël Grinda, grand maître de la fiesta niçoise, Chazot bien sûr, étaient les locomotives de ces épousailles dignes des plus grandes bacchanales romaines.

Les lieux les plus in, les plus branchés, avaient été réquisitionnés : le « Byblos », l'« Hôtel de Paris », celui « de la Ponche », les boîtes des « Caves du Roy », de « Tahiti Plage », du « Papagayo », du « Vroom-Vroom » que possédait mon frère. Le cinéaste François Reichenbach avait mission, lui, d'éterniser sur pellicule cette orgiaque cérémonie nuptiale. Ce dont il s'acquitta avec ferveur, en grand professionnel de l'image qu'il était et qu'il reste, post mortem.

Debarge avait deux penchants, l'un avouable, sa passion pour les « minettes », majeures quand même et pour la plupart vaccinées, l'autre plus condamnable, son appétence pour les paradis artificiels.

Selon la rumeur, il se serait attaché en effet les services réguliers de plusieurs jeunes filles accortes et peu farouches, pour un salaire de trois mille francs mensuels. La légende veut aussi que les demoiselles, pourtant peu réputées pour leur étroitesse... de pensée, auraient souvent été effarouchées par les desiderata du maître de céans. Passe pour les gâteries traditionnelles. Mais l'homme avait ou aurait eu, en matière de sexe, des exigences à même de désorienter la plus madrée des filles.

Le bruit courait, dans le Tout-Paris, qu'une superbe rousse, Françoise, avait dû, dans les années 60, pour complaire à celui qui avait jeté le dévolu sur elle, se faire, à vingt-trois ans, remodeler deux fois le nez, remonter les seins, raboter la peau du ventre. Atteinte de dépression nerveuse, deux tentatives de suicide aux barbituriques avaient échoué. En désespoir de cause, dégoûtée de la gent masculine, elle s'était tournée vers les plaisirs de Lesbos, au plus grand dam de son protecteur. La dépendance d'Albert Debarge à la drogue était un fait connu de ses intimes.

Josiane, sa seconde épouse, lui avait été présentée par l'un de ses quatre fils. Originaire de Lyon, sa rencontre avec le puissant P-DG relevait du conte des Mille et Une Nuits. Rien n'était trop beau pour elle. Dans les soirées, elle arborait des bijoux de chez Cartier ou Van Cleef & Arpels à faire pâlir de jalousie ses rivales. Quand elle descendait rendre visite à sa famille, à Lyon, c'est dans une Rolls personnalisée ou dans une Excalibur, copie de la grosse Mercedes des années 1930, que le voyage s'effectuait.

En contrepartie, elle offrait sa jeunesse, son corps aux raffinements érotiques les plus déviants, les plus avilissants pour une femme. Et, très vite, à la poudre aux yeux de ce train de vie irréel s'était ajoutée une autre poudre, blanche celle-là, et tellement réelle... Tentatives de suicide, cure de désintoxication dans une clinique privée niçoise. Un classique du genre, banal dans sa banalité.

Fiché chez les flics de la Mondaine depuis 1966 comme drogué sérieux, ce qui lui avait valu quelques problèmes avec la justice, dont une incarcération pour infraction à la législation sur les stupéfiants, Debarge ne devait sa quasi-impunité qu'au réseau de relations que sa situation professionnelle lui avait permis de tisser. Au demeurant, ce docteur Jekyll et Mister Hyde, authentique docteur en médecine, forçait l'admiration de tous, par sa puissance financière, bâtie à coups d'intuition, par son génie des affaires, son flair et une faculté de travail surprenante. Artisan de la réussite de son laboratoire, qu'il avait monté avec l'aide de Jacques Quoirez, frère de Françoise Sagan, l'inoubliable auteur de *Bonjour tristesse*, autre égérie des nuits tropéziennes, grande amie de François Mitterrand et... des paradis artificiels, il s'était lancé avec succès dans l'audiovisuel, connaissant un grand succès avec ses séries d'enseignement médical sur vidéo-cassettes.

Financier de nombre de boîtes de nuit à succès, dont l'« Épi-Club », boulevard de Montparnasse, qu'il confia à Castel, et de l'« Épi-Club » à Saint-Trop, où fut lancée la mode des seins nus, cet amoureux de la dolce vita était aussi un skipper de tout premier plan. Dans la course du championnat du monde des Stars, à La Havane, il finit second à la barre de son bateau.

Ami de Mémé Guerini, c'est tout naturellement à Saint-Trop que j'avais été amené à faire sa connaissance. Gravitaient autour de lui quelques-unes de ces jeunes créatures de rêve, dont il appréciait tant la compagnie, et sa non moins toute jeune femme Josiane. Nous avons sympathisé. Un beau jour, je reçois un coup de fil de la belle. Nous nous étions beaucoup, depuis Saint-Trop, rapprochés l'un de l'autre !...

« François, viens dîner à la maison. Je n'en peux plus. J'ai envie de tirer un trait sur tout, d'aller refaire une nouvelle vie aux États-Unis. Albert est prêt à me laisser partir. Mais, pour monter une affaire là-bas, j'ai besoin d'argent.

– Écoute, je vais essayer d'intervenir au mieux de tes intérêts. Je te promets de faire le maximum. »

Rendez-vous fut pris à leur domicile, au numéro 1 du boulevard Flandrin, dans le 16e. Un immeuble de très grande classe, en harmonie avec le maître de maison.

Au cours du dîner, où nous étions trois, mes deux hôtes et moi-même, la conversation roula sur différents sujets. C'étaient des discussions agréables, entre gens de bonne compagnie, heureux de partager avec un bon repas une convivialité de bon aloi. Bien sûr, fut abordé aussi le sujet de préoccupation de Josiane. Albert n'essaya pas d'éluder le problème. Il comprenait que la vie de Josiane auprès de lui avait cessé d'être une sinécure. Lui-même n'avait-il pas déjà tiré un trait sur cette foucade amoureuse ? Telle minette n'avait-elle pas réussi à lui faire oublier sa Josy ?

Sans sourciller, quand fut abordée la question de l'« indemnisation », elle lâcha :

« J'ai besoin de cinq cents millions.

Je surenchéris aussitôt :

« Vous comprenez, Albert, elle a en vue une affaire commerciale de la première importance. Céder à sa demande relancerait sa vie. Vous n'êtes pas dans le besoin... »

Bref, tous arguments qui témoignaient de ma sollicitude pour la jeune femme. Debarge connaissait ma réputation.

La soirée s'est poursuivie, dans la bonne humeur. Nous nous sommes quittés, sur le coup de deux heures du matin, en amis.

Quarante-huit heures plus tard, des voisins entendirent une détonation.

La police, dépêchée sur les lieux, procéda aux premières constatations.

Le corps, inerte, d'un homme, gisait. Une balle de fusil lui avait fait sauter la cervelle.

Cet homme, Albert Debarge, magnat de l'industrie, venait de se suicider.

À la découverte de « mon fils »...

À quoi ça tient, une interpellation ? Que l'un de ces messieurs de la police ou de la presse ait eu vent de ma présence, quarante-huit heures plus tôt, au dîner du boulevard Flandrin, et me voilà conduit sans ménagement au quai des Orfèvres, pour un interrogatoire serré. Et me voilà encore à la « une » des journaux, aussitôt désigné comme le suspect numéro un ! Car, bien évidemment, une rumeur sur un faux suicide se fut habilement propagée. Le mélange drogue, partouzes, politique et show-biz, quoi de mieux comme ingrédients des gros tirages ? Et quel nom difficile à porter que celui, en quatre syllabes, de Marcantoni !

C'est cette célébrité tout à fait involontaire, et dont je me serais volontiers passé, qui m'a entraîné dans une autre aventure, celle-là vraiment cocasse.

Un après-midi où j'étais à « L'Arbois », je reçois un coup de fil d'un ami de mon village.

« Monsieur François, deux types en voiture, assez jeunes, stationnent devant chez vous. Ils sont là depuis ce matin. On leur a dit que vous n'étiez pas là, mais ils ont répondu qu'ils allaient attendre.

– Bon, ne vous inquiétez pas, j'arrive. »

Il est dix-huit heures quand j'arrive à Goussainville avec mon cousin.

Les deux individus ont finalement porté leurs pas au café du village. La patronne, qui me connaît bien, me dit à voix basse :

« Les gens qui vous cherchent sont à la table du fond. »

Je n'en reconnais aucun des deux. Je marche dans leur direction. Je suis presque arrivé à leur hauteur quand le plus grand se lève. Botté jusqu'aux genoux, très beau garçon, blond, il ne prononce qu'un mot :

« Papa. »

Papa ? Je suis estomaqué. Ce n'est franchement pas dans mes habitudes d'être ainsi nommé.

Me voilà donc passé de « parrain » à « papa ».

« Écoute, petit, de quel droit tu m'appelles "papa" ?

– Vous savez, je viens juste pour les papiers, parce que je ne suis pas en règle.

– Qu'est-ce que c'est que cette histoire de fous ? »

L'effet de surprise passé, je le dévisage. Serait-il possible que j'aie un fils, et que je n'en sache rien ? Il est grand, blond... Mais avec qui l'aurais-je conçu ?

« Qui est ta mère ? »

Il me donne un nom.

« Ma mère est en Suisse.

– Mais tu es né quand ? »

Il me donne sa date de naissance. Il ajoute quelques détails. Surtout, il insiste sur les raisons de sa visite.

« Je veux des papiers, régulariser ma situation.

– Mais comment tu as eu mon adresse ?

– C'est les policiers qui me l'ont donnée. »

Je trouve tout ça fort curieux. Je décide de couper court.

« Écoute, tu viens de tel endroit, je te paie ton essence, c'est tout. Si je n'ai pas des nouvelles de ta mère plus précises que ça, il faut pas venir me casser les c... »

Chez moi, je continue de penser à mon « fils ». La date de naissance qu'il m'a donnée, pourquoi pas ? Difficile pourtant de se remémorer avec précision des événements qui ont eu lieu plus de vingt ans plus tôt, de retrancher encore neuf mois.

Au bout de quelques minutes, ça fait tilt. Comme dans le cerveau du fameux commissaire Bourrel, « ça y est, bon Dieu, mais c'est bien sûr ! ». Un déclic s'est produit. À sa naissance, et qui plus est neuf mois avant, j'étais... à la Santé. Comme quoi, la prison, ça a du bon, parfois. En l'occurrence, elle était mon meilleur alibi. Imaginez que j'aie été à l'air libre, qui sait si la femme n'aurait pas engagé contre moi une longue procédure de reconnaissance en paternité, avec prises de sang, enquêtes, etc. Mais en prison ! C'est une preuve irréfutable !

Deux mois plus tard, ma sœur et mon beau-frère sont à Goussainville pour quelques jours. On sonne à ma porte. Il est huit heures du matin.

« Qu'est-ce que c'est ?

– Gendarmerie. »

J'ouvre. Un gendarme de la brigade voisine d'Annet me fait face. Nous nous connaissons. Il s'empresse de me rassurer :

« Monsieur Marcantoni, soyez rassuré, il n'y a rien de grave. On vient pour votre fils.

– Ah oui ? »

Ma sœur et mon beau-frère me consultent du regard, visiblement étonnés. Et le brave pandore d'expliquer que mon « fils » a demandé une recherche en paternité. C'est donc le procureur de la République qui l'envoie chez moi.

« Écoutez, c'est de l'escroquerie. Quelqu'un lui a monté la tête. C'est peut-être à cause de mon nom, si souvent cité dans les journaux. Moi, je n'en sais rien. Une chose en tout cas dont je sois sûr, bien réelle et facilement vérifiable, c'est que, regardez les dates, vous verrez, j'étais à la Santé.

« Alors là ! »

J'aurais vite remisé cette histoire au tiroir des oubliettes si je n'avais continué, par la suite, de recevoir de temps à autre des appels téléphoniques de partout, m'informant que j'avais abandonné mon fils, que j'étais un père indigne.

Il en faut bien davantage pour m'émouvoir et je rigolais de tout ça... tout comme j'en rigole aujourd'hui, au souvenir de ce passé.

En fait, j'ai su que mon prétendu « fils » était un escroc très connu qui se disait ami de Sinatra, qui affirmait connaître le show-biz comme sa poche. Mais le plus beau, le plus fort, le plus hilarant, c'est quand un ami m'a téléphoné un beau jour de Saint-Trop pour me dire :

« François, je te remercie... tu aurais pu m'inviter au mariage de ton fils. »

Cet ami venait de découvrir ma « progéniture » dans le journal local qui titrait sur plusieurs colonnes : « Le fils de François Marcantoni se marie à la Gitan. »

Il était juché sur un cheval blanc, et l'article détaillait généreusement toutes les personnalités invitées à la cérémonie. Après ce « mariage », je n'ai plus entendu parler une seule fois de ce mythomane qui a dû trouver une autre victime.

Je suis donc resté sans enfant.

Ultime coïncidence... Bien des années après l'affaire Markovic, alors que je me rendais au Frantel, à côté de l'Étoile, fidèle à mon habitude, j'étais à la recherche d'une place de stationnement. Finalement, après avoir tourné de longues minutes, j'en repère une juste en face de l'hôtel. En fait, c'en étaient même deux puisque la voiture qui me précédait démarrait, cédant sa place à un autre qui arrivait. Celui-ci manœuvre, moi de même. Les contacts sont coupés. L'homme sort de sa voiture. De taille moyenne, il porte un blouson. Je le reconnais immédiatement, même si je ne l'ai pas vu depuis de nombreuses années... Je descends de ma Mercedes :

« Monsieur le juge, je vous y prends, en flagrant délit avec un matelas ! »

Un grand matelas dépassait en effet du hayon arrière de son véhicule.

« Oh, ça alors, Marcantoni. Comment ça va ? »

Puis il m'adresse, complice :

« Ah, depuis que je vous connais, je suis devenu spécialiste en literie. »

Il allait aider son fils à emménager ou son neveu, qui est avocat. Mme Patard riait, sur le trottoir.

Nous avons échangé quelques mots :

« Vous savez, dans notre affaire, nous avons été, dans le fond, tous les deux les victimes. »

Il a rectifié, un sourire aux lèvres :

« Tous les trois, il y a quand même eu Markovic, aussi !

– C'est vrai, celui-là, je l'avais oublié ! »

Le piège

De 1976, date à laquelle j'ai obtenu mon non-lieu dans l'affaire Markovic, jusqu'à 1994, jamais je n'ai eu à répondre de quoi que ce soit devant la police ou la justice. Je m'étais retiré dans ma campagne de Goussainville respirer enfin un air un peu plus pur...

Au moment où je suis sur le point de conclure ce livre de Mémoires, voilà le dénommé Melki qui vient se rappeler à mon bon souvenir.

La première fois que j'ai vu cet individu, il dirigeait l'une des plus importantes galeries de tableaux non seulement parisiennes, rue de Seine, mais même européennes.

C'est par son beau-frère Raymond que j'ai fait sa connaissance. Raymond et moi avions usé nos fonds de pantalons sur les mêmes bancs de l'école, à Toulon. Il avait épousé la sœur de Melki. Sur la Côte d'Azur, j'avais une amie, Mme Bing, héritière du fameux peintre Bing, rival de

Picasso. Il est arrivé à cette dame de vendre des toiles de sa collection personnelle. Il est également arrivé que certains acheteurs se fassent un peu tirer l'oreille au moment de payer leur dû. Je me chargeais alors de « l'encaissement ». Puis je l'accompagnais jusqu'à sa banque où elle mettait le fruit de sa vente à l'abri... tout en me laissant un très confortable pourboire !

Voilà une dizaine d'années, lors d'un vernissage auquel assistaient François Mitterrand et Régis Debray, Melki me présenta son associé, un dénommé Mangeot. Il se disait intermédiaire de tableaux. En réalité, c'était un escroc, ce que, bien évidemment, j'ignorais. Il vendait des toiles que des propriétaires lui avaient confiées, certaines de très grande valeur, puis « oubliait » de les payer. Il a ainsi ruiné plusieurs familles. Je dois à la vérité de dire que du temps de son association avec Melki, il ne s'était pas encore livré à quelque détournement que ce fût. Ce n'est qu'après leur séparation que ses escroqueries commencèrent.

Quand j'ai connu Mangeot, il venait de lui arriver une drôle d'histoire. Melki m'appela un jour :

« François, si tu peux faire quelque chose, mon associé a un problème... »

Curieux problème, en effet. Mangeot, qui boursicotait, avait acheté de l'or à un Noir. Pour cent cinquante mille francs. Le Black lui avait donné rendez-vous, lui avait montré l'or. Tout était parfait. Les deux hommes devaient se revoir le lendemain dans un immeuble de la rue Fontaine. À l'heure convenue, Mangeot entre dans l'immeuble et, au moment où il s'apprête à monter à l'appartement, deux hommes se précipitent sur lui. Impossible de fuir. Ils attachent Mangeot à la rampe d'escalier, s'emparent de l'argent qu'il apportait pour l'achat de l'or et décampent à toute allure. Des escrocs à la mode d'aujourd'hui ! Sur ce coup, je n'ai vraiment rien pu faire, ne disposant pas d'éléments suffisants pour reconnaître des Noirs... dans un couloir sombre ! Déjà un Blanc, c'est pas facile... mais deux Noirs !...

Mangeot s'était donc associé avec Melki. Un jour, ce dernier a eu un problème avec des Yougoslaves à propos d'un tableau qui appartenait à mon ami Francis Lopez, à qui il avait été volé. Je suis allé voir les Yougos voleurs et j'ai récupéré le tableau non sans avoir bosselé quelques faciès.

Je n'ai jamais rien demandé à Mangeot, sauf une fois où je l'avais chargé de revendre une toile que j'avais achetée tout à fait légalement. J'ignorais alors que Mangeot était entré en conflit avec Melki, et que ce dernier était sur le point de faire faillite. En 1993, Mangeot s'est fait prendre pour un vol de tableaux. J'ignorais de quoi il s'agissait et, durant l'instruction, jamais ce sujet n'a été évoqué. Dans un premier temps, il a accusé Melki puis est revenu sur sa déclaration. C'est alors que, cuisiné par les policiers, il est passé à table et leur a servi... Marcantoni. Le patron de la BRI, Petit, a cru sauter au plafond !

Les flics qui ne pensaient pas du tout à moi se sont montrés extrêmement surpris. Pour eux, je n'étais pas individu à trafiquer dans les tableaux. Ils ont alors proposé un marché à Mangeot :

« Si tu nous donnes Marcantoni, tu sors du trou immédiatement... »

Comme bien l'on pense, cet enfoiré s'est empressé de confirmer ses dires, alors que je n'avais rien à voir avec son affaire.

De mon côté, à Paris, je n'avais aucune raison de m'inquiéter. J'avais appris que Mangeot avait été incarcéré à la prison Saint-Roch, à Toulon. Et alors ? Je n'étais nullement en relation d'affaires avec lui. Nous nous croisions simplement parfois au Frantel. Point. Mon nom avait beau être cité, il n'y avait aucune preuve d'une complicité de ma part avec lui. La police a donc décidé de me filer et de me mettre sur table d'écoute. Ainsi, pendant quatre mois, sans que je m'aperçoive de quoi que ce soit, j'ai été suivi, épié, écouté. Passe encore pour moi. Mais toutes mes conversations d'ordre privé ont été, elles aussi, espionnées. Le consul de Colombie, Michel Droit, Belmondo, Bokassa ont, de ce fait, été branchés sur les grandes oreilles de la maison Poulaga ! Même mes conversations avec ma compagne ont été décryptées. Rien cependant n'était susceptible d'intéresser les policiers puisque rien n'était en rapport avec l'affaire Mangeot.

Rien... sauf peut-être... Melki était en effet en fuite en Argentine. Souvent il m'appelait de là-bas, même à des heures très tardives, en me disant :

« Mangeot a dit aux flics que c'était moi qui lui avais vendu ces tableaux-là. »

Moi, je lui répondais :

« Mais, Jacques, ces tableaux ne sont pas de la valeur des tiens, il dit n'importe quoi, ce connard. »

Aujourd'hui, je suis persuadé que Melki était en relation avec la police. Il pensait rentrer en France, se présenter devant les juges et, en remerciement de m'avoir balancé, bénéficier de leur clémence. Il essayait donc, me sachant sur écoute, de me mouiller. Jamais, une chance pour moi, je n'ai eu à prononcer une seule fois le mot de tableaux. Ce qui a fait dire au président Laroche au moment de mon instruction : « Marcantoni, il est bien trop malin pour tomber dans pareil piège. »

En tout cas, la juge, Mme Drai, étant donné que Melki m'avait appelé à plusieurs reprises d'Amérique du Sud, qu'il avait été question de tableaux, au moins dans sa bouche, à travers Mangeot, et que celui-ci m'avait désigné comme complice, voulait à tout prix en avoir le cœur net. Il n'y avait rien, hormis des doutes.

Dans le même temps, ce que bien évidemment j'ignorais, un policier, jamais le même, consommait au Frantel, à la table voisine de la mienne. Sans doute le flair que j'ai pu avoir plus jeune à leur vue s'était-il estompé. La preuve que j'étais définitivement rangé des voitures ! Tandis que je sirotais tranquillement mon whisky avec des amis, les policiers notaient tout ce qu'ils entendaient. Quand je pense que, quand j'étais enfant, les adultes disaient que ce n'était pas beau d'écouter les conversations des grandes personnes !

Par ailleurs, tous les soirs, sans que je m'aperçoive de rien, deux motos et trois voitures de la BRI m'escortaient, quand je rentrais à Goussainville. Ils me laissaient tous les soirs au pied de ma porte... Après mon arrestation, maigre consolation, j'ai appris de l'un des inspecteurs que je ne leur avais pas rendu la vie facile. Une fois où je me présentais à la PJ pour mon contrôle judiciaire, l'un d'eux m'a avoué :

« Mon vieux, tu nous en as fait faire du chemin, toi ! Tu roulais tellement doucement... »

À chaque fois que je m'en retournais à ma campagne, je les rendais fous. Ils croyaient tout le temps m'avoir perdu en route. J'ai pour habitude de rouler doucement en voiture et eux croyaient que je les avais vus.

Un beau jour, j'ai eu la visite à Goussainville d'une relation, un ancien des tableaux. Par le passé, j'avais fait la connaissance d'un individu nommé Salfati, qui avait eu des problèmes avec des Corses. J'avais réussi à les lui arranger, et il m'avait donné les six cent mille francs « d'amende » que je m'étais chargé de transmettre à mes compatriotes. Cet homme-là avait chez lui une collection de tableaux d'un prix très élevé, estimée à quelque trente millions de francs. Il venait d'être cambriolé. C'est lui qui m'avait adressé la personne que j'avais à présent en face de moi. Il voulait savoir si, parmi mes relations, j'étais susceptible d'en trouver qui lui permissent de récupérer ses toiles.

J'ai dit à mon interlocuteur :

« Qu'est-ce que tu veux que je m'occupe de ça ? J'ai pas à y mettre le nez, c'est aux flics de le faire.

– Tu sais, François, toi, tu es bien avec lui, il a le trac, il croit que ses ennuis viennent toujours de ceux qui lui veulent du mal... Si tu entends parler de ses tableaux, essaie de voir, il paiera et il les reprendra...

– Écoute, qu'il se démerde, moi, j'ai pas envie de m'occuper de cette affaire. »

Quelques jours plus tard, cette personne est revenue à la charge. J'ai fini par dire que j'allais voir ce qu'il m'était possible d'apprendre.

Évidemment, avec quelques antennes, tout se sait. Le Salfati en question ne comptait pas que des amis, loin s'en faut ! De rapprochements en rapprochements, grâce à mes contacts, j'ai assez vite identifié ceux qui s'étaient emparés de ses tableaux. Et à récupérer ces derniers. Rendez-vous a été pris un dimanche à ma campagne pour déjeuner. Il n'est pas venu. Il m'a passé un coup de fil. Nous sommes convenus d'un nouveau rendez-vous au Royal Monceau, en soirée. Je suis arrivé un peu en avance. Je l'ai vu franchir le seuil du palace, tout sourires. Bien sûr, il m'a questionné, m'expliquant qu'il avait des doutes sur tel et tel. Je lui ai simplement répondu qu'il n'avait pas à savoir de qui était venu le coup. Que l'essentiel, la récupération de ses toiles, était chose imminente. Et que pour mon entregent, ça faisait tant. Savoir qui précisément lui avait dérobé ses peintures ne m'intéressait pas. Seul, finalement, m'importait le gain que j'allais, pour prix de mes services, tirer de cette opération récupération. Salfati était nerveux. Il ne cessait de changer de place. À un moment, il m'a même soufflé :

« François, tu crois pas qu'on est suivis ?

– Suivis de quoi, de qui ? T'es complètement parano, ou quoi ? »

Il commençait à sérieusement me les gonfler, avec tout son cinéma !...

Ce que, ce soir-là, je me suis bien gardé de lui préciser, c'est que ses fameux tableaux, je les avais en fait déjà récupérés et qu'ils dormaient sagement à Goussainville, dans le coffre de ma Mercedes, dont la porte n'était pas fermée à clé.

Je les avais ramenés dans la valise qui m'avait été remise par ceux qui avaient commis le vol. Comme Salfati n'était pas venu déjeuner, j'avais confié la valise à un ami, Robert, qui habite tout près de chez moi. Je ne lui avais pas révélé ce qu'elle contenait. Au téléphone, je lui avais seulement dit :

« Robert, je ne suis pas là dimanche parce que je dois aller à un rendez-vous. J'ai une valise que je ne veux pas garder chez moi, je peux être cambriolé, je préfère la savoir chez toi. Je la reprendrai lundi. »

Il ne m'avait pas posé de questions. Spontanément, il était d'accord pour me rendre ce service.

Mais comme ma ligne était surveillée par les poulets, ils

n'ont pas tardé à lui rendre une visite de courtoisie. Et le pauvre vieux, à quatre-vingts piges, ils l'ont gardé quarante-huit heures en garde à vue. Il a même été placé sous contrôle judiciaire.

Au Royal Monceau, j'ai dit à ce gesticulateur de Salfati, qui n'en finissait pas de jouer son numéro du type traqué :

« Demain, je m'arrangerai, je te ferai ramener tes affaires. »

Et lui, cet enfoiré de première, est-ce qu'il n'a pas été me balancer à la police en leur expliquant que j'étais en possession de ses toiles. Il est allé jusqu'à m'accuser de complicité avec les malfrats qui l'avaient dévalisé. Un mensonge éhonté, comme il a été prouvé par la suite. Même si les flics n'ont pas inventé la poudre, il ne leur a pas été difficile d'opérer un rapprochement, grâce aux « zonzons », avec la valoche déposée chez mon ami Robert. Plus l'ombre d'un doute pour eux, j'étais bel et bien impliqué dans un trafic de tableaux.

Depuis quatre mois ils avaient fait chou blanc. Rien n'avait pu corroborer les accusations de Mangeot. Et voilà qu'on leur servait sur un plateau une grosse affaire. Enfin, Marcantoni, on le tient. Cette fois, on va le faire tomber en flag. Pour sûr, c'est lui le commanditaire du vol.

Et mon arrestation a été programmée. Grandiose. Digne des meilleures productions hollywoodiennes

Le lundi 17 janvier 1994, au matin, comme à mon habitude, j'ai quitté ma maison de Goussainville pour aller à Houdan, la localité voisine, à « La Paroisse », le bar PMU où je fais mon tiercé. Puis j'ai pris la direction de Paris pour y passer la journée, au Frantel. Les policiers, toujours collés à mes basques, voyant que je ne prenais pas le chemin me menant chez Robert pour y récupérer la valise, ont alors décidé d'intervenir.

Ah, mes amis ! À un rond-point, je me suis trouvé bloqué derrière une voiture. Il y en avait deux autres derrière moi. Rien de surprenant à ce que la circulation soit moins fluide qu'à l'accoutumée, ça peut arriver partout, même sur une petite route secondaire. Comme le conducteur de devant ne semblait guère pressé d'avancer, je me suis porté à sa hauteur. Puis, après avoir baissé ma vitre, comme ça arrive souvent à tout le monde, j'ai lancé à son adresse :

« Alors, t'avances, enfoiré ! »

À peine avais-je prononcé ces paroles outrageantes que les occupants des trois véhicules étaient déjà autour de ma Mercedes, l'arme au poing. Ils m'ont littéralement arraché de mon siège, puis m'ont plaqué contre la voiture, tout en me fouillant, au cas où j'aurais sur moi un calibre. Je ne me suis jamais promené avec une arme sur moi, ce n'est pas à soixante-quatorze ans que j'allais commencer.

J'ai été précipité dans le premier véhicule... direction la maison. Deux autres tires de la police, avec trois volailles, nous attendaient devant la porte. Ces messieurs n'avaient pas lésiné sur les moyens. Il est vrai qu'un vieillard de mon âge passé ennemi numéro un, voilà qui sortait de l'ordinaire !

Toute la journée durant, ma maison a été passée au peigne fin. Et que je te pousse un meuble par-ci, et que je t'ouvre un tiroir par-là. Tout, vraiment tout, à la fin de la journée, avait été mis sens dessus dessous. Les tableaux accrochés aux murs, ma propriété, ont été décrochés... Le soir, au journal télévisé, ils sont passés comme... volés ! Certains portaient une signature prestigieuse, comme Corot. De là à accréditer l'idée que j'étais un gros trafiquant... Pas de chance, j'aime les bons repas, les meilleurs cigares, la compagnie des plus jolies femmes... et les œuvres d'art d'excellente facture ! Pendant l'instruction, la juge m'a fait restituer ces toiles qui m'appartenaient. Il n'a pas été demandé aux médias de rectifier leur fausse information. Mais ça, j'ai l'habitude !

Je suis resté quarante-huit heures en garde à vue. Dans les premières heures, j'avoue avoir eu quelque étonnement à voir défiler une procession de flics près du bureau où des inspecteurs m'interrogeaient. Je les voyais me regarder comme une bête curieuse. À un moment, j'ai surpris un échange de paroles :

« Qui c'est, le pépé ?

– Le fameux Marcantoni, l'homme de l'affaire Markovic. Jamais pris depuis trente ans, on vient de le coincer en flag. »

Édifiant. Ils étaient tellement heureux de m'avoir mis la main dessus qu'ils ont sablé le champagne. Et ont poussé la courtoisie jusqu'à m'en offrir une coupe. Le patron de la BRB, en récompense de mon arrestation, a eu une promotion à Belfort. Passé commandant, il est le patron du SRPJ du département. Bravo.

À ma sortie de garde à vue, j'ai été déféré devant la juge d'instruction, Mme Drai. Le 24 janvier 1994, elle m'a inculpé de recel de vol aggravé et d'association de malfaiteurs. Elle a délivré un mandat de dépôt. Moi qui étais déjà un peu patraque, j'ai été conduit dans ma nouvelle demeure, que je connaissais pour l'avoir fréquentée plusieurs années auparavant... la Santé.

Un mois, on m'y a laissé, avec interdiction de recevoir toute visite. Y compris celle de ma famille. J'étais au secret. Et passais le plus clair de mon temps, à l'ombre, à l'infirmerie. Et puis, un beau matin, les gardiens sont venus me chercher. Nous avons échangé quelques mots, pas d'amabilité :

« Vous êtes transféré à Fresnes.

– Pourquoi ?

– Décision de la juge. »

Mme Drai voulait ainsi éviter tout contact entre moi et certains individus inculpés dans l'affaire. Mais lors de la garde à vue, nous étions tous ensemble au dépôt, la nuit, libres d'échanger des paroles. Et nous ne nous en sommes pas privés, hors la présence des policiers. Cela, quand les juges le comprendront-ils ? En leur for intérieur, seule la prison génère les contacts, les discussions entre détenus. Archifaux, à moins de partager la même division. Là, en effet, existe la possibilité de se croiser aux promenades ou quand un individu va aux soins à l'infirmerie. Mais autrement, si vous êtes dans un autre bloc, la rencontre, donc un éventuel conciliabule, est impossible.

Je me suis donc retrouvé, contre mon gré, dans cette sinistre maison d'arrêt de Fresnes. Qui plus est en DPS, c'est-à-dire en qualité de détenu particulièrement surveillé. Bref, un véritable danger. Pensez donc, à soixante-quatorze ans, avec ma claudication, il y avait risque majeur pour l'administration pénitentiaire que je m'évade par les toits !

J'ai d'abord partagé ma cellule avec un autre détenu, conformément au règlement qui veut qu'on ne laisse pas seul un individu âgé qui est affecté par ailleurs de problèmes de santé. Mon compagnon de galère était là pour une affaire de mœurs. Je me serais volontiers passé de sa présence. Il tuait le temps en dormant, quel que soit le moment de la journée. Il ne bougeait pas, ne se levait même pas pour prendre à manger. Pour mieux jouir de ce sommeil qui semblait ne jamais le quitter, il se mettait une cagoule sur la tête. J'ai fini par dire au surveillant :

« C'est très désagréable, un type pareil. S'il m'arrive un

malaise, ce n'est sûrement pas lui qui va frapper à la porte pour vous appeler. En fait, c'est moi qui le surveille. Il n'arrête pas de dormir. »

Et c'est ainsi qu'on a mis mon bonhomme dans une autre cellule et que j'ai eu droit à un autre pensionnaire.

Lors de mes premières promenades, j'ai rencontré d'autres détenus de ma division. Certains purgeaient une lourde peine pour des délits très graves. Ainsi se trouvaient là les assassins de l'ancien Premier ministre du Shah d'Iran, Chapour Bakhtiar. C'étaient des gens très corrects, cultivés même. Leurs cellules étaient voisines de la mienne.

Ma santé, au fil des jours, s'altérait. Ma tension tournait invariablement autour de vingt-deux. Autant les surveillants de la Santé ont en eux un fond d'humanité, autant ceux de Fresnes font monter en vous des bouffées de haine. J'avais de la fièvre, je demandais à aller à l'infirmerie, toujours ils m'opposaient un refus sec, méchant même. Seul un médecin a su témoigner un certain respect pour mon âge. Je réclamais mes cachets, personne ne me les donnait. Il y avait bien un médecin, un Noir, Parizot, « l'homme au papillon », comme je l'appelais, mais il ne comprenait rien. De ce fait, je n'ai jamais pu suivre le traitement qui aurait dû être le mien. Baste de ne plus avoir le confort de son chez-soi. Mais voir tant d'indifférence, de mesquinerie malveillante de la part des matons me révolte. De guerre lasse, j'ai fini par refuser les promenades. Les jours ont passé. Un matin, un surveillant, un Corse, le seul compatriote qu'il m'a été donné de voir durant tout mon séjour à l'ombre, qui se rendait bien compte que mon état de santé empirait chaque jour davantage, m'a encouragé à reprendre courage... et à reprendre le chemin de la cour, histoire de prendre un peu l'air. Il ne cessait de me répéter, dans notre dialecte :

« Vous sortez pas du tout. Vos affaires vont s'arranger. Allez un peu à la promenade, vous verrez, ça va vous faire du bien. »

Je me suis laissé convaincre.

Il m'a accompagné, avec un brigadier, dans une cour où ne se trouvaient que des jeunes, une vingtaine, dont l'âge oscillait entre vingt et vingt-cinq ans. Tous des dealers. Presque tous arabes ou blacks. Ils fumaient d'ailleurs, preuve que la drogue circule bel et bien dans les prisons, parfois avec la complicité jamais gratuite de quelques surveillants. Quand ils m'ont vu arriver, moi le plus vieux taulard de Fresnes, mal en point, marchant avec difficulté, ils m'ont demandé :

« Oh, pépé, c'est les Brigades du tigre qui t'ont arrêté ? Viens te fumer un petit joint avec nous. »

J'ai ri. J'en ai rajouté :

« Oui, oui, c'est le commissaire Valentin. »

Moi, c'est ma fierté, je n'ai jamais de ma vie touché à ça. Je ne fume que le cigare.

Fresnes, je l'ai dit, est un univers carcéral particulièrement dur. Et inhumain. Ainsi, quand j'étais autorisé à quitter la prison pour me rendre à l'hôpital ou à l'instruction, on me mettait les entraves aux pieds. J'ai rouspété. Mais bon, j'ai fini par en prendre mon parti. Mieux valait encore subir cette humiliation et faire fonctionner ma jambe que d'être transporté sur une civière. J'ai dû attendre le quatrième mois et bénéficier de la compréhension d'un médecin, une femme, pour que cesse ce régime de faveur. Elle m'a établi un certificat, les entraves ont été retirées.

Après un mois à Fresnes, est arrivée ma première instruction. Mme la juge m'a interrogé sur le fond. Puis les confrontations ont commencé avec des personnes inculpées dans la même affaire. Parmi elles, cette planche pourrie de

Mangeot, qui n'a vécu ces dernières années que de vols de tableaux et d'escroqueries, mais s'en est toujours tiré sans dommage, en sa qualité d'indic. Deux ou trois autres instructions ont suivi. J'étais appelé... et mon mandat de dépôt renouvelé. Pour deux mois, pour trois mois, puis la dernière fois pour quatre mois. Si bien qu'après sept mois de cellule, j'ai eu ma première confrontation avec Melki, le fuyard d'Argentine, qui a vendu un Soutine à prix d'or d'un propriétaire qui le lui avait confié... et n'a jamais reçu le prix de la vente en retour. Melki, qui a réussi la performance, je la salue, de soutirer trente milliards de centimes aux banques pour... dix-huit mois d'enfermement et une caution à payer de deux cent mille francs pour sa remise en liberté. Joli, non ? Il devrait se lancer dans la politique ! Ce même Melki, en butte à des problèmes de trésorerie, m'avait sollicité pour lui trouver un bon avocat. Qu'à cela ne tienne, je lui avais présenté un soir au Royal Monceau Me Varaut. Curieux remerciement que de me mettre en cause auprès de la police pour favoriser ses propres intérêts !

Ces instructions me lassaient. Déjà, quand l'œuvre du temps laisse des marques, accomplir certaines démarches n'est pas drôle. Mais là, à la fatigue physique s'ajoute une tension nerveuse de tous les instants. Il faut passer une journée à la « souricière », cet endroit où attendent les détenus transférés pour la journée, traverser ensuite les souterrains qui mènent au palais, pour enfin être confronté dix à quinze minutes avec des gens qui donnent leur version des faits. Un poker menteur où chaque acteur joue sa partition face au metteur en scène, le juge.

J'ai très bien en mémoire ma confrontation avec Salfati. C'est fou ce qu'il était, dans le cabinet de Mme Drai, devenu dur d'oreille.

« Souviens-toi, c'est quand même bien toi qui m'as fait contacter par l'intermédiaire d'un ami ? » Silence radio.

« Souviens-toi, bon Dieu, tu es venu me voir, un dimanche soir, au Royal Monceau. Le lendemain, on m'a arrêté. Tu m'as fait récupérer des tableaux qui t'avaient été volés. »

C'est tout juste s'il ne sifflotait pas. La police lui avait-elle mis dans la tête que c'était vraiment moi l'auteur du cambriolage, et qu'en les lui restituant contre une récompense en espèces sonnantes et trébuchantes, j'avais ainsi réussi un joli coup double ? Pas impossible. Après tout, c'est son job, à la police, de vous assener :

« Vas-y, tu peux parler, il a tout avoué, il est dans la pièce à côté. »

Toutefois, les pièges des flics ne sont bons que pour ceux qui veulent bien y tomber. Une chance, le recel de tableaux n'a pas tenu. Je ne serais pas étonné, vu le personnage retors qu'est ce Salfati, qu'il ait prétendu avoir été cambriolé pour mieux toucher l'assurance. Cet aspect-là a été évoqué à l'instruction. Mais, en termes de justice, tout un chacun sait que seules les preuves d'une malversation sont prises en compte. S'il fallait s'en tenir aux seules présomptions, j'en connais plus d'un qui dormiraient en cabane... Vous aussi ?

Aux demandes de liberté provisoire déposées par mon avocat, Me Pelletier, il fut répondu par la négative. Lui-même s'étonnait :

« Je ne peux pas vous sortir, ce n'est pas normal, le dossier est une coquille vide, rien ne tient. »

Devant cet aveu d'impuissance de l'un des plus brillants pénalistes parisiens, je me suis tourné vers Me Isorni, qui m'avait vaillamment défendu dans l'affaire Markovic. Le temps que je lui écrive, que le courrier lui parvienne en mains propres, il décédait. J'ai donc songé pour ma défense à l'un de mes compatriotes, Me Pasquini. Pas de chance. Au bout d'un mois, il a été nommé membre du gouvernement. J'ai alors pris Me Varaut, l'avocat de Papon, de Crozemarie et de tant d'autres « célébrités ». Sa seule préoccupation, ce furent ses honoraires. Déçu, je m'en suis de nouveau remis à Me Pelletier.

Cela faisait un an que j'étais embastillé à Fresnes quand j'ai enfin été transféré à l'infirmerie de la Santé. Il est vrai que mon état de santé avait sérieusement empiré et qu'au train où allaient les choses, sans traitement adapté, avec une tension qui était montée jusqu'à vingt-cinq et rarement descendue en dessous des vingt-deux, à quoi s'ajoutaient stress, anxiété, malaises, je risquais de quitter le monde des vivants, moi le bon vivant, prématurément.

Quel soulagement de retrouver la Santé, j'allais écrire de la recouvrer, tant l'air de cette prison y est bien meilleur que partout ailleurs, Fresnes en particulier. Bien sûr, l'établissement est vétuste, à certains endroits, ça sent la pisse. Mais la sympathie que vous manifestent les gens de l'administration, quel que soit leur niveau de responsabilités, est si réelle, que j'ai fini par m'y sentir bien. C'est dire ! En tout cas, je passais de l'enfer au paradis ! Sans doute n'est-il pas politiquement correct de le dire haut et fort, mais maintenant, à l'âge qui est le mien, que m'importe, les surveillants sont de chics types. Ils font leur boulot. Un boulot pas facile, qu'ils assument et assurent avec le respect d'autrui. À Fresnes, ce sont des ordures.

C'est donc à la Santé que j'ai accompli mes six derniers mois. Au quartier faussement dénommé, parce que ça frappe l'opinion, celui des VIP. De fait, des sommités, j'en ai vu arriver quelques-unes : le Dr Garetta, le preux chevalier de l'ARC, Jacques Crozemarie, Paul Touvier, Pierre Botton, Bernard Tapie, Loïc Le Floch-Prigent, ex-P-DG de Elf, à qui deux travestis qui avaient été transférés de Fleury proposaient chaque soir une « pipe à cent balles », Bidermann, Jean-Claude Méry, qui a « oublié » de me laisser sa cassette, mon ami Bob Denard, qui a tant œuvré, en sous-main, pour la France, des poulets de haut plumage ripoux. Se trouvait même en cellule un commandant de gendarmerie, fortement soupçonné d'avoir tué son épouse après lui avoir fait subir des rapports sado-maso. Morte, il aurait poussé le vice jusqu'à pratiquer sur le corps inerte une sodomie ! À l'isolement, on entendait le terroriste Carlos hurler. Maintenant que de sa cellule de Fleury-Mérogis il « accuse » le Vert Cohn-Bendit de détention d'armes et d'explosifs, demain, qui sait, d'être le commanditaire d'attentats sanglants dans la capitale, peut-être quelque juge d'instruction ne manquera-t-il pas de faire écrouer un beau matin l'ex-soixante-huitard. Et qui eût cru que le propre fils de feu François Mitterrand goûterait aux charmes de la cuisine carcérale ? Et pourtant !

Pour ma part, j'ai occupé la cellule 3.27..., qui fut dévolue, mais je n'y étais plus, au préfet Bonnet. Un type extraordinaire, que cet individu. Il se tient tellement bien qu'il aurait pu être du Milieu ! Jamais d'aveux. Un sacré bonhomme ! Aujourd'hui, il paraît que l'occupant en serait Maurice Papon ! De la cellule de Landru qui fut mienne au moment de l'affaire Markovic, à Versailles, à celle du préfet Bonnet ou de l'ancien ministre du Général, à Paris, je suis quand même sacrément monté en grade !

Serais-je encore en vie pour assister, moi que l'on dit truand pour un recel d'Utrillo d'un million et demi de francs, et que la justice condamne à quatre années de prison ferme, à la fermeture des portes de la Santé sur tel ou tel ministre, actuel ou ancien ? Au rythme où les mises en examen se bousculent, voire les incarcérations, ce n'est pas impensable ! Me Roland Dumas, qui fut mon contempteur le plus acharné dans l'affaire Markovic, si j'en juge par ce que dit et écrit la presse, devra-t-il répondre un jour autrement que par des cautions mirifiques d'une liberté que les juges Joly et Vichniewski semblent de plus en plus vouloir lui retirer ? Et Dominique Strauss-Kahn, l'ex-grand argentier de Bercy ? N'est-on pas allé jusqu'à mettre en cause, personnellement, l'actuel président de la République, Jacques Chirac, dans des dossiers d'emplois fictifs à la Mairie de Paris ou encore dans d'autres dossiers, comme ceux des HLM de la ville de Paris ? Le fusible Michel Roussin a sauté, qui a fait connaissance à son tour avec la Santé. En cas de non-réélection du Président en 2002, Halphen et compagnie baisseront-ils la garde ? Il est permis d'en douter.

Alors même que je boucle les toutes dernières pages de ce livre de Mémoires, voici que l'insaisissable Alfred Sirven, l'homme de l'affaire Elf, est miraculeusement retrouvé aux Philippines, en plein procès Dumas, transféré à Paris, *via* une escale à Francfort, et... enchristé à la Santé ! J'ai revu, à travers son arrestation, la mienne quelque trente ans plus tôt : même Falcon militaire, même destination, Villacoublay, même impressionnant dispositif policier... et même traque des médias.

Souffrant, malade, j'ai eu droit à un parloir rapproché à quelques mètres de ma cellule, ce qui m'a permis de terminer ma détention dans des conditions supportables. Je tiens à souligner aussi combien la compréhension, la profonde humanité de l'ancien médecin-chef, Mme Véronique Vasseur, dont les médias ont beaucoup parlé au moment de la parution l'automne dernier de son livre best-seller

Médecin-chef à la prison de la Santé, m'ont été, dans des moments difficiles pour moi, d'un grand réconfort. Je lui dois de m'avoir orienté vers l'hôpital Cochin pour des soins dont j'avais besoin et d'avoir pu ainsi remonter progressivement la pente. Voilà une femme qui aime les gens, qui ne porte pas de jugement. Au moment du procès de Philippe Maurice, son défenseur, Me Robert Badinter, dans une plaidoirie vibrante qui devait avoir pour effet d'épargner au jeune homme la guillotine que réclamait avec haine une opinion publique avide de sang, avait évoqué le « frère d'ombre » que chacun de nous possède. L'hérédité, l'éducation, les circonstances, les rencontres, bref les mille et un aléas de la vie tracent une route, bonne ou mauvaise. Certains prennent la bonne orientation. D'autres dévient. Ils sont des hommes, quels que soient leurs actes. Ils le restent jusqu'au coup de sifflet final, quand l'arbitre suprême siffle la fin de la partie.

Je crois. Et j'ai connu en prison des assassins de la pire espèce qui servaient le dimanche la messe comme enfants de chœur. D'aucuns se sont tournés vers le mysticisme. Mystère de l'homme. De sa grandeur, comme de sa petitesse, cent fois soulignées par les plus grands penseurs, de l'Antiquité à nos jours.

Tout comme moi, Touvier bénéficiait de cette faveur accordée par l'administration d'avoir un parloir rapproché. Sa famille ne l'avait pas laissé tomber. Rares furent les fois où nous nous croisâmes. Il restait couché toute la journée. J'étais curieux, moi qui avais combattu dans l'autre camp, pendant la guerre, de le voir de plus près. Un jour où il se rendait à la douche – on peut y aller là-bas aussi souvent qu'on le veut –, je l'ai suivi. Et notre rencontre a eu lieu sous le jet d'eau. Elle s'est au demeurant limitée à un simple bonjour de politesse. Par la suite, il m'est arrivé de le revoir. Mais je n'ai jamais eu de dialogue avec lui. Il était là, physiquement présent. Vieux. Quelles pensées pouvaient être les siennes ? Y avait-il en lui un quelconque remords, un soupçon de repentir ? Eût-il agi pareillement si des circonstances similaires s'étaient produites à nouveau ? Évidemment, je ne pouvais guère nourrir de sympathie à son endroit. Mais le compteur était pour lui plus proche de la fin. Alors, laisser mourir en prison un vieillard ne me paraît pas un acte de justice bien charitable.

Aujourd'hui Me Varaut demande pour son client Maurice Papon, nonagénaire, une indulgence pour son grand âge. Scandaleux, jugent certains, il n'a qu'à payer. Payer parce qu'il est le dernier survivant ? Une grande résistante s'il en fut, Madeleine Fourcade, estimait que juger Papon répondait à une soif de vengeance, que beaucoup d'autres dont le passé était connu sous Vichy auraient dû de la même manière rendre des comptes. Pour ma part, je retiens de Papon que lorsque mon procureur général, dans l'affaire Markovic, m'a dénoncé au fisc et que j'ai été lourdement taxé, il m'a accordé, alors qu'il était au ministère des Finances, un dégrèvement de quatre-vingt mille francs au titre de la Résistance. Je n'ai pas la mémoire courte. De même que je n'oublierai jamais qu'Alain Delon m'a aidé, financièrement, à payer la somme qui m'était réclamée. Je reste même persuadé que si mes frères n'avaient pas trouvé les fonds nécessaires, Alain aurait réglé la facture en totalité.

Je ne sais ce qu'il adviendra de l'ancien secrétaire général de la préfecture de Bordeaux. Pour Touvier, j'en suis convaincu, il fallait le laisser mourir en prison. Il se déplaçait avec une infinie lenteur, descendait les escaliers en s'appuyant au mur. Un jour, je l'ai vu qui me précédait de quelques pas. J'ai ralenti. Déjà qu'au cours de mon existence on m'a fait endosser bien des délits, voire des meurtres auxquels j'étais totalement étranger, j'ai pensé : « Merde, s'il se casse la gueule, on va encore te foutre ça sur le paletot en disant : c'est le résistant qui s'est fait le collabo ! » J'ai jugé plus prudent de laisser de la distance entre lui et moi !

Paul Touvier est mort un an après ma sortie. À l'hôpital de Fresnes.

Début 1995, la juge a décidé de renouveler encore une fois ma détention pendant quatre mois pour me confronter à Melki. Là, au comble de l'indignation, je me suis autorisé à répondre :

« Madame, je suis votre otage, je ne signe rien. »

J'ai quitté le bureau en brisant le stylo.

Melki s'était rendu, sur les conseils, je pense, de son avocat. Il avait été, lui aussi, placé en détention à la Santé.

Lors de la fameuse confrontation, il est allé raconté que, lorsqu'il avait eu des problèmes, suite à un tableau volé à Francis Lopez, j'étais arrivé avec des amis... et que tout s'était arrangé. Il est vrai que nous étions venus solidement enfouraillés. Le plus drôle, c'est que l'arrangement s'était fait... à l'œil, contrairement aux bons usages en vigueur !

J'ai eu droit, là encore à mon corps défendant, à une autre confrontation, avec le c... de Mangeot. Son avocat l'assistait. C'est à l'issue de cette confrontation que la juge a estimé opportun de me mettre en liberté provisoire. Cet ahuri prétendait que j'avais menacé de lui couper le cou à « la souricière ». Quel d'importance se donner ! Je ne l'avais même pas vu. À l'issue de la confrontation, la juge m'a dit :

« Monsieur Marcantoni, je vais vous mettre en liberté provisoire, contre caution de cent mille francs.

– Ah bon, madame la juge, il serait temps !

– Mais j'ai connaissance de votre dossier. Il me faut votre parole qu'il ne lui arrivera rien de fâcheux !

– Ah, madame la juge, avec les casseroles qu'il traîne, avec les escroqueries dont il s'est rendu coupable, vous le savez vous-même mieux que quiconque, il y en a bien un, parmi les victimes, qui peut se venger ! S'il devait lui arriver malheur, vos policiers viendront me voir. Ils connaissent le chemin. »

Je n'ai pu m'empêcher de rajouter :

« Seulement voilà, madame la juge, puisque vous me dites, là, devant lui et son avocat, que vous me remettez en liberté, il va mourir de chiasse !

– Ah ça, monsieur Marcantoni, je ne peux pas l'écrire sur le procès-verbal !

– Alors, madame la juge, marquez diarrhée. »

Bien sûr que, dans les années à venir, il peut être victime d'une vengeance. Quand vous ruinez autrui pour vous approprier facilement son bien, sûr que vous ne vous faites pas que des amis. Même Melki n'est pas à l'abri d'un problème. Mais si quelque accident devait survenir à l'un comme à l'autre, il ne faudrait pas chercher du côté de François Marcantoni. Car, pour ce qui me concerne, ces deux pleutres n'existent plus. Déjà, dans ma vie, ils n'auraient jamais dû apparaître, tant le monde de l'art, des tableaux en particulier, m'est étranger. Ah, quelqu'un serait venu me solliciter, naguère, pour attaquer une banque, commettre un hold-up, oui, je le dis, puisque j'ai déjà à plusieurs reprises commis ce type d'agression, j'aurais été capable de donner mon accord. À condition bien sûr d'être approché par des pros, et pas des amateurs à la petite semaine ! Mais dans le cas de ces tableaux, c'est moi la victime. Il existe des filières pour écouler ce type de marchandises. Elles sont aux mains d'une vraie mafia... dont je ne fais pas partie. Même si d'aucuns s'accordent à voir en moi un parrain plus vrai que nature.

Quand je suis passé en jugement, le président Laroche m'a déclaré, non sans humour :

« Marcantoni, entendez-moi bien, il vous est interdit, officiellement et officieusement, de vendre des tableaux ! »

Ce à quoi, spontanément, j'ai répliqué :

« Monsieur le président, puisqu'il en est ainsi, je vais me mettre à... peindre ! Au moins, mes tableaux, je pourrai les exposer et, s'ils trouvent acquéreurs, les vendre ! »

Toute la salle a ri.

Mme Drai est passée présidente aux assises, après avoir été celle de la dix-huitième chambre, avant la fin de l'instruction. Je me suis fendu, courtoisie oblige, d'une lettre de félicitations pour cette promotion. Je dois d'ailleurs à la vérité de reconnaître que si le personnage est sévère, nos rapports ont toujours été empreints de cordialité.

Dans ma lettre, je n'ai pu m'empêcher de glisser un petit trait d'humour. Ainsi ai-je conclu :

« J'espère que si je passe un jour devant vous pour harcèlement sexuel, vous aurez la plus grande indulgence pour moi ! » Comme, à mon âge, je ne risque plus les assises...

Placé sous contrôle judiciaire, après avoir purgé dix-huit mois de préventive, en attente d'une relaxe ou d'une condamnation ferme pour une affaire somme toute vénielle, mais qui a été gonflée autant que faire se peut parce que l'homme au centre de ce piège a le seul tort de s'appeler François Marcantoni, j'ai retrouvé ma campagne,

Goussainville, mes chiens, mon mainate, mes poules, mon coq et mon chat. Toutes ces bêtes me sont restées d'une fidélité exemplaire. Leur amour m'aide à mieux surmonter les quelques rares – mais il y en eut quand même – défections d'amitié que cette ultime condamnation m'a valu. Ainsi en va-t-il de la nature humaine

La messe est dite !

Me voici donc parvenu au terme de cet ouvrage. Bientôt au terme de ma vie. Je suis entré dans ma quatre-vingt-unième année. Je n'ai pas le talent pour devenir pensionnaire de l'Académie française, comme mon vieil ami disparu Michel Droit, donc d'aspirer à devenir immortel. Je n'ai pas non plus reçu de Dieu le don, plus terre à terre, d'immortalité. Il faut donc me résigner. Et à tirer un trait sur une carrière littéraire à laquelle j'aurais pu prendre goût, et à tirer ma révérence quand la camarde, cette faucheuse impitoyable, aura décidé de me séduire.

« Je suis moi-même, lecteur, la matière de mon livre ». Un de mes amis, professeur de lettres, preuve que mon univers ne se limite pas au monde interlope des voyous, m'a cité cette phrase. Elle est de Montaigne. Un des plus grands littérateurs français. Je n'ai pas de honte à l'avouer, je ne le connaissais pas. Mais cette phrase qu'il a écrite voilà quatre cents ans, je veux bien la faire mienne.

Quelle sera la destinée de ce livre ? Comme le jeune apprenti auteur qui attend un verdict, j'ai le trac. Et pourtant, je le sais bien, je ne vais pas concourir pour le Goncourt ! N'empêche. Avec ses imperfections de style, sa langue qui s'est autorisé quelques libertés avec la syntaxe, son vocabulaire qui est parfois relâché, je crois m'être livré sans fard. À mon âge, on ne joue pas les coquettes !

Oui, j'ai été un voyou. Mais Vidocq, qui fut chef de la police après un passé de voyou, ne disait-il pas que, pour être un grand flic, il fallait être un peu voyou sur les bords ? Peut-être suis-je passé à côté d'une grande carrière place Beauvau ! Il est vrai aussi que des flics au comportement de voyous, j'en ai rencontré plus d'un !

Oui, j'ai eu un passé de truand. Oui, la guerre a donné une orientation différente à ma vie. Je repense encore à une réflexion du juge Ferré pendant l'instruction de l'affaire Markovic :

« Ah, Marcantoni, jusqu'à vingt ans, vous avez été un exemple pour la jeunesse... mais alors, après ! »

Oui, parce que j'ai été un gangster, j'ai payé pour un crime que je n'avais pas commis, celui de Stephan Markovic.

Oui, j'ai été au cœur de l'Histoire, celle qui ne figure pas forcément dans les manuels, parce qu'elle ne grandit pas leurs auteurs.

Oui, cible toute trouvée d'une machination politico-judico-policière qui me dépassait, j'ai payé le prix fort.

Oui, sept longues années durant, j'ai eu à subir les pires chantages, les pressions les plus odieuses pour qu'un homme, Georges Pompidou, ne devienne pas ou ne reste pas président de la République.

Oui, j'avoue avoir gardé au fond de moi de la haine pour les policiers qui ont été en charge de l'enquête. Ils l'ont délibérément faussée, orientée. Que leur importait qu'un truand, Marcantoni, en prenne pour vingt piges ? Salopards !

Je n'ai jamais craqué. J'en suis fier.

Corse je suis né. Corse je mourrai.

Dans ma chambre à coucher trône un portrait de ma chère maman. Son visage empreint de douceur, que je contemple si souvent, a illuminé ma vie, même dans ses heures les plus sombres. Et Dieu m'est témoin qu'il y en a eu.

Un jour prochain, je la retrouverai. Je retrouverai cette terre d'Alzi où j'ai vu le jour. Et à laquelle la vie m'a arraché bien trop jeune. J'ai joué les caïds, dans la cour des grands. Sous mes apparences bourrues, pourtant – et ceux qui me connaissent vraiment bien de l'intérieur le savent –, se terre une authentique sensibilité. J'ai joué des poings, parce que le gosse orphelin se vengeait à sa manière de la perte de ceux qu'il aimait, un père et une mère. Dans la Résistance, puis dans la voyoucratie, j'ai retrouvé une famille.

Le Milieu a vécu. Ses lois traditionnelles avec lui. Il suffit de voir le nombre de convoyeurs de fonds abattus froidement ces derniers temps pour s'en convaincre. La guerre à outrance que lui a menée la police a conduit à cette situation de fait. Sans sa structure, sans ses hiérarchies, sans même ce qu'il me faut bien appeler sa « morale », voilà où nous en sommes arrivés : à une insécurité totale.

Le Milieu qui fut le mien avait ses aristocrates. Il y avait des « hommes », comme on disait alors, des descendants de Cartouche et de Mandrin, les héritiers des « grandes compagnies », jetés sur les chemins du crime par la misère, la révolte contre l'injustice sociale, les grands chambardements de l'Histoire.

Oui, l'expérience acquise des hommes placés au plus haut de l'échelle est arrivée à me donner la nostalgie de mon Milieu.

Très récemment, j'ai fait un rêve « étrange et pénétrant », non d'une superbe femme, comme le poète Verlaine l'a écrit, mais...

Je suis en Bretagne, dans un monastère où je me suis retiré. Au petit matin, quand la pâle clarté s'infiltre au travers des persiennes, j'entends les cloches sonner. L'angélus, assurément. Je me lève, regarde par la petite lucarne de ma cellule monacale, et là... ô surprise... juste en face, une agence du Crédit lyonnais ! Une camionnette remonte la rue, lentement. La camionnette qui vient livrer les fonds. Je sursaute, en proie à des sueurs froides. Je me réveille. Ouvre avec difficulté les yeux. Pas de doute, je suis bel et bien dans mon lit, à Goussainville. Ce n'était donc qu'un rêve... Pourtant, en quelques secondes, c'est tout mon passé tumultueux qui vient de refaire surface. Le souvenir des Blouses grises m'a rattrapé.

Quel que soit le mal que l'on puisse penser de ce Milieu, personne n'y trichait. Et surtout on n'y mélangeait pas les genres ! N'est-ce pas, messieurs et mesdames de la Politique ?

Alors oui, je le dis avec une certaine grandiloquence, à l'heure du bilan et du grand saut vers cet inconnu qui fait si peur à beaucoup, et que personnellement j'attends sereinement, il est une valeur que, dans ma vie tumultueuse, j'ai toujours su sauvegarder, la préservation de mon honneur.

Je peux mourir en paix.

Goussainville.
Le 16 avril 2001

Table

Cet ouvrage a été réalisé par

FIRMIN DIDOT

GROUPE CPI

Mesnil-sur-l'Estrée

pour le compte des Éditions Balland
en novembre 2001

Imprimé en France
Dépôt légal : octobre 2001
N° d'impression : 57522
ISBN : 2.7158.1379.1
935 461.0